Max Jakobson
Finnland im neuen Europa

ISBN 3-87061-867-1

Max Jakobson

Finnland im neuen Europa

Aus dem Amerikanischen
von Alfred Starkmann

BERLIN VERLAG
Arno Spitz GmbH

Die Deutsche Bibliothek – CIP-Einheitsaufnahme

Jakobson, Max:
Finnland im neuen Europa / Max Jakobson. Aus dem Amerikan. von Alfred Starkmann. – Berlin : Berlin Verl. A. Spitz, 1999
Einheitssacht.: Finland in the new Europe <dt.>
ISBN 3-87061-867-1

Die Originalausgabe erschien unter dem Titel
„Finland in the New Europe“
im Verlag Praeger Publishers, Westport, USA.

Abbildung 1. Umschlagseite:
EU-Gipfeltreffen Köln, Juni 1999
© by Bundesbildstelle Bonn

Abbildung 4. Umschlagseite:
© by Otavan kuva-arkisto, Helsinki
Foto: Irmeli Jung

BERLIN VERLAG Arno Spitz GmbH
Pacelliallee 5 • 14195 Berlin

Inhaltsverzeichnis

Vorwort

Dieses Buch ist den Außenbeziehungen Finnlands, eines relativ kleinen Landes, während der mehr als achtzig Jahre seiner formalen Unabhängigkeit gewidmet. Seine Bevölkerung entspricht ungefähr der des Staates Massachusetts - etwa fünf Millionen Menschen. Soweit seine Bewohner außerhalb ihrer unmittelbaren internationalen Nachbarschaft bekannt sind, schätzt man sie überall hoch als ein starkes und zähes Volk, als große Soldaten in der Verteidigung ihres eigenen Landes und als große Athleten. Sie sind weithin berühmt für ihre hervorragenden Beiträge zur Weltkultur, vornehmlich auf den Gebieten der Architektur und der musikalischen Komposition.

Doch wenn es um eine innigere Assoziation mit anderen Völkern geht, drängen sich Begrenzungen auf. Finnland ist in mehrfacher wichtiger Hinsicht ein sehr spezifisches Land, das sich von anderen durch Besonderheiten seiner Erfahrung, seiner Situation und seines Bewußtseins unterscheidet. Dafür gibt es eine Reihe von Gründen. Einer ist die geographische Lage. Das Land ist in die äußerste nordöstliche Ecke des nicht-russischen Europa gebettet, mit wenigen unmittelbaren Nachbarn, zu denen die Grenzen großenteils durch leere halbarktische Regionen verlaufen. Seine Sprache gleicht keiner, die sonstwo gesprochen wird, außer in seinem kleinen Vetternstaat Estland. Gemäß vielen seiner äußeren Aspekte mag es ein skandinavisches Land scheinen, und in mancher Hinsicht ist es das tatsächlich; aber auch hier gibt es bedeutsame Unterschiede. Aus all diesen Gründen ließe sich sagen, daß Finnland ein relativ unauffälliges Objekt an den Horizonten des internationalen Lebens geblieben ist.

Vor diesem Hintergrund möchte man vermuten, daß Finnlands historische Erfahrung und gegenwärtiger Ausblick uns wenig lehren können, was ein Licht auf die Probleme wirft, mit denen wir anderen uns gegenwärtig zu befassen haben. Doch wie der Inhalt dieses Buchs zeigen wird, ist die Vermutung ungerechtfertigt. Eben weil Finnlands Leben sich nach wie vor auf einer kleineren, entlegeneren und einfacheren historischen Bühne abspielt, stechen seine Probleme hervor, wenn man sie aus unserer Distanz wahrnimmt - und das mit einer Lebendigkeit und Härte, die oft überschattet wird, wenn dieselben Probleme aus all der Verwirrung und Kakophonie unseres eigenen komplizierten Lebens auftauchen.

Etwa die erste Hälfte dieses Buchs ist historisch. Ein besonderer Akzent liegt ganz natürlich auf den dramatisch wechselnden Höhen und Tiefen in Finnlands Situation und Verwicklungen während der Periode des Zweiten Weltkriegs: auf dem Umgang mit den Pressionen, die dem Land von den großen Streitern um Sieg und Macht in Osteuropa, Hitlers Deutschland und Stalins Sowjetrußland, auferlegt wurden; auf den zwei militärischen finnisch-sowjetischen Konflikten; und auf den ernsten Schwierigkeiten der unmittelbaren Nachkriegsperiode.

Ohne Zweifel wäre niemand besser qualifiziert, diese verwirrende Kette von Geschehnissen zu schildern und zu bewerten, als der Autor dieses Buchs. Als erfahrener Diplomat (Finnlands ständiger Vertreter bei den Vereinten Nationen von 1965 bis 1972), als Botschafter in Schweden (Finnlands wichtigster diplomatischer Posten) von 1972 bis 1975 und als führender Historiker des Winterkriegs besitzt Max Jakobson einzigartige Qualifikationen für das Verständnis und die literarische Behandlung dieser Ereignisse; und diese Qualifikationen offenbaren sich in der Autorität und Klarheit ihrer Darstellung.

Die abschließenden Kapitel des Buchs beziehen sich indes auf Finnlands Bemühungen, mit den raschen und bestürzenden Entwicklungen dieser *fin de siècle*-Periode zurechtzukommen. Sie haben Finnland vor viele Herausforderungen gestellt. Wie sollte man zum Beispiel eine tief verwurzelte und traditionelle Politik der Neutralität mit der Bewegung zur europäischen Einheit und der Mitgliedschaft in ihren einzelnen internationalen Bündnissen versöhnen - NATO, die Europäische Union, die wirtschaftliche und monetäre Union et cetera - , in denen sich diese Bewegung präsentierte? Wenn man einer dieser Organisationen beitrat, konnte das natürlich als Mittel gesehen werden, andere in Finnlands Sicherheitsprobleme einzubeziehen, vornehmlich im Verhältnis zu der großen Nachbarmacht Rußland, die viele Finnen trotz aller jüngerer Veränderungen immer noch mit Besorgnis betrachten. Doch würde eben dieser Verbund nicht eine Verletzung der völligen Neutralität bedeuten, der die selben Finnen traditionell und leidenschaftlich verpflichtet waren und es bis heute sind?

Und wie steht es mit der vieldiskutierten "globalen Ökonomie"? Wenn große finnische Konzerne mit Erfolg in diesen riesigen und endlosen Wettbewerb einträten, würde ihre wachsende finanzielle und kommerzielle Kraft nicht schließlich die bescheidene einheimische Substanz der Wirtschaft Finnlands niederdrücken und dominieren und die Unabhängigkeit der Regierung selbst bedrohen?

Wie man gleich sehen wird, stellen Fragen dieser Natur nicht nur für Finnland Probleme dar. Aus diesem Grund sollte Herrn Jakobsons autoritative und klare Schilderung der Position Finnlands eine interessante und nützliche Lektüre für viele andere sein, die sich um die richtigen Antworten auf die speziellen Probleme der Zeit nach dem Kalten Krieg sorgen.

George Kennan
April 1998

Einleitung

Dieses Buch ist aus einem Artikel entstanden, den ich 1996 für das Journal des "Zentrums für Strategische und Internationale Studien", *The Washington Quarterly*, geschrieben habe. Er wurde in der Herbstausgabe jenes Jahres unter dem Titel "Finnland: Eine Nation, die allein wohnt" veröffentlicht. Verschiedene Freunde, Amerikaner und Finnen, drängten mich, den Artikel zu einem Buch auszuweiten, das die Lücke in der aktuellen englischsprachigen Information über Finnland in Europa nach dem Kalten Krieg füllen würde. Was ich nun geschrieben habe, ist kein gelehrtes und umfassendes Werk, sondern eher meine persönliche Sicht, die zum Teil auf meiner eigenen Erfahrung des jahrhundertelangen Kampfes des finnischen Volks um den Erhalt seiner Unabhängigkeit und seiner Lebensart basiert. Nachdem es aus den Ruinen des zaristischen Imperiums seine Souveränität errungen hatte, verteidigte sich Finnland erfolgreich im Zweiten Weltkrieg, hielt in dem nachfolgenden ideologischen Widerstreit sein demokratisches System intakt und hat sich nun schließlich einen Platz in der Europäischen Union gesichert.

Aber damit endet die Geschichte nicht. Finnland muß sich jetzt mit den Widersprüchen zwischen einer "immer engeren Union" und der fortdauernden Vitalität des Nationalismus sowie den beunruhigenden Konsequenzen der Globalisierung befassen. Auch Finnlands Sicherheit muß in einem weiteren Kontext gesehen werden. Während die NATO ostwärts zieht, bleiben die Sicherheitsprobleme der baltischen Region ungelöst. Deshalb ist heute ein Buch über Finnland ebenfalls ein Buch über die zentralen Fragen, denen Europa als Ganzes gegenübersteht. Und es muß zum großen Teil ein Buch über Rußland sein, den unbekannten Faktor in der europäischen Gleichung.

Ich danke der Stiftung für Ökonomische Erziehung in Finnland für ihre Unterstützung. Ich danke auch meinem früheren Kollegen im finnischen Außenministerium, Herrn Paavo Keisalo, der meine Fakten überprüft hat, sowie Fr. Sirkka Rytkönen, die sorgsam und geduldig das Manuskript mit seinen vielen Änderungen bis zur endgültigen Form vorbereitet hat.

Max Jakobson
Helsinki
Mai 1998

Einführung

Kurz vor seinem Ende werden allerorts Bilanzen des zwanzigsten Jahrhunderts gezogen. Für Europa fällt das Verdikt unweigerlich harsch aus. Fast alle europäischen Nationen werden von Alpträumen demütigender Niederlagen oder des Verlusts an Macht und Status verfolgt; nur wenige können ohne Scham und Schuld zurückblicken. Man wird schwerlich glückliche Ausnahmen finden. Die Schweiz wäre eine offensichtliche Wahl, wenn ihre Reputation nicht durch Enthüllungen über ihren Umgang mit Nazi-Deutschland befleckt worden wäre. Auch Schweden ist ein weniger attraktiver Kandidat geworden, da sein gerühmter "Mittelweg" in eine Sackgasse geführt hat. Aber wer würde an Finnland denken - "ein vielbewundertes, oft bedauertes, nie beneidetes" Land? (1) Nicht einmal viele unter den Finnen selbst, die das Selbst-Image einer ewig gegen ein unversöhnliches Schicksal kämpfenden Nation kultivieren. Und natürlich hat auch Finnland seine Alpträume, vornehmlich den Brudermord von 1918. Trotzdem werden nach meiner Meinung die Annalen zeigen, daß Finnland als ein Gewinner aus den Prüfungen des zwanzigsten Jahrhunderts hervorgegangen ist.

Indem Finnland 1995 der Europäischen Union beitrat, ist es endgültig aus dem Schatten Moskaus getreten. Seine Position in der internationalen Gemeinschaft definiert sich nicht mehr in Begriffen der Höhen und Tiefen seiner Beziehung zu seinem östlichen Nachbarn - das heißt, entweder unterdrückt oder befreit oder gequält von Rußland oder als ein Schaufenster der finnisch-russischen Koexistenz. Finnland wird nun nach seinen eigenen Begriffen beurteilt - aufgrund seiner ökonomischen Leistung und der Qualität seines politischen Lebens.

Die finnische Wirtschaft hat während des vergangenen Jahrhunderts große Schritte nach vorn gemacht. Die Technologie hat nahezu alle Benachteiligungen ausgelöscht, die ihr von den grausamen Bedingungen in der nördlichen Peripherie des bewohnten Europa auferlegt waren. Finnland nimmt jetzt unter den reichen Nationen einen vorderen Platz ein, mit einem gleichen Pro-Kopf-Bruttosozialprodukt wie Britannien oder Italien und knapp über dem von Schweden. Nach dem "menschlichen Entwicklungsindex" der Vereinten Nationen, der die Lebenserwartung, das Bildungsniveau und andere qualitative Aspekte sowie das Bruttoinlandsprodukt berücksichtigt, rangiert Finnland an dritter Stelle in Europa und an sechster Stelle in der Welt, nach Kanada, den Vereinigten Staaten, Japan, den Niederlanden und Norwegen. Und am wichtigsten: Finnland gehört zu den sehr wenigen europäischen Staaten, denen Eric Hobsbawm in seiner Geschichte des zwanzigsten Jahrhunderts "hinreichend demokratische politische Institutionen" bescheinigt, die vom Ende des Ersten Weltkriegs bis zum heutigen Tag "ohne Unterbrechung funktioniert haben". Finnland hat es "nur gerade" geschafft, fügt Hobsbawm hinzu, aber "nur gerade" ist gut genug in einem "Zeitalter der Extreme", wie er dieses schreckliche Jahrhundert bezeichnet. (2)

Trotzdem bleibt Finnland ein unbekanntes Land. In den vergangenen fünfzig Jahren ist es nur selten über den Horizont der internationalen Politik gestiegen. Ich habe einmal den früheren Präsidenten Jimmy Carter gefragt, wie oft er sich in seiner vierjährigen Amtszeit mit Angelegenheiten befassen mußte, die Finnland betrafen. Nach einigem Bedenken konnte er sich nur an eine derartige Gelegenheit erinnern, doch nicht mehr an deren Inhalt. Sein nationaler Sicherheitsberater Zbigniew Brzezinski erwähnt Finnland in seinen Memoiren überhaupt nicht. In Henry Kissingers zweibändigem Bericht von insgesamt 2800 Seiten über seine acht Jahre im Zentrum der Politikgestaltung erscheint Finnland einmal - als der Ort, wo Präsident Ford 1975 den sowjetischen Anführer Breschnew traf. In den Memoiren politischer Hauptakteure während der Präsidentschaften von Reagan und Bush taucht Finnland lediglich als Zwischenstop auf dem Weg nach Moskau auf.

Die Finnen sollten sich nicht beklagen. Die Liste dringender Probleme, mit denen der US-Präsident und seine Berater konfrontiert sind, gleicht Krankmeldungen aus der internationalen Gemeinschaft: Nur Länder in Not werden erhört. Daß Finnland dabei nie erwähnt wird, ist der beste Beweis für den Erfolg seiner Politik, die sich um ihre eigenen Angelegenheiten kümmert und den Bereich der Großmächte meidet.

Doch dafür mußte ein Preis gezahlt werden. Die Leute, die in den bedeutenden Hauptstädten die Politik gestalten und die Meinung beeinflussen, hatten keinen Anreiz, die finnischen Entwicklungen zu verfolgen; ihre Kenntnis Finnlands bleibt oberflächlich und fragmentarisch. Während des Kalten Kriegs war Finnland der Gnade reisender Kolumnisten ausgeliefert, die sich nach einem Lunch oder mehreren Cocktails in Helsinki für befugt hielten, das Geschick des finnischen Volks zu erklären. Besessen von Finnlands Beziehungen zur Sowjetunion, produzierten Besucher aus dem Westen fast ausnahmslos ein eindimensionales Bild des Landes, das den herrschenden Stand der Ost-West-Beziehungen reflektierte. 1939 und 1940 wurden die Finnen wegen ihres Kampfs gegen die Rote Armee idolisiert; 1941 wurden sie geächtet, weil sie weiter die Russen bekämpften; 1945 wurden sie gerügt, weil sie Uncle Joe nicht vertrauen wollten; 1948 wurden sie als Verlust abgeschrieben, weil sie einen Vertrag mit Moskau unterzeichneten; und in den 1970ern schließlich beging man eine Art kollektiven Charaktermords an ihnen durch die Verwendung des Begriffs "Finnlandisierung", um ihre verächtliche Beugung unter die sowjetische Dominanz zu kennzeichnen.

Mit dem Zusammenbruch des sowjetischen Imperiums hat sich die westliche Einschätzung Finnlands natürlich geändert. Eine Umkehrung der Rollen hat auf der internationalen Szene stattgefunden. Früher behaupteten die Sowjets, daß ihr System die letzte Stufe in der Evolution der menschlichen Gesellschaften repräsentiere, während der Westen die Idee verwarf, es gebe eine einzige Wahrheit in der Politik. Jetzt glaubt der Westen, daß seine Erfolgsformel universale Gültigkeit besitzt: Demokratie plus Marktwirtschaft gleich politische Stabilität und wirtschaftlicher Wohlstand. (3)

Ironischerweise spiegelt das auch eine grundlegende marxistische Weltsicht. Es erinnert an die Vorhersage von Karl Marx, das kapitalistische System werde alle

Nationen zwingen, dieselben Produktionsmethoden anzuwenden, und so "eine Welt nach seinem eigenen Bild schaffen". Jetzt erwartet man, daß der Markt ganz Europa, einschließlich Rußland, nach dem westlichen Bild transformiert. Alle europäischen Staaten folgen dem gleichen Drehbuch auf ihrem Weg zu größerer Einheit, und jeder Schritt wird nach seinem Effekt auf die Hinführung zu diesem Ziel beurteilt. Die Realität wird an dem platonischen Ideal eines auf der Basis gemeinsamer Werte vereinten Europa gemessen.

Diese Sicht herrscht auf dem politischen Gipfel, wo Regierungsführer sich treffen, um die Szene zu betrachten. Doch wenn man in die Ebenen und Täler Europas hinabsteigt, entfaltet sich eine unterschiedliche Landschaft. So wie Marx und seine Anhänger die Stärke nationaler, kultureller und religiöser Unterschiede nicht begriffen, so neigen die universalistischen Doktrinen heute dazu, die störrischen Fakten zu übermalen, die die europäischen Völker trennen. Die integrierenden Kräfte der Technologie und ökonomische Interessen stoßen auf starken Widerstand von Gemeinschaften, die sich auf historische, linguistische und ethnische Bande gründen; die Ideologie der Einheit prallt gegen die unveränderlichen Tatsachen von Klima und Geographie und gegen die Eigenheiten von nationalem Charakter und von Traditionen.

Der finnische Fall beleuchtet das Wechselspiel zwischen dem Allgemeinen und dem Besonderen. Finnland gehört "zu uns" - als marktwirtschaftlich orientierte Demokratie und nun Mitglied der EU; doch es ist auch "eine Nation, die allein wohnt", wie Ungarn in den Tagen des Habsburger Reichs bezeichnet wurde, gesondert durch Sprache und historische Erfahrung und entschlossen, seinen individuellen Charakter zu bewahren.

Bittet man einen Finnen, das zu erklären, wird er wahrscheinlich zunächst daran erinnen, daß Finnland schließlich eine kleine Nation ist: eine Phrase voller verborgener Bedeutung. Manchmal heißt es mit Stolz: Seht, wieviel wir erreicht haben, obwohl wir eine kleine Nation sind. Oder man sagt defensiv, gleichsam als Alibi: Ihr könnt nicht zuviel von uns erwarten, wir sind nur eine kleine Nation.

Manchmal allerdings wird die Bescheidenheit durch einen selbstzufriedenen Ton moralischer Überheblichkeit ersetzt, als ob eine besondere Tugend dazu gehöre, eine kleine Nation zu sein; eine Annahme, die einst Molotow, Stalins Außenminister, bei einer Demarche des finnischen Botschafters zu der Bemerkung verleitete: "Daß Finnland eine kleine Nation ist, heißt nicht, daß Sie immer recht haben."

Das klang damals nicht so amüsant wie heute. Molotow redete 1940 unverblümter mit dem Außenminister Litauens: "Sie müssen realistisch genug sein zu verstehen, daß die Zeit der kleinen Nationen vorbei ist." Diese Worte symbolisierten das Ende der Unabhängigkeit der baltischen Staaten. Aber sie enthüllten im allgemeineren Sinn die Essenz dessen, was es bedeutete, eine kleine Nation zu sein. Wie es der tschechische Schriftsteller Milan Kundera definiert hat: "Die gesamte Existenz einer kleinen Nation kann jederzeit in Frage gestellt werden; eine kleine Nation kann verschwinden, und sie weiß es." (4) Das oberste Ziel einer kleinen Nation ist ihr Überleben, woran die Polen einander jedesmal erinnern, wenn sie die erste Zeile ihrer Nationalhymne singen: "Noch ist Polen nicht verloren..."

Zweimal in meinem Leben ist Finnland vom Westen als verloren abgeschrieben worden: zuerst im Winterkrieg 1939/1940, als die Finnen alleingelassen gegen die Rote Armee standen, und dann am Ende des Zweiten Weltkriegs, als Finnland der sowjetischen Einflußsphäre zugeordnet wurde. Doch im Gegensatz zu konventionellen Weisheiten überlebte Finnland; es ging aus dem Zweiten Weltkrieg als einziges Land unter Rußlands europäischen Nachbarn hervor, das nicht von sowjetischen Truppen erobert wurde.

Warum Finnland Erfolg hatte, wo andere versagten, hat den Westen mystifiziert. Während des Kalten Kriegs wirkte der finnische Fall wie ein übriggebliebenes Stück, nachdem das Puzzle zusammengefügt war. Isaak Deutscher deutete in seiner gefeierten Stalin-Biographie an, der sowjetische Anführer habe Finnland "schonend" behandelt, weil es das Land gewesen sei, in dem er zum erstenmal Lenin begegnet war. (5) Diese Erklärung teilt uns mehr über das damals in der westlichen Welt vorherrschende intellektuelle Klima mit als über Stalins Politik. Man setzte als gegeben voraus, daß die sowjetischen Anführer Finnland hätten kassieren können, wenn sie es gewollt hätten. Doch ein Bauer hatte einen Turm geschlagen: Das mußte ein Opfer sein, ein Schachzug, um den Westen zu verwirren und zu täuschen.

Als ich im Oktober 1961 nach Washington reiste, um einen Besuch des finnischen Präsidenten in den Vereinigten Staaten vorzubereiten, befragte mich Präsident John F. Kennedy über verschiedene Aspekte der finnischen Politik, aber in Wirklichkeit wollte er etwas über die sowjetische Politik wissen. "Uns Amerikaner verdutzt", sagte er, "warum die Sowjetunion Finnland seine Unabhängigkeit gelassen hat." Daß die Finnen selbst vielleicht etwas mit der Bewahrung ihrer Unabhängigkeit zu tun hatten, war ihm nicht in den Sinn gekommen.

Kennedys Frage enthüllte die konventionelle Auffassung von internationalen Beziehungen als Spielfeld der Interessen und Bestrebungen der Großmächte. Kleinere Nationen werden dabei als Objekte der Politik behandelt, als statistische Einheiten in staatlichen Kategorien, nach Begriffen ihrer Beziehung zu ihren jeweiligen Beschützern oder Unterdrückern klassifiziert, als unsere oder ihre - als Bauern, die man in Konflikten oder Abmachungen zwischen den Großen gewinnt oder verliert. Doch Finnlands Überleben illustriert nicht zum erstenmal in der Geschichte, daß im Konflikt zwischen einer Großmacht mit weltweiten Interessen und Verpflichtungen und einer kleinen Nation mit dem einzigen Ziel des Überlebens die Machtbalance nicht durch simple Arithmetik kalkuliert werden kann. Geschichte wird am Rand gemacht.

Im Winter 1940 und wiederum im Sommer 1944 war der finnische Widerstand gegen die sowjetischen Offensiven so stark, daß die Kosten, ihn zu brechen und den Krieg gegen Finnland fortzusetzen, wichtigere sowjetische Interessen gefährdet hätten. Im Jahr 1940 bestand das Risiko darin, in einen Konflikt mit den westlichen Mächten zu geraten; 1944 wurden die in Finnland festgefahrenen Divisionen für das Rennen nach Berlin benötigt. In beiden Fällen beschloß Stalin, seine Verluste zu begrenzen und Frieden mit Finnland zu schließen, was die finnische Armee intakt hielt. Finnland mußte etwa ein Zehntel seines Territoriums abtreten, aber brauchte nicht unter der Demütigung einer bedingungslosen Kapitulation zu leiden.

Außer Britannien war Finnland das einzige in den Zweiten Weltkrieg verwickelte Land, das nicht von fremden Truppen besetzt wurde, weder von Deutschland noch von der Sowjetunion.

Das finnische Volk kämpfte, solange es mußte, doch es beendete den Kampf zur rechten Zeit und paßte seine Politik den Machtrealitäten an, die als Resultat des Zweiten Weltkriegs entstanden waren. Der Chefideologe des finnischen Nationalismus im neunzehnten Jahrhundert, J.W. Snellman, ein Schüler von Georg W.F. Hegel, hat geschrieben: "Nur primitive Stämme kämpfen bis zum letzten Mann; eine zivilisierte Nation muß sich dem externen Zwang beugen, um sich selbst für künftige Generationen zu bewahren." (6)

Der Wille des finnischen Volks, sich gegen den sowjetischen Ansturm zu verteidigen, wie auch seine Elastizität im Beugen ohne zu brechen während des Kalten Kriegs hatten eine gemeinsame Quelle - die Vitalität seines demokratischen Systems. Finnlands Parlament funktioniert praktisch ununterbrochen seit 1906, und die Verfassung als Ganzes seit 1919. Die finnische Demokratie war stark genug, dem faschistischen Virus in den 1930ern zu widerstehen und den Einfluß des Nazismus zwischen 1941 und 1944 abzuwehren, zu einer Zeit, als Finnland an Deutschlands Seite gegen die Sowjetunion kämpfte. Und sie war stark genug, der kommunistischen Subversion während des Kalten Kriegs zu widerstehen, als Finnland eine Politik verfolgte, die auf die Besänftigung der sowjetischen Anführer abzielte.

Ja, Finnland hat den Zweiten Weltkrieg überlebt, und Finnland hat den Kalten Krieg überlebt. Doch wird Finnland die Europäische Union überleben - das heißt, als eine unabhängige Nation mit ihrer besonderen Identität überleben?

In den drei nordischen Ländern lag die Frage der nationalen Unabhängigkeit im Zentrum der Debatte über den Beitritt zur Europäischen Union. Ich meine damit nicht, daß es ein Streit zwischen guten Europäern und reaktionären Nationalisten war. Beide Seiten waren Nationalisten - oder Patrioten, sollte ich besser sagen. Der Unterschied zwischen ihnen bestand darin, daß die Befürworter der EU-Mitgliedschaft Optimisten waren, die glaubten, daß ihr Land seine nationalen Interessen am besten durch den Beitritt zur Union fördern könne, während die Gegner Pessimisten waren, die fürchteten, daß die Mitgliedschaft unweigerlich zu einem Verlust an Unabhängigkeit und nationaler Identität führen müsse.

Am Ende wurde 1994 das Resultat der Referenden weniger durch Einstellungen zur EU als durch geopolitische Faktoren bestimmt. Norwegen hat die NATO, und Schweden hat Finnland, aber Finnland schaut auf eine mehr als 1200 Kilometer lange Landgrenze zu Rußland. Und den Finnen brauchte nicht erst Professor Samuel Huntington zu erzählen, daß es sich nicht bloß um eine Grenze zwischen zwei Staaten handelte: Jahrhundertelang war sie die Trennlinie zwischen der westlichen und der östlichen Christenheit und 75 Jahre lang die Grenze zwischen der westlichen Demokratie und dem Sowjetsystem; heute markiert sie das größte Wohlfahrtsgefälle in Europa. Die Norweger glaubten also, sich ein Nein zur EU leisten zu können, und die Schweden waren beinahe zur Hälfte gespalten, wobei nur eine knappe Mehrheit die Mitgliedschaft befürwortete, während die Finnen mit 57 zu 43

Prozent für den Beitritt stimmten. Meinungsumfragen belegen deutlich, daß viele Finnen mit Ja stimmten, weil sie glaubten, das Land sei innerhalb der Union sicherer. Die Mitgliedschaft, dachten sie, würde endlich ein halbes Jahrhundert der Doppeldeutigkeit abschließen, indem man klarstellte, daß Finnland ein Teil des Westens war. Die Norweger und Schweden konnten das voraussetzen.

Indem es gleich mit der ersten Gruppe der Wirtschaftlichen und Monetären Union (EMU) beitrat, überholte Finnland Schweden und Dänemark, um seinen Platz im inneren Sanctum der Europäischen Union zu zementieren. Obwohl eine gemeinsame europäische Verteidigung nur eine entfernte Möglichkeit bleibt, wird die Einheitswährung, der für 2002 eingeplante Euro, eine stärkere Verbindung herstellen als alle feierlichen Verträge. Die Finnen brauchen in einer Krise keine Isolierung mehr zu fürchten - zum erstenmal in diesem Jahrhundert.

Doch Veränderungen rollen weiter. Als ein Nebenprodukt des Balkan-Kriegs behauptet jetzt die NATO die Bühnenmitte in Europa. Durch die Aufnahme von drei zentraleuropäischen Staaten und die gleichzeitige Einsetzung des Gemeinsamen Rats mit Rußland hat die NATO beim Aufbau einer Sicherheitsordnung im Europa nach dem Kalten Krieg die Führung übernommen. Für Finnland wie auch für Schweden ist das sowohl beruhigend wie verstörend. Die baltische Region ist halb drinnen und halb draußen. Die Tür der NATO bleibt den drei baltischen Staaten geöffnet, aber wie lange müssen sie noch warten, und wie kann Rußland überredet werden, seine Opposition gegen ihren Beitritt zu der westlichen Allianz aufzugeben? Könnte die Aufnahme in die EU das Sehnen der baltischen Völker nach einem sicheren Platz in der westlichen Herde befriedigen? Während diese Fragen diskutiert werden, will auch Finnland seinen Fuß in der NATO-Tür behalten.

Rußland wird natürlich immer lebenswichtig für Finnland sein. Das Verhältnis zwischen Finnen und Russen ist komplex und besteht keineswegs nur aus Feindschaft und Krieg. Der französische Historiker Fernand Braudel geht so weit zu behaupten, daß die als Großrussen bekannten Menschen ursprünglich durch eine Mischung aus Slawen und Finnen entstanden, wobei die letzteren die Masse der Bevölkerung ausmachten: “Barbarisch, aber robust.” (7). Diese These wird heute von Gelehrten verworfen: Eine Analyse finnischer Gene deutet auf einen überwiegend baltisch-deutschen Ursprung hin. Doch offenbar hat während der Jahrhunderte eine Vermischung mit Russen stattgefunden. Kaum überraschend vermutet man, daß die Finnen besser als alle anderen Europäer wissen, was im russischen Kopf vor sich geht. Leider sind die finnischen Anführer nicht immer in der Lage gewesen, russische Aktionen vorauszusehen.

Heute ist Finnland frei von den Zwängen, die ihm als Konsequenz des Zweiten Weltkriegs auferlegt wurden. Die Beziehungen zu Rußland kann man mit dem russischen Lieblingsbegriff als geschäftsmäßig bezeichnen. Aber die Finnen neigen weniger als andere Europäer dazu, Rußland nach seinen Fortschritten - oder dem Mangel daran - zum Ziel der Errichtung eines demokratischen Systems und der Marktwirtschaft zu beurteilen. Sie legen eher mehr Gewicht auf den fortdauernden Einfluß der russischen Tradition. Dabei mag sie ein Instinkt der Selbsterhaltung leiten: immer auf das Schlimmere vorbereitet zu sein.

Die russische Frage dominiert jedoch nicht die Gedanken des finnischen Volks. Sie wird unter dem allgemeineren Gefühl der Unsicherheit über die Zukunft subsummiert, das heute Europa durchzieht. Arbeitslosigkeit, Besteuerung und die Erosion des Wohlfahrtsstaats unterhöhlen das System des "sozialdemokratischen Kapitalismus", das nach dem Zweiten Weltkrieg aufgebaut worden ist. Die Regierungen sind nicht mehr fähig, die Wirtschaft ausschließlich durch nationale Mittel zu kontrollieren, doch der Europäischen Union fehlt die Macht, kollektive Maßnahmen zu ergreifen. So lebt Europa unbehaglich in einem Niemandsland zwischen den zwei Systemen: Das alte funktioniert nicht mehr effektiv, aber es muß erst durch ein neues ersetzt werden.

Die Relevanz des Nationalstaats als grundlegende Einheit des internationalen Systems ist durch die von der Technologie vorangetriebene Globalisierung ökonomischer Aktivitäten in Frage gestellt worden. Wenn der Staat verdorrt, was geschieht dann mit der Nation? Die Logik der Integration weist in eine Richtung, doch die politische Realität in eine andere. Der Nationalismus blüht und gedeiht, in Finnland wie anderswo. Das wird von manchen Gelehrten als Rückzugsgefecht abgetan, das den Vormarsch der transnationalen Kräfte zwar zu verzögern, aber nicht aufzuhalten vermag. Der finnische Fall verweist indes darauf, daß die Antwort anders lauten könnte.

1 Nationalismus

In einer Anfang 1996 durchgeführten Meinungsumfrage wurde ein repräsentativer Teil der Finnen gebeten, aus einer Reihe von Qualitäten diejenigen zu wählen, die nach ihrer Meinung für das ganze finnische Volk charakteristisch seien. Mehr als 80 Prozent setzten Patriotismus, ein starkes Gefühl der nationalen Identität und den Willen, das Land zu verteidigen, an vorderste Stelle. Mit einem Wort, die Finnen sind ein nationalistisches Volk, und sie sind stolz darauf.

Wenn ich das bei Freunden in Westeuropa erwähne, reagieren manche, als hätte ich ihnen mitgeteilt, das finnische Volk leide immer noch unter der Art Krankheiten, die in zivilisierten Ländern längst ausgemerzt seien. Während des Kalten Kriegs war es anders. Nationalismus war damals ein Kapitalverbrechen in der Sowjetunion, während der Westen jeder Manifestation nationaler Unabhängigkeit im Umkreis Moskaus applaudierte. Jetzt erblickt der Westen im Nationalismus "ein Gespenst, das in Europa spukt". Einem politischen Analytiker zufolge bedeuten nur "wenige Probleme eine größere Bedrohung der internationalen Ordnung nach dem Kalten Krieg als diejenigen, die aus dem Nationalismus und dem Streben nach Selbstbestimmung rühren". (1) So befindet die konventionelle Klugheit des Tages.

Wer vom "Gespenst" des Nationalismus redet, meint natürlich nicht den amerikanischen oder französischen Nationalismus mit seinen universellen Ansprüchen, oder den britischen Nationalismus, der sich so scharf in Konfrontationen zwischen dem Vereinigten Königreich und der Europäischen Union ausdrückt. Das Gespenst ist der Nationalismus kleinerer Völker, deren Bestrebungen den Status quo gefährden.

Da Nationalismus die Forderung eines Volks nach Anerkennung als einer einzigartigen Entität ist, getrennt von anderen, entzieht er sich der wissenschaftlichen Definition, außer auf einer hohen Ebene der Abstraktion. In der gegenwärtigen Diskussion wird der Begriff wahllos gebraucht - um zum Beispiel russische politische Tendenzen zu bezeichnen, die man besser imperialistisch nennen sollte. Politisches Interesse, kein Prinzip, definiert den Fall. Nobler Widerstand gegen die Tyrannei in einem Teil der Welt wird in einem anderen zum atavistischen Impuls. Der palästinensische Nationalismus wird ermutigt, während der Anspruch der Kurden auf Unabhängigkeit einem verlegenen Schweigen begegnet. Kämpfer für die baskische Autonomie werden als Terroristen verdammt; der walisische und schottische Nationalismus wird als quichotisch abgetan. Im Fall des Balkans werden mehr als tausend Jahre der Geschichte in das eine Wort Nationalismus gepreßt, um das Verhalten von serbischen, kroatischen oder bosnischen Moslems zu erklären, von wo es nur ein kleiner Schritt ist zu der Überzeugung, daß alle Nationalisten sich wie serbische, kroatische oder bosnische Moslems verhalten. Niemand erwähnt den gewaltlosen, demokratischen Kampf der baltischen Völker um ihre Unabhängigkeit von sowjetischer Herrschaft als ein Beispiel von Nationalismus.

Bürger von lange etablierten, mächtigen Nationalstaaten können sich die Heuchelei leisten, nationalistische Leidenschaften zu mißbilligen, während sie gleichzeitig gegen die Unterwerfung von Völkern durch ausländische Eindringlinge oder fremde Herrscher protestieren. Ja, in der Praxis wird Stabilität fast ausnahmslos gegen eine nationalistische Herausforderung verteidigt. Boutros Boutros Ghali, ehemaliger Generalsekretär der Vereinten Nationen (UN), drückte eine weitverbreitete Ansicht aus, als er darauf hinwies, daß die Welt unregierbar würde, wenn man jede Forderung nach Unabhängigkeit anerkenne. Es würde ein Pandämonium schaffen, wie der US-Senator Daniel Patrick Moynihan schrieb. (2) Ähnliche Meinungen waren jedesmal zu hören, wenn ein Imperium zerbrach und seinen unterworfenen Nationen den Anspruch auf Unabhängigkeit gestattete. Auch dem finnischen Volk wurde 1918 von Mitgliedern älterer Staaten bedeutet, sein Land sei zu unreif, um allein fertigzuwerden. Als der frühere sowjetische Anführer Mikhail Gorbatschow 1989 Finnland besuchte, argumentierte er, die baltischen Länder seien viel zu klein, um lebensfähige Staaten zu bilden. Als man ihn daran erinnerte, daß Finnland, nicht viel größer als die baltischen Länder, nach der Lösung von Rußland ganz gut gefahren sei, wechselte Gorbatschow höflich das Thema, blieb jedoch offensichtlich unüberzeugt.

Es ist die alte Geschichte: Wer angekommen ist, möchte die Tür hinter sich schließen. Aber wer soll entscheiden, und nach welchen Kriterien, welche Nationen die Unabhängigkeit verdienen? Die Frage wurde 1970 im UN-Sicherheitsrat diskutiert, zu einer Zeit, als ich Finnland bei dieser Organisation vertrat. Die Idee war, einen Weg zu finden, um den Zustrom von Mini-Staaten in die UN zu stoppen. Der US-Delegierte schlug vor, keinen Staat mit einer Bevölkerung von weniger als einer Million in Betracht zu ziehen. Das veranlaßte mich, die wahrscheinlich kürzeste Rede aller Zeiten bei den Vereinten Nationen zu halten. Ich sagte: "Auf Wiedersehen Island!" Das setzte der Suche nach quantitativen Kriterien der nationalen Unabhängigkeit ein Ende, denn wer könnte die Realität der Unabhängigkeit Islands bezweifeln, einer Nation von 250 000 Menschen?

"Jede Nation ein Staat, nur ein Staat für die gesamte Nation" - so lautete das Ideal von Giuseppe Mazzini, dem Propheten des europäischen Nationalimus im neunzehnten Jahrhundert. Finnland zählt heute zu den ganz wenigen Nationalstaaten, die diesem Ideal nahekommen. Das wurde nicht nach einem bewußten Entwurf erreicht: Es ist das Produkt einer historischen Evolution.

Der erste wichtige Schritt war nicht, wie man allgemein glaubt, die Befreiung von russischer Herrschaft, sondern die Trennung von Schweden. Das geschah als Nebenprodukt eines Handels zwischen Napoleon und Alexander I. im Jahr 1807, womit der russische Zar sich verpflichtete, Schweden zur Teilnahme an Napoleons Blockade gegen Britannien zu überreden oder falls notwendig zu zwingen. Im weiteren Verlauf besetzten russische Truppen Finnland, und das Land wurde dem russischen Imperium als ein Großherzogtum des Zaren einverleibt. Seine Grenzen wurden nicht nach ethnischen oder linguistischen Prinzipien gezogen; finnische Dialekte wurden sowohl auf der schwedischen wie der russischen Seite des Großherzogtums gesprochen. Es war im wesentlichen eine geopolitische Entität, ein Pufferstaat zum Schutz von St. Petersburg, der russischen Hauptstadt.

Das Bild der Zusammenkunft beider Kaiser in Tilsit ist in das kollektive Gedächtnis des finnischen Volks eingraviert, ebenso wie das von Molotow und Ribbentrop, den Außenministern der Sowjetunion und Nazi-Deutschlands, die sich im August 1939 in Moskau trafen, um Osteuropa in Einflußsphären aufzuteilen: zwei anschauliche Lektionen in Geopolitik als der primären Kraft, die Nationen bewegt. Noch heute ist es ein Ziel der Außenpolitik Finnlands sicherzustellen, daß das Land nicht noch einmal als Wechselgeld in einem Handel zwischen den Anführern der Großmächte benutzt wird. Ein Gespür für Geopolitik scheint in den genetischen Code des finnischen Volks eingefügt.

Für Schweden bedeutete der Verlust Finnlands das Ende eines Imperiums, was manche Zeitgenossen als demütigende Niederlage empfanden; aber in der historischen Perspektive war es ein verdeckter Segen und der Beginn einer spektakulären Erfolgsgeschichte. Nur einmal noch nach der finnischen Kampagne wurde Schweden in einen Krieg verwickelt, und das außerhalb seines eigenen Territoriums, nämlich in der anti-napoleonischen Koalition von 1814. Seitdem genoß das schwedische Volk ununterbrochenen Frieden - 185 Jahre lang bis 1999. Finnland hat als Puffer sowohl Schweden wie Rußland geschützt. Während die anderen europäischen Nationen einander in Kriegen zerfleischten, baute Schweden eine neue Art Imperium auf - eine Industrie mit weltweiten Märkten. Das wiederum verschaffte Schweden den Reichtum, der ihm die Finanzierung des sozialen Experiments ermöglichte, das der amerikanische Journalist Marquis Childs als den "Mittelweg" zwischen rohem Kapitalismus und totalitärem Kommunismus bekanntmachte.

Der anderen Partei in der erzwungenen Scheidung erging es ebenfalls gut. Als Teil des Königreichs Schweden war Finnland ein armes und vernachlässigtes Gebiet gewesen, eine "Entwicklungsregion", wie wir heute sagen würden, ohne eigene politische oder kulturelle Identität. Die Sprache des Erziehungswesens und der Verwaltung war Schwedisch; für einen Finnen führte der einzige Weg zum Fortschritt über die Assimilierung in die schwedische Kultur. Wäre Finnland ein Teil Schwedens geblieben, würde die Finnisch sprechende Bevölkerung - oder ihr Rest - heute vielleicht zu den vielen frustrierten linguistischen Minderheiten gehören, die verärgert nach Anerkennung rufen.

Nachdem es jedoch tapfer gegen die russischen Eindringlinge gekämpft hatte, stellte das finnische Volk fest, daß der Treue-Wechsel, zu dem man es gezwungen hatte, durch einen gesteigerten politischen Status belohnt wurde, wobei es gleichzeitig die in 700 Jahren schwedischer Herrschaft erworbenen unschätzbaren Vorteile behalten konnte: die lutherische Religion, die konstitutionelle Monarchie, das schwedische Zivil- und Strafrecht, die Freiheit der Bauernschaft - mit anderen Worten: sein westliches Erbe. Nach Begriffen der Geopolitik wurde Finnland ein Teil des russischen Imperiums; nach kulturellen Begriffen blieb Finnland ein Teil des Westens.

Alexander I. war damals noch von den liberalen Ideen der Aufklärung beeinflußt. Es lag ihm auch daran, die Loyalität seiner neuen finnischen Untertanen zu gewinnen. Im Frühjahr 1809 rief er die Vertreter der vier Stände zusammen (Klerus, Adel, Bürger und Bauern), um ihre Rechte und Privilegien zu bestätigen. Das Großherzogtum Finnland sollte seine eigene, von einem Senat geführte Zentralverwaltung erhalten und im Prinzip ein eigenes Parlament mit seinen vier Ständen. Das bedeutete im Effekt die Geburt eines separaten finnischen Staats. Als Großherzog von Finnland akzeptierte der russische Zar, ein Autokrat mit absoluter Macht in seinem übrigen Imperium, die Rolle eines konstitutionellen Monarchen. Finnland, so verkündete Alexander, war damit "als Nation in den Rang von Nationen erhoben".

Die Bedeutung des Worts *Nation* muß im Kontext der Zeit verstanden werden. Viele Nationen weilten im riesigen Haus des russischen Zaren: Finnland sollte nur eine davon sein. Aber für die Finnen wurde Alexanders Versprechen, die finnische Verfassung zu respektieren, zu einer heiligen Übereinkunft zwischen dem Souverän und dem Volk und zur Basis für die finnische Selbstbestimmung. Das machte Finnland noch nicht zu einer Nation im modernen Sinn des Begriffs. Doch Finnland erwarb 1809 eine territoriale Identität und eine unabhängige Verwaltungsstruktur - ein Staat auf der Suche nach einer Nation. So floß der finnische Nationalismus, wie er sich in der zweiten Hälfte des neunzehnten Jahrhunderts entwickelte, in eine fertig bereitete Form. Der für nationalistische Bewegungen in Europa charakteristische Romantizismus wurde durch die weltlichen Aufgaben der Verwaltung gedämpft.

Finnland war damals eine relativ egalitäre Gesellschaft. Es gab keine riesigen Besitze, keine Leibeigenen. Der typische finnische Adlige war ein früherer Offizier der schwedischen Armee, der einen bescheiden großen Landbesitz bewirtschaftete. Der Adel hatte eine lange etablierte Tradition im öffentlichen Dienst. Viele gebildete Finnen zog es nach St. Petersburg, einem großen europäischen Zentrum, das Talenten aus allen Teilen des Imperiums offenstand. Besonders die kaiserliche Armee lockte junge Finnen an, von denen viele den Rang eines Generals oder Admirals erreichten - darunter Carl Gustav Mannerheim, der später eine führende Rolle bei der Erringung und Verteidigung der finnischen Unabhängigkeit spielen sollte.

Ein Gefühl des Nationentums entwickelt sich nur langsam. Die Nation braucht eine kulturelle Identität: ein Bewußtsein gemeinsamer Vergangenheit und ein verbindendes Geschick. Ein derartiges Bewußtsein können nur Historiker und Dichter, Künstler und Komponisten schaffen. Ohne kulturelle Fingerabdrücke bleibt die politische Autonomie eine leere Hülse, wie man an so vielen "Schnellstaaten" sehen kann, die seit dem Ende des Zweiten Weltkriegs gegründet worden sind.

Eine entstehende Nation definiert sich gern durch Ausschließlichkeit. Im kulturellen Sinn hatte das lutheranische Finnland mit seinen westlichen Werten keine Schwierigkeit, seinen Unterschied vom orthodoxen Rußland zu markieren, das unter autokratischer Herrschaft lebte. Im Westen allerdings war die Linie verschwommen. Die fortdauernde Dominanz der schwedischen Sprache band Finnland kulturell weiter an das alte Mutterland. Die Sprachenfrage erhielt so eine zentrale Bedeutung in der Entwicklung der finnischen Nation. "Besitzt eine Nation Wertvolleres als die Sprache ihrer Väter?" fragte der deutsche Philosoph Johann Gottfried von Herder, der Prophet des europäischen kulturellen Nationalismus.

Darin lebe ihre ganze Welt der Tradition, der Geschichte, Religion, der Existenzprinzipien, ihr Herz und ihre Seele.

Im Jahr 1835 erfüllte die Veröffentlichung der *Kalevala*, eines der großen Epen der Menschheit, das finnische Volk mit Stolz auf sein kulturelles Erbe; das Ereignis machte außerdem den finnischen Anspruch auf Nationalität weithin in der zivilisierten Welt bekannt. Der Eifer, das von der Mehrheit gesprochene Finnisch zu einer modernen Sprache zu entwickeln, wurde zum Herzstück des finnischen Nationalismus. In den 1860ern wurde das Finnische schließlich per Gesetz in den gleichen Status wie das Schwedische als offizielle Sprache erhoben. Das war den Bemühungen von Mitgliedern der herrschenden Elite zu verdanken, die im Geist der Zeit das Schwedische aufgaben und das Finnische als ein mit den indo-europäischen Sprachen nicht verwandtes Idiom adoptierten. (Es gehört zu der finno-ugrischen Sprachengruppe, die in Europa durch das Estnische und Ungarische repräsentiert wird.) In einem kollektiven Akt der linguistischen Bekehrung änderten viele ihre Familiennamen vom Schwedischen ins Finnische. "Wir sind keine Schweden mehr, wir wollen keine Russen werden, laßt uns also Finnen sein": So lautete das einfache Credo der Gründerväter des finnischen Nationalismus. Es wiederholte den Slogan der italienischen Nationalisten in den 1860ern: "Wir haben Italien geschaffen - jetzt müssen wir Italiener schaffen."

"Linguistischer Patriotismus", wie von Herder vor mehr als 200 Jahren artikuliert, ist immer noch sehr lebendig. Das scheint Englisch Sprechenden schwer zu begreifen. In einem Kommentar zum Quebec-Referendum von 1995 drückte ein amerikanischer Kolumnist sein Erstaunen darüber aus, daß Kanada "sich selbst zerstören will wegen einer solch relativ trivialen Frage wie die Sprache". (3) Weit entfernt von Trivialität, war die Sprache im Lauf der Zeitalter eine mächtige politische Kraft - ein Mittel der Unterdrückung wie der Befreiung. Der antike Mythos des babylonischen Turms, wo der Herr die Einheitssprache "verdammte" und das Volk über die Erde verstreute, bleibt eine relevante Metapher. Die sowjetischen Anführer spielten Gott in Zentralasien während der 1920er und der frühen 1930er, indem sie künstlich die dem Volk gemeinsame Turksprache in verschiedene "nationale Sprachen" aufteilten und ihnen das kyrillische Alphabet als Barriere gegen die Kommunikation mit der Türkei aufzwangen. Heute wendet man im früheren Jugoslawien energische Bemühungen auf, um die serbo-kroatische Sprache in drei verschiedene Zungen zu unterteilen, je nach der politischen Zuordnung der ehemaligen Föderation in souveräne Staaten. In mehreren westlichen Ländern - Belgien, Spanien, Irland - bleibt die Sprache eine zentrale Frage, ebenso wie in Frankreich, wo 1996 ein Gesetz erlassen wurde, das den Gebrauch von englischen Wörtern auf öffentlichen Schildern unter Strafe stellt.

Die finnisch-schwedische Sprachenkontroverse, die mit Fragen des Standes, des sozialen Status und wirtschaftlicher Macht verflochten ist, blieb fast ein Jahrhundert lang bis zum Ende des Zweiten Weltkriegs im Zentrum der Politik. Heute genießen beide Sprachen offiziellen Status, und die Rechte der schwedischsprachigen Minorität, rund sechs Prozent der Gesamtbevölkerung, sind durch Vorkehrungen geschützt, die man nach internationalen Standards als großzügig bezeichnen kann.

Schwedisch wird immer noch als Pflichtfach in allen finnischen Schulen gelehrt, und die Finnisch Sprechenden erkennen jetzt die Wichtigkeit des Schwedischen für Finnlands Verbindungen mit anderen nordischen Ländern an.

Eine Nation wird geboren

Die Übereinkunft zwischen dem Großherzog und seinen Untertanen, wie die Finnen sie verstanden, bedeutete, daß das finnische Volk nach seinen eigenen Regeln leben durfte, solange Finnland seine primäre geopolitische Funktion erfüllte. Die Männer, die Finnland im neunzehnten Jahrhundert verwalteten, merkten bald, daß Loyalität gegenüber dem Herrscher sich durch Handlungsfreiheit in internen Angelegenheiten auszahlte. Sie bewahrten ein niedriges Profil, wie man es heute nennen würde, und vermieden jegliche Herausforderung des russischen Sicherheits- oder Prestigedenkens. Sie erlernten durch die Praxis die subtile Kunst, Finnlands Autonomie an potentiellen Konfliktpunkten mit den vitalen Interessen des Imperiums vorbeizusteuern. Sie kultivierten einen konservativen gesellschaftlichen Ausblick und schützten das finnische Volk vor dem Einfluß liberaler Gedankenströmungen, die die russische Autokratie verstören mochten. "Laßt die Finnen in Ruhe", soll Zar Nikolaus I. seinen Ministern zurzeit des polnischen Aufstands 1830 gesagt haben. "Es ist der einzige Teil meines Reichs, der uns nie Schwierigkeiten bereitet hat."

Das Wechselspiel zwischen polnischer Rebellität und finnischer Vorsicht dauerte fort. Beim zweiten polnischen Aufstand 1863 warnte der finnische Philosoph und Staatsmann J.W. Snellman seine Landsleute davor, sich offen auf die Seite Polens gegen Rußland zu stellen. Solche törichte Gesten würden Finnland nur schaden, ohne Polen zu nützen. Die finnische Loyalität wurde prompt belohnt. Alexander II. machte Finnland zum Schaufenster für seine liberalen Ideen. Unter seiner Regierung schaffte die finnische Selbstregierung einen großen Schritt nach vorn. Seine Statue steht immer noch auf dem Zentralplatz von Helsinki.

Das Parlament der vier Stände wurde von den frühen 1860ern an regelmäßig einberufen; es ersetzte auf diese Weise bürokratische Herrschaft durch die Anfänge einer bürgerlichen Gesellschaft. Das Großherzogtum gründete auch seine eigene Zentralbank, die Bank von Finnland, die 1860 ihre eigene Währung einführte, die Markka, sie fünf Jahre später vom Rubel löste und sie 1878 mit dem Gold-Standard verband. Industrien auf der Grundlage der Waldressourcen des Landes wurden rasch entwickelt, Eisenbahnen und Kanäle wurden gebaut, der Außenhandel vervielfacht. Finnland trat in das zwanzigste Jahrhundert ein mit einem Lebensstandard auf vergleichbarer Höhe wie etwa der deutsche Teil Österreichs.

Die Umformung Finnlands während des neunzehnten Jahrhunderts war dramatisch. Zurzeit der Trennung von Schweden war Finnland arm und rückständig. Im überwiegenden Teil des Landes bestimmte die nackte Existenz die Lebensform. Die Wildnis erstreckte sich weiter als das besetzte und kultivierte Gebiet. Die Bevölkerung von rund 900 000 Menschen war in der südwestlichen Ecke des Landes konzentriert. Nach den Worten des Nationaldichters J. L. Runeberg mußte das finnische Volk "sein Brot dem Eis und Schnee abringen". In den ärmsten Gegenden wurde Brot häufig aus mit Kiefernrinde gemischtem Mehl gebacken. In den Hungerjahren 1867-1868 starben an die 100 000 Menschen, acht Prozent der Gesamtbevölkerung, an Unterernährung oder Krankheit.

Finnlands Aufstieg aus derartiger Armut, der ohne ausländische Hilfe geschafft wurde, widerspricht der weitverbreiteten Ansicht, daß die Anführer von rückständigen und armen Völkern auf diktatorische Regierungsmethoden angewiesen seien, weil kein anderer Weg zur wirtschaftlichen Entwicklung führe: Demokratie sei ein Luxus, den sich nur reiche Nationen leisten könnten. In Finnland entwickelte sich die Wirtschaft parallel zum Wachstum des politischen Prozesses. Die Industrialisierung wurde durch private Unternehmen und ausländische Investitionen beschleunigt. Modernisierung bewirkte nationale Einheit, sozialen Zusammenhang und Glauben an den Fortschritt - die Bedingungen, die ein demokratisches System braucht.

Finnlands Fortschritt verbreiterte unweigerlich die Kluft zwischen dem Großherzogtum und Rußland. Das finnische Volk hatte einen höheren Lebensstandard und größere politische Freiheit als das übrige Imperium. Die finnische Wirtschaft integrierte sich immer enger in den Westen, während sie durch eine Zollgrenze im Osten geschützt war. In ihren Pässen waren die Finnen als finnische Staatsangehörige und russische Untertanen gekennzeichnet. Finnland hatte sogar seine eigene Armee: Alle Offiziere und Soldaten mußten finnische Bürger sein, und sie konnten mit Ausnahme des Gardebatallions nicht zum Dienst außerhalb ihres eigenen Landes beordert werden.

Gegen Ende des neunzehnten Jahrhunderts erregte Finnlands Erfolg wachsenden Unwillen unter der russischen Elite. Man beschuldigte Finnland, es verschaffe sich Vorteile durch die vom Imperium garantierte Sicherheit, ohne einen angemessenen Teil der Kosten zu tragen. Spuren dieser Einstellung dauern bis auf den heutigen Tag an, wie man in den Werken Alexander Solschenizyns feststellen kann. In einem 1994 unter dem Titel *Die russische Frage* veröffentlichten Pamphlet weist Solschenizyn darauf hin, daß Finnland während des neunzehnten Jahrhunderts sein Nationalprodukt um das Sechs- oder Siebenfache multiplizierte, weil es seine Verteidigungsausgaben minimieren konnte. Er beklagte, daß Finnen hohe Posten in der russischen Verwaltung und der Armee einnahmen, während Russen in Finnland nicht in den öffentlichen Dienst berufen oder dort Eigentum kaufen durften, ohne zuvor die finnische Staatsbürgerschaft erworben zu haben. Und "nur wenige Meilen von ihrer Hauptstadt entfernt standen Russen finnischen Zollinspektoren gegenüber, die es ablehnten, russisch zu sprechen". All das war Solschenizyn zufolge ein Beweis für das Scheitern der zaristischen Politik, "Europa" am Betrug Rußlands zu hindern! (4)

Es stimmt, daß die finnischen Behörden ihr Land streng vor russischen Einflüssen bewahrten. Im Jahr 1914 betrug die Zahl der in Finnland lebenden Russen nur 0,4 Prozent der Gesamtbevölkerung. Die Kenntnis der russischen Sprache war begrenzt. Solschenizyn hat recht, wenn er behauptet, daß Finnland das Beste beider

Welten genoß. Nachdem es jahrhundertelang als Schlachtfeld zwischen Osten und Westen gedient hatte, existierte Finnland mehr als hundert Jahre friedlich als Teil des russischen Imperiums, außer einem kurzen Zusammenstoß mit anglo-französischen Marine-Plünderern während des Krimkriegs. Das Blutbad des Ersten Weltkriegs ging an Finnland vorüber.

Wichtigere Faktoren als bloßer Neid vergällten die finnisch-russischen Beziehungen am Ende des neunzehnten Jahrhunderts. Das finnische System der konstitutionellen Regierung geriet unter wachsende Kritik von russischen Konservativen, die entschlossen waren, die heimische Autokratie zu verteidigen. Was unter Alexander II. als Schaufenster des Liberalismus gegolten hatte, verwandelte sich unter Nikolaus II. in einen gefährlichen Präzedenzfall. Er beflügelte den Separatismus in anderen Teilen des Imperiums und die Forderungen nach konstitutioneller Reform in Rußland selbst. Die von der deutschen Gefahr besessenen russischen Militärführer entdeckten zu ihrem Horror auf den Türstufen von St. Petersburg einen Teil ihres Imperiums, der sich mit engen kulturellen und kommerziellen Bindungen an Deutschland und Großbritannien wie auch Skandinavien zu einem fremden Land entwickelt hatte. Sie sahen sowohl ihre äußere Sicherheit wie die interne Stabilität durch Finnlands Sonderstatus als bedroht an.

Im Jahr 1898 wurde General Nikolai Iwanowitsch Bobrikow, ein wegen seines scharfen Vorgehens in anderen Teilen des Imperiums bekannter Hardliner, zum Generalgouverneur von Finnland ernannt, mit dem Auftrag, die finnische Autonomie zu beschränken und das Großherzogtum militärisch und verwaltungsmäßig in das russische System zu integrieren. Wie Solschenizyn es formulierte: "Es ist nicht der Zweck imperialer Politik, die abhängigen Völker glücklich zu machen." Doch indem es die Finnen zufriedenstellte, hatte Rußland sich maximaler Sicherheit zu minimalen Kosten im Norden erfreut; indem es den finnischen Nationalismus weckte, schuf sich Rußland den Feind, den es bändigen wollte.

Nach fast einem Jahrhundert relativer Harmonie änderte sich das Verhältnis zwischen Rußland und Finnland zu einer klassischen Konfrontation zwischen einer Großmacht, die darauf achtet, ihre imperialen Interessen zu sichern, und einem kleinen Volk, das für seine eigene Lebensform kämpft. Isaiah Berlin hat es so ausgedrückt: "Ein verwundeter Volksgeist gleicht einem gebogenen Zweig, der so weit niedergedrückt ist, daß er von seiner Last befreit zornig in die Höhe schnellt. Nationalismus entsteht durch vom Druck zugefügte Wunden." (5) Viele dem Nationalismus zugeschriebene Konflikte werden in Wahrheit verursacht durch die Unterdrückung oder Verweigerung des Rechts eines Volkes, sein eigenes Geschick zu bestimmen. Bevor Bobrikow die Szene betrat, war der finnische Nationalismus ein kulturelles, von einer Elite gehegtes Phänomen. Sein Versuch, die finnische Selbstherrschaft zu beschneiden, verwandelte ihn in eine politische Massenbewegung.

Zunächst wollte das finnische Volk nicht glauben, daß sein Souverän, der Großherzog, sein feierliches Versprechen brechen würde, die finnische Verfassung zu respektieren: Er war wohl von schlechten Beratern irregeleitet. Mehr als eine halbe Million Finnen, fast die Hälfte der erwachsenen Bevölkerung, unterzeichneten einen Appell an den Kaiser, und obwohl der es ablehnte, ihn in Empfang zu nehmen, wurde der Zweck einer präzedenzlosen Demonstration politischer Mobilisierung erfüllt. Eine Stimmung des Trotzes, so beredt ausgedrückt in *Finlandia*, der Musik von Jean Sibelius, durchzog das finnische Volk. Künstler und Schriftsteller standen in der vordersten Verteidigungslinie dessen, was man als die tiefe Essenz von Finnlands nationaler Identität empfand.

Die westliche Welt nahm zum erstenmal das finnische nationale Streben wahr. Der von Eliel Saarinen, dem ersten in einer Reihe von großen finnischen Architekten, entworfene finnische Pavillon auf der Pariser Weltausstellung 1900 erlangte weite Aufmerksamkeit. Mehr als tausend bedeutende europäische Intellektuelle, darunter Anatole France, Florence Nightingale, Henrik Ibsen und Emile Zola, unterschrieben "Pro Finlandia", einen an den Zaren adressierten Aufruf. "Kaum ein einziger berühmter Name fehlt", merkte der russische Gesandte an, der dem Kaiser den Aufruf zu Gehör brachte. Aber er wurde natürlich als Einmischung in innere russische Angelegenheiten zurückgewiesen.

Der russischen Politik der Repression begegnete man mit einer Kampagne des bürgerlichen Ungehorsams. Widerspenstige Beamte und Richter wurden daraufhin entlassen, prominente finnische Anführer wurden nach Sibirien verbannt oder ins Exil gezwungen, und viele junge Männer emigrierten in die Vereinigten Staaten, um sich der Wehrpflicht in der russischen Armee zu entziehen. Während der russische Druck stieg, lief eine heiße Debatte zwischen den Konservativen, die eine Beschwichtigung von Rußlands Macht und Prestige als einziges Mittel zur Wahrung der Essenz des finnischen nationalen Lebens befürworteten, und den liberalen Konstitutionalisten, die ohne Rücksicht auf Konsequenzen die Wahrung legaler Rechte verfochten. Außerdem gab es die Aktivisten, die sich auf direkte Aktionen vorbereiteten, indem sie junge Männer zur militärischen Ausbildung nach Deutschland schickten, und die linksgerichteten Revolutionäre, die sich mit ihren russischen Kameraden in dem Glauben verbündeten, daß der Sturz des zaristischen Regimes nationale Befreiung und soziale Reform bringen werde. Es war eine Debatte mit einer zeitlosen Qualität: Die damals benutzten Argumente könnte man heute überall anwenden, wo Nationen vor der grausamen Wahl stehen, sich entweder der überlegenen Macht zu beugen oder im selbstmörderischen Kampf Widerstand zu leisten.

Außer dem Mord an Bobrikow 1904 durch einen jungen finnischen Beamten, der sich gleich danach selbst tötete, verlief der Kampf gewaltlos. Auch auf der russischen Seite erreichte die Kunst der Repression nicht den gleichen hohen Standard wie unter dem sowjetischen Regime. Es gab keine Hinrichtungen, keinen Massenterror, keine Konzentrationslager. Als ein Mitglied der Mannerheim-Familie ins Exil gezwungen wurde, ließ man ihm eine Woche, um seine Angelegenheiten zu regeln, was damals als harte Behandlung galt, aber es versetzte seinen Bruder Carl Gustav, einen Obersten der Kavaliersgarde in St. Petersburg, in die Lage, nach Helsinki zu reisen, um sich von seinem Bruder zu verabschieden, bevor dieser nach Stockholm segelte - auf einen nicht gerade beschwerlichen Posten.

Viele andere wurden wesentlich schärfer herangenommen, darunter mein Onkel, der nach Sibirien verbannt wurde, aber nach der bolschewikischen Revolution gesund und voller Geschichten über die interessanten Leute, die er im Exil getroffen hatte, zurückkehrte. Sein Fall bildete keineswegs eine Ausnahme. Damit soll nicht gesagt werden, daß es keine Leiden und Härten gab; auch konnten sich die Betroffenen nicht damit trösten, daß noch größere Schrecken bevorstanden. Insgesamt jedoch hielt sich das russische Regime immer noch an fundamentale Regeln zivilisierten Verhaltens.

Der passive Widerstand gewann Zeit, den oft wertvollsten Vorteil für eine kleine unter Druck stehende Nation. Zacharias Topelius, ein führender Historiker und Schriftsteller, riet einem hitzköpfigen jungen Freund, geduldig zu sein und zu warten, bis "der Koloß im Osten" zusammenbreche. Finnland wurde zum erstenmal 1905 durch Rußlands Niederlage im Krieg gegen Japan und durch die wachsende Unruhe in Rußland selbst gerettet, da der Zar nun gezwungen war, Forderungen nach konstitutioneller Herrschaft stattzugeben. In Finnland wurde der alte Reichstag der vier Stände 1906 durch ein Parlament mit nur einer Kammer ersetzt, das mit dem allgemeinen Stimmrecht gewählt worden war und Finnland zum ersten Land der Welt machte, das Frauen das aktive und passive Wahlrecht gestattete. Diese radikale Reform berührte zutiefst Finnlands künftigen Kurs. Sie leitete den nationalistischen Strom in parlamentarische Kanäle. Der Kampf gegen die russische Repression wurde zu einem Kampf für die parlamentarische Demokratie.

Die russische Politik schlingerte von der Repression zur Reform, dann wieder zurück zur Repression, doch am Ende brach der Koloß tatsächlich zusammen. Der Sturz des zaristischen Regimes lieferte Finnland die Gelegenheit, am 6. Dezember 1917 seine volle Unabhängigkeit zu erklären. Aber dies war noch nicht das Happyend der finnischen Befreiungsgeschichte von fremder Herrschaft. Sobald die äußere Bedrohung wich, explodierte der soziale Konflikt, der sich seit dem Beginn des Jahrhunderts aufgestaut hatte, in einer gewaltsamen Konfrontation. Obwohl Lenin am letzten Tag des Jahres 1917 die Unabhängigkeit Finnlands anerkannt hatte, verblieben 40 000 russische Soldaten in Finnland, und die Bolschewiken ermunterten die finnischen Sozialisten zum Griff nach der Macht, wobei sie hofften, die Revolution werde Sowjetrußland zurückbringen, was der Zar verloren hatte. Die vom radikalen Flügel der sozialistischen Bewegung gebildeten "Roten Garden" prallten auf die "Weiße Armee" unter General Mannerheim, der nach dreißig Jahren Dienst in der kaiserlichen Armee in seine Heimat Finnland zurückgekehrt war. Der Krieg dauerte von Januar bis Mai 1918 und forderte 30 000 finnische Tote, von denen viele dem auf beiden Seiten verübten Terror zum Opfer fielen.

Die siegreichen Weißen nannten es einen Befreiungskrieg, doch das wird heute noch von Leuten bestritten, die den Begriff Klassenkonflikt oder Bürgerkrieg vorziehen. Objektiv, wie Marxisten sagen mögen, wissen wir, daß er eine Befreiung bedeutete, denn hätten die Roten gewonnen, wäre Finnland gewiß unter sowjetische Herrschaft geraten. Aber Finnlands Sezession vom russischen Imperium muß in einem weiteren Kontext gesehen werden. Deutschland hatte 1917 den Krieg im Osten gewonnen, die deutsche Armee kontrollierte völlig die baltische Region, und ein deutsches Expeditionskorps wurde im Frühjahr 1918 nach Finnland geschickt, um sicherzustellen, daß die Weißen gewannen. Die konservativen politischen Anführer Finnlands schauten nach Deutschland um Schutz vor einem Wiedererstehen des russischen Imperialismus - eine potenzielle Gefahr, die durch die revolutionären Pläne der Bolschewiken noch erschreckender wurde. Ein deutscher Prinz wurde zum König von Finnland gewählt, um sicherzustellen, daß Deutschland auf die Verteidigung seines nördlichen Verbündeten verpflichtet blieb. Im Gegenzug war Finnland zu weitreichenden wirtschaftlichen Konzessionen bereit.

Hätte es Deutschland geschafft, seine Dominanz im östlichen Teil Europas zu wahren, wäre Finnland ein deutsches Protektorat geworden. Doch im November 1918 wurde diesem Entwurf der Boden entzogen. Plötzlich stand Finnland allein da. Der deutsche Wahlkönig besaß genug Vernunft, sich zurückzuziehen, bevor er seinen Fuß auf finnische Erde setzte. Eine völlige Umkehrung der finnischen Politik wurde notwendig. Die pro-deutschen politischen Anführer traten beiseite, und Mannerheim, nie ein Freund Deutschlands, wurde als Interessenvertreter nach London und Paris geschickt. Bei der Parlamentswahl Anfang 1919 erlangten die Republikaner eine große Mehrheit. Erst danach, im Mai 1919, erkannten die Vereinigten Staaten und Britannien Finnland an, und Frankreich bestätigte die Anerkennung, die es im Vorjahr zurückgezogen hatte. So lernten die Finnen schon früh, daß "Einmischung in die internen Angelegenheiten von Staaten" eine Tatsache des internationalen Lebens ist.

Vorspiel zum Krieg

In den wichtigen Hauptstädten Europas wurde der Eintritt der souveränen Republik Finnland in die internationale Gemeinschaft mit einem Maß Skepsis wahrgenommen. Einem finnischen Diplomaten, der sich bei dem Chefredakteur des Londoner *Economist* darüber beschwerte, daß die Zeitschrift immer noch veraltete Landkarten druckte, die Finnland als Teil Rußlands zeigten, wurde gesagt, der *Economist* hege einen langfristigen Blick auf internationale Affären, ohne sich von vorübergehenden Phänomenen irreführen zu lassen. Für Leute, die an eine von den großen Dynastien beherrschte Welt gewöhnt waren, schienen die aus den Ruinen des Ersten Weltkriegs hervorgegangenen neuen Staaten künstliche Gebilde, die man nicht ernst nehmen sollte.

Diese Haltung wurde von dem britischen Autor Anthony Powell in seinem Roman *Venusberg* (1932) eingefangen, in dem eine Dame als Repräsentantin eines fiktionalen neuen unabhängigen Kleinstaats gegenüber einem britischen Diplomaten äußert: "Wir sind nur ein kleines Land. Ein kleines neues Land. Sie dürfen nicht überrascht sein, wenn wir manche Dinge nicht so gut zu erledigen scheinen wie ihr großen Länder, die schon so lange große Länder sind. Ihr großen Länder wißt nicht, was es heißt, ein kleines Land zu sein. . ." (6)

Es gab Grund zur Sorge über die Zukunft des kleinen Landes Finnland. Die Tragödie von 1918 hatte tiefe Wunden hinterlassen. Die Weißen und die Roten setzten ihre Schlacht in der politischen Arena fort. Im Jahr 1930 wurde die Kommunistische Partei, die damals 23 von 200 Sitzen im Parlament innehatte, mit der Begründung verboten, sie agiere für eine fremde Macht. Dokumente, die nach dem

Kollaps der Sowjetunion aufgetaucht sind, beweisen das über jeden vernünftigen Zweifel hinaus. Die tragische Ironie der finnischen Kommunisten bestand darin, daß sie in der Sowjetunion die Beschuldigung des Nationalismus fürchten mußten, während sie in ihrem eigenen Land als Verräter gebrandmarkt wurden. Viele tausend finnische Kommunisten, die in die Sowjetunion geflohen waren, wurden bei Stalins Säuberungen hingerichtet. Die in Finnland festgenommenen hatten Glück: Sie wurden ins Gefängnis geschickt und überlebten.

Während ein europäisches Land nach dem anderen unter totalitäre oder autoritäre Herrschaft fiel, wurde auch Finnland vom faschistischen Virus angesteckt. Die Furcht vor der Sowjetunion, einer sinistren Macht, die den traditionellen russischen Imperialismus mit der kommunistischen Vision der Weltrevolution verband, unterhöhlte das Vertrauen in die parlamentarische Demokratie. Statt Diskussionen und Kompromissen brauchte man Führerschaft und Aktion zur Verteidigung von Finnlands Unabhängigkeit. Sozialdemokraten und Liberale galten als "weich gegenüber dem Kommunismus" - als unpatriotisch. Universitätsstudenten träumten davon, die Einheit von Blut und Boden herzustellen, indem sie die Finnisch sprechende Bevölkerung von Sowjetisch-Karelien befreiten, einem Gebiet, das nie zum historischen Finnland gehört hatte.

Und trotzdem triumphierte die Demokratie. Finnland war eines der wenigen europäischen Länder, die den antidemokratischen Kräften widerstanden, welche den überwiegenden Teil des Kontinents in den 1930ern einkesselten. Im Jahr 1937 wurde eine Koalitionsregierung gebildet, die zum erstenmal seit dem Bürgerkrieg die Sozialdemokratische Partei als Partner mit der Agrarpartei und einer kleinen Liberalen Partei einschloß: ein Akt der Versöhnung zwischen den Bauern und den Arbeitern, die einander 1918 bekriegt hatten. Bei den Parlamentswahlen zwei Jahre später wurde die extrem rechte Bewegung mit faschistischen Neigungen, die Patriotische Volksliga oder IKL, mit nur acht von 200 Sitzen in eine Nebenrolle gedrängt. Der deutsche Gesandte in Helsinki berichtete nach Berlin über das Wahlergebnis von 1939 mit dem resignierten Kommentar, es sei schwierig, in einem Land, wo 90 Prozent der Bevölkerung Demokraten seien, Sympathien für Nazi-Deutschland zu wecken. Trotz Finnlands enger kultureller und wirtschaftlicher Verbindungen mit Deutschland blieb die Unterstützung des Nazismus auf eine Randgruppe von Übereifrigen beschränkt.

Im heutigen intellektuellen Klima könnte man diese Bestandsaufnahme der politischen Entwicklungen in Finnland während der 1930er durchaus so interpretieren, daß der westliche Liberalismus siegreich hervorging. In Wirklichkeit jedoch blieb der Liberalismus eine schwache Kraft in der finnischen Politik. "Er läßt uns kalt", schrieb Urho Kekkonen, späterer Präsident Finnlands, der damals ein führender Sprecher für den finnischen Nationalismus war. Die herrschende Ansicht war, daß die Interessen der Nation vor die des Einzelnen gestellt werden mußten. Doch das konnte nicht durch Zwang erreicht werden. Der finnische Nationalismus war getauft worden im Kampf für eine konstitutionelle Regierung und die Herrschaft des Rechts gegen ein autokratisches russisches Regime, und er blieb diesen Werten treu. Die nationale Einheit mußte nicht durch autoritative Methoden, sondern durch die Re-Integrierung der Verlierer von 1918 in das parlamentarische System errungen werden. Die konservative Rechte lehnte den Extremismus ab, während die Sozialdemokratische Partei eine pragmatische und gemäßigte Linie vertrat. Eine weitreichende Landreform, die rund 100 000 neue Höfe bildete, trug dazu bei, die Loyalität des ländlichen Proletariats von Pächtern und besitzlosen Arbeitern zu gewinnen, die sich 1918 vielfach zu den Roten gesellt hatten.

Der wirtschaftliche Fortschritt ebnete den Weg zu größerer nationaler Einheit. Finnland erholte sich schneller als die meisten anderen europäischen Länder von der großen Depression. Das geschah durch eine Politik, die eher Milton Friedman als John Maynard Keynes gefallen hätte. Nach dem durch strikte monetaristische Maßnahmen verursachten Schmerz stieg der Lebensstandard rapide in der zweiten Hälfte der 1930er.

Einen unverhofften Bonus brachte Anfang der 1930er die Entscheidung der finnischen Regierung, die von den Vereinigten Staaten unmittelbar nach dem Ersten Weltkrieg erhaltene Anleihe zurückzuzahlen. Das war Teil des generellen Bestrebens Finnlands, seine Kreditwürdigkeit zu erhöhen. Hätten zwei oder drei andere europäische Staaten einen ähnlichen Schritt unternommen, wäre Finnlands Entscheidung kaum wahrgenommen worden. Aber so wie es lief, war Finnland das einzige Land, das den Vereinigten Staaten seine Schulden zahlte, und dies verwandelte eine ansonsten routinemäßige Sache in eine der erfolgreichsten Public-Relations-Operationen aller Zeiten. Bald wußte jeder Schuljunge in den Vereinigten Staaten mindestens eines über Finnland - das Land hatte seine Schulden bezahlt. Die Rückzahlungen wurden so lange wie möglich gestreckt. Selbst auf dem Höhepunkt des Zweiten Weltkriegs, als Finnlands Beziehungen zu den Vereinigten Staaten auf einen Tiefpunkt gesunken waren, stattete der finnische Botschafter dem US-Finanzministerium seinen jährlichen Besuch ab und wedelte vor den Presse-Fotografen mit einem Scheck. Ende der 1940er wurde der verbliebene Rest der Anleihe schließlich in einen Fonds zur Finanzierung von Stipendien für Finnen umgewandelt, die in den Vereinigten Staaten studieren wollten.

Auch in der Außenpolitik war die Mitte der 1930er ein Angelpunkt. Der Völkerbund hatte seine Glaubwürdigkeit verloren, und Hitlers Aufstieg zur Macht warf die Schatten einer Herrschaft von Stärke und Gewalt in Europa voraus. Für Finnland bestand das vordringlichste Problem in der Suche nach einem Weg, der sicherstellte, daß es nicht in einen Konflikt zwischen Deutschland und der Sowjetunion hineingezogen wurde. Der erste Schritt war, Finnlands internationales Image zu verbessern. Moskau betrachtete Finnland als einen deutschen Satelliten, und eine ähnliche Ansicht herrschte weithin in Westeuropa, sogar in Schweden. Um diese Vorstellung zu ändern, erklärte die finnische Regierung im Dezember 1935, sie werde eine "skandinavische Orientierung" verfolgen: Die Neutralität Finnlands, verkündete die Regierung, sei am besten in Verbindung mit den anderen skandinavischen Nationen zu bewahren, deren Treue zum Konzept der Neutralität allgemein anerkannt war. (7)

Von Zeit zu Zeit wurde sogar über eine skandinavische oder nordische Verteidigungsallianz geredet, aber das war eine totgeborene Idee. Die vier nordischen Staaten (jetzt fünf mit Island) haben viel gemeinsam, sind aber durch geopolitische Realitäten getrennt. In den 1930ern konnten sie sich auf keinen gemeinsamen Feind einigen: Die Finnen fürchteten Rußland, die Dänen Deutschland; die Schweden konnten sich nicht entscheiden, wen sie mehr fürchten sollten; die Norweger glaubten, sie seien vor beiden sicher.

Ein realistischeres Konzept legte Schwedens Außenminister Rickard Sandler vor: eine militärische Kooperation von zwei oder mehr nordischen Staaten in begrenzten Gebieten und mit beschränkter Haftung. Die Åland-Inseln waren ein naheliegender Ort für eine derartige Kooperation. In den Händen einer Großmacht, wie Napoleon es einmal formulierte, wäre Åland eine "auf das Herz Schwedens gerichtete Pistole". Die Inseln waren 1921 durch eine internationale Konvention entmilitarisiert worden, und schwedische Militärplaner drängten danach, das Vakuum zu füllen. Im Verlauf des Jahrs 1938 wurde ein gemeinsamer finnisch-schwedischer Plan zur Verteidigung der Inseln ausgearbeitet; im Januar 1939 wurde er formell von beiden Ländern bestätigt. Da eine Revision der Konvention erforderlich war, wurde der Plan den anderen Signatarmächten zur Billigung eingereicht. Bezeichnenderweise bestand die schwedische Regierung darauf, daß auch die sowjetische Zustimmung einzuholen sei, obwohl die Sowjetunion die Konvention nicht unterschrieben hatte. Doch Moskau sagte nein, und angesichts des sowjetischen Widerstands zog sich die schwedische Regierung zurück: Die schwedische Meinung war nicht bereit, eine Verpflichtung einzugehen, die Schweden in einen finnisch-sowjetischen Konflikt verwickeln könnte. So wurden die Grenzen einer nordischen Kooperation bloßgelegt.

In Geheimgesprächen 1938 und Anfang 1939 erkannte Finnlands Regierung durch Stalins Sondergesandte die wahre Natur der sowjetischen Politik. Sie erklärten, es genüge nicht, daß Finnland verspreche, Neutralität zu wahren. Ohne sowjetische Hilfe, argumentierten sie, sei Finnland nicht in der Lage, sich selbst zu verteidigen. Die Deutschen würden ihren Weg durch Finnland erzwingen, und die Rote Armee sei nicht bereit, an der Grenze zu bleiben und auf den Feind zu warten: Sie würde so weit wie möglich vorrücken, um ihm zu begegnen. Wie ein russischer Staatsmann während des Krim-Kriegs gesagt hatte, könne das russische Volk sich nicht sicher fühlen, wenn seine Soldaten nicht auf beiden Seiten der Landesgrenzen Wacht hielten. Nur ein finnisches Versprechen, militärische Hilfe von der Sowjetunion zu akzeptieren, könne als eine ausreichende Garantie der sowjetischen Sicherheit angesehen werden. Was die Åland-Inseln betraf, erhob die Sowjetunion keinen Einwand gegen ihre Remilitarisierung unter der Voraussetzung, daß die Sowjetunion statt Schweden an dem Projekt teilnahm. Zusätzlich wurde von Finnland verlangt, der sowjetischen Marine vier Inseln im Golf von Finnland als Stützpunkte für die Verteidigung Leningrads zur Verfügung zu stellen.

Die geheimen sowjetischen Signale wurden von der finnischen Regierung zurückgewiesen. Es war das Ziel der finnischen Regierung, ihr Land aus jedem künftigen Zusammenstoß zwischen Deutschland und der Sowjetunion herauszuhalten und nicht die Seiten zu wechseln und den deutschen gegen einen sowjetischen Schutz einzutauschen.

An diesem Punkt wird man zum Spekulieren versucht: Was wäre wenn? Hätte eine feste Haltung Schwedens in der Åland-Frage Stalin von einem Angriff auf Finnland abgeschreckt? Hätte nicht der projizierte finnisch-schwedische Neutralitätspakt Rußlands Sicherheitsinteressen besser gedient als die Militärbasen, die Moskau zu erwerben trachtete? Wir werden es nie wissen. Wir wissen jedoch, daß die finnische Diplomatie es weder im Westen noch im Osten schaffte, ihre Ziele zu erreichen. Die Schweden wollten sich nicht in der Verteidigung Finnlands engagieren, und Moskau beharrrte auf etwas Handfesterem als Erklärungen der Neutralität. Mannerheim, damals Vorsitzender des Verteidigungsrats, kam zu dem Schluß, es gebe keine andere Wahl, als sich auf einen Krieg vorzubereiten. Früher als fast jeder andere in Europa sagte er voraus, daß Hitler und Stalin einen Handel schließen würden, und zwar auf Kosten Finnlands und der anderen dazwischenliegenden Staaten. Er drängte die Regierung, die Vereinigten Staaten um eine große Anleihe zu ersuchen, um den Kauf von modernen Waffen zu finanzieren. Aber er fand kein Gehör. Finnland wurde zu der Zeit von einer Gruppe Männer regiert, deren stärkste Kraft ihr rationales Verhältnis zur Politik war. Ihnen ist zu verdanken, daß Finnland zu einem wohlhabenden und stabilen Land geworden ist. Aber sie begriffen nicht die Macht der irrationalen Kräfte, die im Europa der 1930er entfesselt wurden.

Und trotzdem, auf einer anderen Ebene war das finnische Volk auf die existenzielle Prüfung vorbereitet, die vor ihm lag. Als Schuljunge in Helsinki in den späten 1930ern hatte ich wenig Interesse an der Politik - wie die meisten von uns - , doch ich erinnere mich lebhaft, wie wir alle überflutet waren von der herrschenden Stimmung eines bedingungslosen Patriotismus. Jeder gehfähige Mann diente zwei Jahre in der Armee, und zusätzlich verfügte eine Freiwilligenorganisation, die militärische Ausbildung leistete, über 130 000 Mitglieder, während eine Schwesterorganistion mit 105 000 Mitgliedern Mädchen auf Verteidigungsaufgaben vorbereitete. Instinktiv wußten wir, daß solche Aktivitäten sich eines Tages als nützlich erweisen würden.

Die britische Schriftstellerin Rebecca West besuchte Finnland 1936 und spürte die Stimmung des Volks. Sie beschloß, ein Buch über Finnland zu schreiben als Beispiel einer kleinen Nation, die bereit ist, ihre Freiheit gegen eine mächtige Tyrannei zu verteidigen. Doch dann reiste sie nach Jugoslawien und fand dort einen bunteren Hintergrund. Sie verpaßte ihre Geschichte um drei Jahre.

2 Überleben

In den späten 1930ern stand Finnland vor einem Dilemma, das kleine Nationen, die im Niemandsland zwischen zwei miteinander verfeindeten Großmächten leben, zu allen Zeiten teilen. In der Theorie bestand die Wahl zwischen Neutralität und der Suche nach Schutz entweder von der einen oder der anderen Seite. In der Praxis jedoch hatte Finnland keine wirkliche Wahl.

Es wäre für das finnische Volk undenkbar gewesen, den von der Sowjetunion angebotenen Schutz anzunehmen. Geschichte und Ideologie schlossen das aus. Die finnische Regierung wußte, was die Sowjetunion unter Schutz verstand. Es war von dem sowjetischen Außenminister Wjatscheslaw Molotow im Mai 1939 bei seinen Gesprächen mit einer anglo-französischen Delegation im Detail buchstabiert worden. Er hatte vorgeschlagen, daß die drei Mächte die Sicherheit der Staaten zwischen Deutschland und der Sowjetunion sowohl gegen direkte wie indirekte Angriffe garantieren sollten. Danach befragt, was er mit dem Begriff des indirekten Schutzes meine, entgegnete Molotow: wenn zum Beispiel die litauische Regierung aus welchem Grund auch immer, unter deutschem Druck oder aus eigenem Antrieb, eine Politik einschlage, die Moskau als den sowjetischen Interessen schädlich erachte, wäre das ein indirekter Angriff, der eine sowjetische Intervention rechtfertige. (1) Sich dem sowjetischen Schutz zu solchen Konditionen zu unterwerfen, wäre gleichbedeutend gewesen mit bedingungsloser Kapitulation: Diese Einschätzung wurde durch spätere Ereignisse in anderen an Rußland grenzenden Ländern bestätigt.

Die Alternative, Schutz von Deutschland zu suchen, dem Verbündeten von 1918, hatte beträchtliche Unterstützung in Finnland, wo der Nazismus als das kleinere von zwei Übeln galt. Aber auch diese Alternative wurde abgelehnt. Man fürchtete, daß eine Allianz mit Deutschland einen präventiven Schlag der Sowjetunion auslösen könnte.

Was übrigblieb, war die Neutralität. Implizit jedoch beruhte die finnische Neutralität in den 1930ern auf Vermutungen, die nie klar diskutiert und deshalb nicht allgemein verstanden wurden. Die unausgesprochene Voraussetzung war, daß der ideologische Antagonismus zwischen Nazi-Deutschland und dem kommunistischen Rußland eine permanente Lebensbedingung bildete und eine Machtbalance in der baltischen Region sicherstellte. Von Deutschland erwartete man, daß es die Sowjetunion in Schach hielt, wobei Finnland im Fall eines deutschen Einmarsches in die Sowjetunion wie im Ersten Weltkrieg an den Seitenlinien ausharren konnte. Derart waren die privaten Gedanken öffentlicher Personen; offiziell gab man der Hoffnung Ausdruck, daß der Frieden obsiegen würde.

Wie jedoch Mannerheim fast als einziger begriffen hatte, war der Frieden zwischen Hitlers Deutschland und Stalins Sowjetunion, abgesehen von einem totalen Krieg, die schlimmste Alternative für die kleinen Zwischenstaaten. Die knappe am 24. August 1939 in Moskau veröffentlichte Nachricht, die die Welt über die Unterzeichnung des Nichtangriffspakts zwischen der Sowjetunion und Deutschland informierte, den man später nach den Namen der beiden Außenminister den Molotow-Ribbentrop-Pakt nannte, sprengte die Grundlagen der internationalen Ordnung, die sich in der baltischen Region nach dem Kollaps des russischen Imperiums herausgebildet hatte. Das dem Vertrag angefügte geheime Protokoll wurde nicht sofort bekannt, aber man konnte leicht erraten, daß Moskau von Hitler erhalten haben mußte, worum es sich vergeblich bei den westlichen Mächten bemüht hatte: freie Hand im baltischen Raum.

Innerhalb eines Monats wurde Polen von der deutschen Kriegsmaschine zerschmettert, und das Land wurde gemäß der vorherigen Absprache der beiden Diktatoren geteilt. Es dauerte nur zwei Wochen, bis die Sowjets die Regierungen der drei baltischen Staaten - Estlands, Lettlands und Litauens - dazu drangsaliert hatten, "gegenseitige Unterstützungsverträge" zu akzeptieren, die den sowjetischen Truppen freien Zugang zu allen militärischen Stützpunkten südlich des Golfs von Finnland garantierten, die Rußland im Ersten Weltkrieg verloren hatte. Und am 5. Oktober erhielt die finnische Regierung eine Einladung - eine Vorladung eigentlich - , eine Delegation nach Moskau zu schicken, um "konkrete politische Fragen" zu erörtern. (2)

Stalin selbst erklärte der finnischen Delegation, worum es sich handelte. Er sagte, er brauche mehr Tiefe für die Verteidigung Leningrads, und die könne nur auf Kosten Finnlands erlangt werden. Die finnische Grenze müsse weiter nördlich von der Stadt verlegt werden, und die sowjetische Marine brauche einen Stützpunkt an der südlichen Küste Finnlands, in Hanko nahe Helsinki.

Die finnische Regierung begann eine verzweifelte Suche nach Unterstützung. Doch Berlin riet ihr, vernünftig zu sein und nachzugeben. Stockholm bedeutete den finnischen Anführern, keine militärische Hilfe von Schweden zu erwarten. London und Paris waren uninteressiert, da sie merkten, daß der von Stalin gewünschte Stützpunkt nur gegen Deutschland genutzt werden konnte. Washington war per Gesetz zur Neutralität verpflichtet. Die finnischen Anführer wußten, daß sie allein dastanden, und sie verständigten sich darauf, einiges Territorium nördlich von Leningrad preiszugeben. Aber sie lehnten die Überlassung des von Stalin verlangten Stützpunkts ab aus Furcht, er könne genutzt werden, um Finnlands Unabhängigkeit zu unterwandern. An dieser Frage zerbrachen die Gespräche in Moskau, und Ende November 1939 startete Stalin seinen Angriff. Hundert Wintertage lang hielten die Finnen stand, aber am Ende mußten sie Frieden schließen zu Bedingungen, die schlechter waren als diejenigen, die sie vor dem Angriff abgelehnt hatten. Stalin bekam den Stützpunkt, den er wollte, und ein gutes Stück mehr Territorium, als er ursprünglich gefordert hatte.

Dieses Zwischenspiel war trivial im Kontext der Weltgeschichte: In allen Zeitaltern wurden blutige Scharmützel an den Rändern von Imperien ausgefochten. Im gigantischen Drama des Zweiten Weltkriegs war der sowjetisch-finnische Konflikt bloß ein Vorfall innerhalb einer Episode, eine lokale sowjetische Kampagne, um einen widerspenstigen Bauern auf das Feld zu zwingen, das ihm in dem Handel zwischen Stalin und Hitler zugewiesen war.

Doch an den Winterkrieg erinnert man sich, wenn auch längst nicht mehr allgemein, wie an eine Legende aus ferner Zeit, stärker jedenfalls als an viele größere Kampagnen, die einen direkteren Einfluß auf das Ergebnis des Kampfes zwischen den Großmächten hatten. Seine emotionale Wirkung war damals immens. Der finnische Widerstand gegen eine überwältigende Mehrheit bot dem Westen ein lupenreines Argument: Die Finnen verteidigten Demokratie und Freiheit und Gerechtigkeit, all die Dinge, an welche die westlichen Demokratien glaubten, für die zu kämpfen sie aber damals kaum Gelegenheit hatten.

Ein riesiges Reservoir des frustrierten Idealismus ergoß sich in eine Flutwelle der Sympathie für Finnland. Freiwillige aus so weit entfernten Gegenden wie Abessinien offerierten ihre Dienste. Kermit Roosevelt, Sohn des verstorbenen Präsidenten Theodore Roosevelt, kündigte die Bildung einer internationalen Brigade an. In Britannien las sich die Liste von freiwilligen Einheiten, die nach Finnland geschickt werden sollten, wie ein Auszug aus dem Debrett-Adelskalender an: Jeder Mann, der einmal einen Ski-Urlaub in St. Moritz verbracht hatte, war qualifiziert. Robert Sherwood wurde zu seinem großen Broadway-Erfolg *There Shall Be No Night* inspiriert. Präsident Franklin Roosevelt sprach von der "Vergewaltigung Finnlands", und Winston Churchill nannte die sowjetische Invasion "ein verächtliches Verbrechen gegen ein edles Volk". Die französische Regierung ließ die sowjetische Handelsmission in Paris schließen; Italien beorderte seinen Botschafter aus Moskau zurück. Und ein Ermutigungsbrief aus Uruguay wurde feierlich im finnischen Parlament verlesen.

Das finnische Volk, das nie zuvor im Zentrum der Weltaufmerksamkeit gestanden hatte, war von den extravaganten Bekundungen der Sympathie und Bewunderung geblendet. Gleich einfachen Landleuten, die die höflichen Phrasen der Gesellschaft wörtlich nehmen, wurden sie zu dem Glauben verführt, praktisch die gesamte zivilisierte Welt schicke sich an, ihnen zu Hilfe zu eilen. Vielleicht war das eine nützliche Selbsttäuschung; denn was die Finnen in jenen Tagen am meisten brauchten, waren Glaube und Hoffnung, und um diese zu erhalten, war die Überzeugung notwendig, daß eine Rettungsmannschaft unterwegs war. Doch später nahm das Wort "Sympathie" eine ironische Wendung in der finnischen Sprache an.

Auch auf einer anderen Ebene hatte der Winterkrieg eine weit über seine militärischen Grenzen hinausgehende Wirkung. Sein politisches Echo reichte von einer Krise in den deutsch-italienischen Beziehungen bis zum Sturz der Daladier-Regierung in Frankreich. Er weckte den Völkerbund von seinem Totenbett, so daß er die Sowjetunion ausschloß. Er brachte das neutrale Schweden an den Rand eines Kriegs und trug dazu bei, die Isolation der Vereinigten Staaten aufzubrechen. Er schickte die alliierten Regierungen auf eine Phantomjagd nach einer neuen Front im Norden, wie Lord Alanbroke, der Chef des imperialen Generalstabs, es später nannte. Er inspirierte französische Pläne, den sowjetischen Giganten von seinen tönernen Füßen zu stoßen. Er war ein Vorfall, der beinahe die Ausrichtung der Mächte im Zweiten Weltkrieg aus den Angeln gehoben hätte.

Der Winterkrieg mystifiziert immer noch die Historiker. Aber Stalins Forderungen waren weder originell noch unerwartet. Schon Peter der Große hatte gesagt, daß “die Damen von St. Petersburg nicht friedlich schlafen könnten”, solange Finnland in Feindeshand bleibe. Stalin sagte das gleiche in weniger eleganter Sprache. In seinen Gesprächen mit den finnischen Unterhändlern offenbarte sich der sowjetische Anführer als unübertroffener Traditionalist. Sein strategisches Konzept hätte direkt den Archiven des imperialen russischen Generalstabs entnommen sein können: Es war nicht nur konservativ, es war antiquiert.

“Sie fragen, welche Macht uns angreifen könnte”, sagte Stalin im Verlauf der Verhandlungen. “Die Antwort lautet: Britannien oder Deutschland. Sobald ein Krieg zwischen diesen beiden vorüber ist, wird die Flotte des Siegers in den Golf von Finnland segeln. Judenitsch (der weißrussische General, der 1919 im Bürgerkrieg gegen die Bolschewiken kämpfte) hat entlang des Golfs angegriffen, und später taten die Briten das gleiche...” (3) Stalin fuhr fort mit der Erinnerung daran, daß die Zaren an beiden Ufern der Golfmündung 36-cm-Geschütze hatten und daß die Sowjetunion ebensolche brauche. Deshalb sei ein Marinestützpunkt in Hanko an der südlichen Küste Finnlands erforderlich.

Während er seinen Vorschlag erläuterte, die Grenze an den Karelischen Isthmus zu verlegen, teilte Stalin den finnischen Unterhändlern mit, er habe Ribbentrop gefragt, warum Deutschland Polen angegriffen habe, und zur Antwort erhalten, daß die polnische Grenze weiter von Berlin entfernt werden mußte. “Da wir Leningrad nicht verlegen können”, fuhr Stalin fort, “müssen wir die Grenze verlegen.” Die Entfernung von Leningrad zur finnischen Grenze müsse mindestens 70 Kilometer betragen, um sicherzustellen, daß die Stadt außer Reichweite der modernen Artillerie auf finnischer Seite sei.

Die finnischen Unterhändler versuchten Stalin zu überzeugen, daß Finnland entschlossen sei, neutral zu bleiben, und jedem ausländischen Vorstoß, finnisches Territorium für einen Angriff auf die Sowjetunion zu nutzen, widerstehen würde. Solche Versicherungen wischte Stalin mit der Bemerkung vom Tisch: “Sie werden euch nicht fragen, sie kommen sowieso.” Der Militäroffizier der finnischen Delegation wies dann darauf hin, daß die Sicherheit Leningrads völlig davon abhänge, wer das Südufer des Golfs von Finnland kontrolliere, da die Art von Marineangriff entlang den niedrigen Gewässern des Golfs, wie Stalin ihn fürchte, unter modernen Bedingungen einfach unmöglich sei. Aber Stalin tat das als pure Theorie ab.

Die Argumente des finnischen Militärexperten wurden durch die Ereignisse bestätigt. Der sowjetische Stützpunkt in Hanko, der schließlich zu teuren Kosten erworben wurde, erwies sich als absolut nutzlos gegen Deutschland. Die Deutschen unternahmen nie einen Versuch, ihre Marine gegen Leningrad zu schicken; sie kamen über Land, und nachdem sie Estland überrannt hatten, war Hanko isoliert und mußte evakuiert werden. Die einzige Richtung, aus der Leningrad während des Zweiten Weltkriegs sicher blieb, war die aus dem Karelischen Isthmus, denn trotz deutschen Drucks trat Finnland dem deutschen Angriff auf die Stadt zwischen 1941 und 1944 nicht bei, so wie Finnland es abgelehnt hatte, 1919 an dem weißrussischen Marsch auf Petrograd teilzunehmen. Erst 1955, nach Stalins Tod, erkannten die sowjetischen Anführer stillschweigend die Validität der finnischen Argumente an, indem sie Finnland ihren Marinestützpunkt zurückgaben. Aber im Oktober

1939 war Stalin immer noch von der Vergangenheit besessen. Er richtete seine Kanonen auf die Geister des Bürgerkriegs und die wirkungslose britische Intervention.

Nachdem Stalin gesprochen hatte, waren die finnischen Anführer mit dem vollen Gewicht von sowjetischer Macht und sowjetischem Prestige konfrontiert. Sie gestanden ein, daß die Sowjetunion berechtigte Sorgen um die Sicherheit von Leningrad hegte, und sie waren bereit, eine Grenzregelung nördlich der Stadt wie auch die Vermietung einiger Inseln im Golf von Finnland zu akzeptieren. Aber sie stemmten sich dagegen, der sowjetischen Marine die Errichtung eines Stützpunkts in Hanko, 110 Kilometer von der finnischen Hauptstadt entfernt, zu erlauben. Sie fürchteten, dieser Stützpunkt könnte Finnland in die Unterdrückung treiben. Selbst wenn man unbesehen Stalins Versicherung vertraute, der Stützpunkt diene ausschließlich der Verteidigung Leningrads gegen Eindringlinge anderer Mächte, wäre der Effekt gewesen, daß die Glaubwürdigkeit der finnischen Neutralität zerstört wurde.

An dieser Frage scheiterten die finnisch-sowjetischen Gespräche, und am 9. November 1939 kehrte die finnische Delegation nach Helsinki zurück. Es folgte ein Zwischenspiel, das im Licht des späteren Wissens einen Hauch der Unwirklichkeit hat. Unerklärlicherweise schien Finnland sich zu entspannen. Manche Reservisten, die zu Beginn der Verhandlungen mobilisiert worden waren, wurden in Urlaub geschickt; Stadtbewohner, die evakuiert worden waren, erhielten freie Zugfahrten nach Hause; Schulen, die geschlossen worden waren, nahmen wieder ihre Arbeit auf. Die Regierung war zuversichtlich, daß die Gespräche wiederaufgenommen werden konnten, und sie riet der Nation, sich auf eine lange Periode der Unsicherheit einzurichten, während der die Finnen lernen müßten, "ihr Feld mit einem Gewehr auf dem Rücken zu pflügen".

Diese Sicht wurde von den meisten diplomatischen Beobachtern und "gewöhnlich gut unterrichteten Kreisen" unterstützt, einschließlich derer in Moskau selbst. Sowohl finnische wie ausländische Militärexperten argumentierten, eine Winterkampagne könne unmöglich den sowjetischen Interessen dienen. Und sie hatten natürlich recht. Hätten die sowjetischen Anführer im November vorausgesehen, daß am Ende des Jahres die Hälfte ihrer europäischen Truppen im finnischen Schnee eingefroren wären, hätten sie sich vielleicht eine Invasion Finnlands zweimal überlegt. Aber die Experten sahen Stalins Schnitzer nicht voraus. Die Rote Armee schlug am 30. November 1939 zu, bei Anbruch eines der strengsten Winter des zwanzigsten Jahrhunderts.

Die Hauptoffensive am Karelischen Isthmus zielte darauf ab, die dort erbauten Festungen zu zerstören und zur Hauptstadt Helsinki weiterzuziehen. Die sowjetischen Armeen nördlich des Ladoga-Sees erhielten den Befehl, Finnland in drei Segmente zu teilen und das Petsamo-Gebiet am Polarmeer zu besetzen. Für diese Aufgaben hatte die Sowjetunion 26 Divisionen, ein motorisiertes Armeekorps, fünf Panzerbrigaden, schwere Artillerie, 1000 Flugzeuge, mehrere Schiffe und 100 U-Boote aufgeboten. Die Gesamtstärke betrug 500 000 Männer und 2000 Panzer. Dieser Macht konnte Finnland nur 9 Divisionen, 75 Flugzeuge, eine bescheidene Marinetruppe und Küstenartillerie gegenüberstellen.

An dem Tag, als die sowjetische Offensive begann, gab Moskau bekannt, die Rote Armee habe ihren Marschbefehl als Reaktion auf ein Hilfsersuchen der "demokratischen Regierung Finnlands" erhalten, einer fiktiven Organisation, die aus finnischen Kommunisten im Exil bestand und von O.W. Kuusinen geleitet wurde, einem früheren Anführer der Roten im finnischen Bürgerkrieg, der 1918 nach Rußland geflohen und dort zu einer prominenten Position in der Komintern aufgestiegen war, dem Organ, das die kommunistische Weltbewegung dirigierte. Die Einsetzung von Marionettenregierungen war in den verschiedenen Operationen zu Beginn der 1920er sowjetische Standardpraxis, um Territorien wiederzugewinnen, die zum zaristischen Imperium gehört, sich aber während der Unruhen der Revolution und des Bürgerkriegs abgespaltet hatten. Kuusinens Auftrag war, ein Feigenblatt zu besorgen, um zu verhüllen, was die übrige Welt als nackte Aggression betrachtete.

Doch falls die sowjetischen Anführer glaubten, daß die Kuusinen-Regierung die finnischen Arbeiter in Scharen auf die Seite der Invasoren holen würde, hatten sie die Stimmung des finnischen Volks gründlich mißverstanden. Der Bürgerkieg von 1918 konnte nicht mehr neu entfacht werden. Was an internen Differenzen und Zweifeln existiert hatte, wurde durch die offene Bedrohung der finnischen Souveränität ausgelöscht. Die Frage, ob man mehr Konzessionen hätte anbieten sollen, um einen Krieg zu vermeiden, wurde irrelevant: Die Sowjetunion erkannte nur die Kuusinen-Regierung an und lehnte alle Bemühungen um eine Wiederaufnahme von Verhandlungen ab. Die Wahl bestand zwischen Kampf und bedingungsloser Kapitulation.

Die Durchführung der anfänglichen sowjetischen Operationen verrät, daß Moskau einen leichten Marsch nach Helsinki erwartete. Wie auch die übrige Welt. Aber die finnischen Truppen, obwohl weit in der Unterzahl, schafften es, den sowjetischen Vormarsch am Karelischen Isthmus zu stoppen. An der langen Ostküste wurden große Kolonnen von Invasoren total vernichtet. Die finnische Taktik, die schwerbewaffneten sowjetischen Kolonnen auf den Straßen vorrücken zu lassen und sie dann in Stücke zu trennen, bewährte sich brillant. An Weihnachten war die gesamte sowjetische Offensive zum Stillstand gekommen. Stalin war gezwungen, die Situation neu einzuschätzen. Anfang Januar 1940 fand eine komplette Reorganisierung der sowjetischen Truppen statt, und es wurden Verstärkungen herangeholt. Aber Finnland war ebenfalls in der Lage, mehr Männer zu mobilisieren. Im frühen Februar standen 13 finnische Divisionen 47 sowjetischen Divisionen gegenüber.

Auch die britische und die französische Regierung dachten nach. Zunächst hatten sie wenig Willen gezeigt, sich in einen Kampf involvieren zu lassen, der zum Scheitern verurteilt schien. Doch der anfängliche Erfolg der finnischen Verteidigung änderte ihren Sinn. Die alliierten Regierungen standen unter dem Druck der öffentlichen Meinung, etwas zu unternehmen, um Finnland zu retten. Eine nördliche Expedition wurde nicht nur als ein populärer Schritt erachtet, sondern auch als Chance, Deutschland aus einer neuen Richtung zu treffen. Auf ihrem Weg nach Finnland könnten die alliierten Truppen die Kontrolle der norwegischen Küste übernehmen und Schwedens Eisenerzminen besetzen. Mit solchen Zielen im Sinn beschloß der Oberste Kriegsrat Anfang Februar 1940, ein Expeditionskorps nach Skandinavien zu schicken, falls Finnland um Hilfe ersuche.

Im Rückblick war der alliierte Plan fast farcenhaft unbrauchbar. Die dem nordischen Abenteuer zugeordneten Truppen waren erbärmlich unzureichend. Sie hätten Finnland nicht retten können. Auch hätte Hitler wohl nicht müßig zugeschaut, wie die Alliierten das nördliche Norwegen und Schweden besetzten. Ganz Skandinavien wäre in einen Krieg gestürzt worden, mit katastrophalen Folgen überall.

Aber der alliierte Plan half Finnland doch - solange er nicht durchgeführt wurde. Er bewog die sowjetische Regierung, ihre finnische Politik zu überdenken. Stalins erklärtes Ziel war, die Sowjetunion aus einem Krieg zwischen Deutschland und dem Westen herauszuhalten. Der Erfolg dieser Politik wurde durch die finnische Kampagne gefährdet, die sowjetische Truppen in einen Zusammenstoß mit den Alliierten zu verwickeln drohte. Anfang Februar 1940 ließ die sowjetische Regierung über Stockholm durchdringen, sie sei bereit, die Verhandlungen mit der finnischen Regierung wiederaufzunehmen. Kuusinen wurde nicht mehr erwähnt. Für Finnland war das ein überwältigender Sieg. Von da an ging der Krieg nicht länger um Finnlands Unabhängigkeit; er ging um Territorium - eine verhandlungsfähige Frage.

Doch das sowjetische Prestige brauchte jetzt eine Politur. Die Friedensbedingungen reichten weit über Stalins ursprüngliche Forderungen hinaus. Zusätzlich zu dem Stützpunkt in Hanko und den Inseln im Finnischen Golf wurde von Finnland verlangt, die gesamte Provinz Viipuri bis zur früheren Grenze von Peter dem Großen abzutreten: Stalin erinnerte einmal ausdrücklich an diese historische Präzedenzlage. Um seiner Forderung Nachdruck zu verleihen, begannen die sowjetischen Truppen im Februar eine neue Offensive am Karelischen Isthmus, die kraftvoller und geschickter geführt war als die im Dezember; die finnischen Verteidigungslinien an der Straße nach Viipuri wurden bald durchbrochen.

Während des ganzen Februar und der ersten Märzwoche wurde die finnische Regierung zwischen der Unsicherheit der alliierten Hilfe und der schrecklichen Aussicht auf einen Frieden zu sowjetischen Bedingungen hin- und hergerissen. London und Paris drängten die Finnen weiterhin, sie um Hilfe zu ersuchen. Nie zuvor in der Geschichte hatten zwei Großmächte eine kleine um ihr Leben kämpfende Nation so eindringlich beschworen, ihre Rettungsmission zu akzeptieren. Die alliierten Truppen warteten schon in ihren Schiffen: Man brauchte nur noch ein Signal aus Helsinki. Doch am Ende beschloß die finnische Regierung, das Hilfsangebot abzulehnen und Frieden zu Bedingungen zu schließen, die bedeuteten, daß man dem Feind mehr Territorium abtrat, als die Armee vorher eingebüßt hatte.

Daß dies eine weise Entscheidung war, steht außer Zweifel. Sie beruhte auf der kühlen Einschätzung Marschall Mannerheims und seiner Generäle, die erkannten, daß die alliierte Hilfe zu spät und in zu geringem Umfang kommen würde. Aber sie war auch der Ausdruck eines tiefsitzenden Widerwillens auf seiten der politischen finnischen Anführer, das Schicksal der Nation in die Hände der Großmächte zu legen.

Die zweite Runde

Im Westen richtete sich das Rampenlicht schnell auf neue Kampagnen, frische Tragödien. Finnland sank wieder unter den Nachrichtenhorizont der internationalen Medien. Schon bald wurde *There Shall Be No Night* wieder vor vollen Häusern gespielt - mit Griechenland als Szene der Handlung.

Für Finnland allerdings war der Winterkrieg nur der erste Akt im finnisch-sowjetischen Drama. Der in Moskau unterzeichnete Friedensvertrag vom März 1940 sollte "präzise Konditionen der gegenseitigen Sicherheit" zwischen Finnland und der Sowjetunion festlegen. De facto folgte dem Ende der Kämpfe ein scharfer Nervenkrieg. Der sowjetische Druck, engere Bindungen zwischen Finnland und Schweden zu verhindern, und sowjetische Einmischungen in die finnische Innenpolitik wurden so interpretiert, daß Moskau entschlossen war, durch Subversion die Aufgabe zu vollenden, an der es mit militärischen Mitteln gescheitert war. Das Schicksal der baltischen Staaten, die im Sommer 1940 von der Sowjetunion annektiert wurden, verschärfte die finnischen Besorgnisse. Daß Finnland als nächstes auf der sowjetischen Liste stand, wurde in der Tat im November 1940 bestätigt, als Molotow Hitler in Berlin mitteilte, seine Regierung plane, die "finnische Frage" auf die gleiche Art "zu lösen", die sie in Bessarabien und in den baltischen Staaten angewandt habe. Aber Hitler sagte nein. Seine Generäle waren bereits damit beschäftigt, die Operation Barbarossa zu planen, die Invasion der Sowjetunion, und sie wollten Finnland dabei mit einbeziehen. (4)

Den ersten Hinweis auf den Wandel in der deutschen Politik hatte die finnische Regierung im August 1940 erhalten. Finnland wurde die Chance angeboten, von Deutschland Waffen zu kaufen als Gegenleistung dafür, daß deutschen Truppen die Passage durch Finnland in beiden Richtungen zum besetzten Norwegen gestattet war. Schweden hatte bereits einem ähnlichen deutschen Ersuchen zugestimmt, während Finnland soeben der Sowjetunion das Transitrecht zum Hanko-Stützpunkt zugestanden hatte.

Die finnisch-deutsche Transit-Übereinkunft wurde damals von finnischen Anführern als ein Gegengewicht zum sowjetischen Druck begrüßt. Sie hofften, daß die Wiederherstellung einer Machtbalance zwischen Deutschland und der Sowjetunion Finnland in die Lage versetzen würde, seine Neutralität zu wahren. De facto erwies sie sich als der Punkt ohne Umkehr für die finnische Politik. Es war der erste Schritt in einer systematischen deutschen Kampagne, Finnland in Hitlers Kriegspläne einzubinden. Die Transit-Übereinkunft war in Wirklichkeit ein Deckmantel für die künftige Verlegung deutscher Truppen aus Norwegen - nicht zurück nach Deutschland, sondern durch Finnland in die Sowjetunion. Am 22. Juni 1941, an dem Tag, als die deutsche Invasion der Sowjetunion einsetzte, verkündete Hitler, daß seine Truppen im Norden "Seite an Seite" mit ihren finnischen Waffenkameraden stünden.

In einem formalen Sinn war die finnische Regierung immer noch unverpflichtet, und ihre erste Reaktion auf Hitlers Verkündung war, ihre Neutralität zu erklären. Doch es mangelte ihr an Glaubwürdigkeit. Man wußte von Einverständnissen zwischen finnischen und deutschen Militärführern, und eine breite Meinungsströmung in Finnland begrüßte die deutsche Invasion als eine Gelegenheit, das wiederzugewinnen, was 1940 verlorengegangen war, oder sogar ein "Großfinnland" zu gründen einschließlich der finnischsprachigen Karelier, die unter sowjetischer Herrschaft lebten. Auf keinen Fall konnte die Neutralität lange bewahrt werden angesichts angriffsbereiter deutscher Truppen in Lappland und angesichts der sowjetischen Kräfte auf ihrem Stützpunkt in Hanko. Und sie dauerte nur vier Tage. Am 25. Juni startete die Sowjetunion ihren Angriff auf Ziele in finnischem Territorium, und am Abend desselben Tags erklärte die finnische Regierung, sie befinde sich im Krieg mit der Sowjetunion.

Indem es Hitlers Krieg gegen die Sowjetunion beitrat, handelte Finnland nach dem Prinzip Machiavellis, "daß zum Zweck der Rettung des Landes kein Vorschlag abgelehnt werden sollte... Die Verteidigung des Landes ist immer gut, ohne Rücksicht darauf, ob sie durch ehrenhafte oder schändliche Mittel bewirkt wird". In einer Paraphrase auf Winston Churchills berühmten Ausspruch über Hitlers Invasion der Sowjetunion - "Wenn Hitler in die Hölle eingedrungen wäre, hätte ich ein gutes Wort für den Teufel eingelegt" - waren die finnischen Anführer bereit, den Teufel als ihren Verbündeten gegen die Sowjetunion willkommen zu heißen: Der Feind deines Feindes ist mein Freund. Für eine Mehrheit der Finnen bedeuteten die Sowjetunion und der Kommunismus eine tödliche Bedrohung; Nazi-Deutschland galt als ein weiter entferntes Übel. Manche Menschen, die sich an den Ersten Weltkrieg erinnerten, hegten die Hoffnung, der Zweite Weltkrieg werde auf ähnliche Weise enden: Erst würde Deutschland Stalin besiegen, dann würde der Westen Hitler besiegen. Aber die Finnen hielten den Teufel an einer langen Leine. Die finnische Politik beharrte darauf, daß Finnland einen separaten Krieg führe, der mit dem deutsch-sowjetischen Kampf zeitlich übereinfalle, aber kein Teil davon sei. Man nannte ihn den "Fortsetzungskrieg" - die zweite Runde in dem Konflikt, der im November 1939 begonnen hatte. Finnland war kein Verbündeter Deutschlands: es war mitkriegführend. Auch war Finnland kein deutscher Satellit: Die Nazi-Ideologie fand in Finnland keinen Anklang, und deutsche Versuche, sie zu propagieren, wurden fest zurückgewiesen. So diskriminierte Finnland nie seine jüdischen Bürger.

Die Durchführung der finnischen Militäroperationen war darauf angelegt, den separaten Charakter von Finnlands Krieg zu unterstreichen. Nachdem sie das 1940 verlorene Territorium zurückerobert hatten, marschierten die finnischen Truppen in das sowjetische Karelien, um eine Verteidigungslinie am Swir-Fluß zu errichten, der den Onega-See mit dem Ladoga-See verbindet. Aber dort machten sie halt, und deutsche Aufforderungen zur Teilnahme an der Offensive gegen Leningrad oder die Murmansk-Eisenbahn wurden zurückgewiesen.

Die feineren Gesichtspunkte des finnischen Falls wurden während des Zweiten Weltkriegs auf beiden Seiten sowohl von der öffentlichen Meinung wie sogar von den meisten Regierungen verkannt. Die Mitkriegführung war ein zu kompliziertes Konzept, um großen Eindruck auf Nationen zu machen, die um ihr Leben kämpften. Die Deutschen tendierten dahin, Finnland als Verbündeten zu betrachten; in westlichen Ländern galt es als Freund des Feindes. Der durch den Winterkrieg geschaffene große Fundus an Sympathie und Bewunderung für Finnland war weitgehend vergeudet. Doch der separate Charakter des finnisch-sowjetischen Konflikts wurde von der US-Regierung anerkannt, die darauf verzichtete, Finnland den Krieg zu erklären.

Fred Iklés Buch *Every War Must End* enthält eine banale Wahrheit, die der Staatskunst oft die schwierigste Aufgabe stellt. (5) Nach der deutschen Niederlage in Stalingrad im Januar 1943 beschloß die finnische Regierung, nach einem Weg zur Beendigung des Kriegs gegen die Sowjetunion zu suchen. Aber wie und wann? Das Timing war die Kernfrage. Den Schritt zu früh zu unternehmen hieße Deutschlands Vergeltung riskieren; zu lange zu warten würde bedeuten, mit Hitler unterzugehen.

Durch deutsche Androhungen "extremer Aktion" provoziert, wurden Anfang 1943 Friedensfühler ausgestreckt. Ein Jahr später fuhren finnische Emissäre nach Moskau, um die Bedingungen herauszufinden, unter denen ein Frieden geschlossen werden konnte, aber sie lehnten die sowjetischen Forderungen als zu hart ab. Der wirkliche Grund war, daß die deutschen Kräfte immer noch in problemloser Schlagweite von Finnland die gesamte Ostküste der Ostsee kontrollierten, während die finnische Armee immer noch den Swir-Fluß entlang tief in sowjetischem Territorium stand. Die finnischen Anführer hofften diese "Position der Stärke" nutzen zu können, um einen besseren Handel zu erreichen.

Das stellte sich als Illusion heraus. Am 9. Juni 1944, als die alliierten Truppen in der Normandie landeten, starteten mehr als zwanzig sowjetische Infanteriedivisionen unter dem Schutz eines so verheerenden Artillerie-Sperrfeuers, wie es im Zweiten Weltkrieg kaum ein anderes gab, und mit der Unterstützung von mehr als 400 Kampfflugzeugen an der schmalen Front des Karelischen Isthmus eine Offensive gegen die finnischen Linien. Sie brachen an der Westküste entlang der Straße nach Viipuri durch; die finnischen Kräfte mußten sich am gesamten Isthmus zurückziehen, und ebenfalls aus Sowjetisch-Karelien, um eine Einkesselung zu vermeiden. Einem finnischen Ersuchen um Friedensgespräche wurde mit einer sowjetischen Aufforderung zur Kapitulation begegnet. Zur gleichen Zeit bot Deutschland unter der Bedingung, daß Finnland sich verpflichte, keinen Separatfrieden zu schließen, militärische Hilfe an. Die Wahl bestand zwischen Kapitulation und Kampf bis zum bitteren Ende.

Das Dilemma löste der finnische Präsident Risto Ryti, der das von den Deutschen verlangte Versprechen in Form eines persönlichen, an Hitler adressierten Briefs gab. Er überschritt bewußt seine verfassungsmäßigen Befugnisse, um eine Verpflichtung der finnischen Regierung zu vermeiden. Sein persönliches Wort genügte den Deutschen, die nun Truppen und Waffen an den Karelischen Isthmus schickten. Die deutschen Truppen nutzten wenig, doch die modernen Waffen aus Deutschland waren wichtig. Mitte Juli war die sowjetische Offensive gestoppt, bevor sie die Grenze von 1940 erreichte. Die finnische Armee war stark ausgeblutet, aber noch ungeschlagen.

Wiederum gelang es dem finnischen Widerstand, die Kosten einer Eroberung über die Grenze hinauszutreiben, bis zu der die sowjetischen Anführer an einer peripheren Front gehen wollten. Sowjetische Militärhistoriker haben aufgedeckt, daß das Ziel der im Juni 1944 begonnenen Offensive die Besetzung von Südfinnland war. Doch sobald sie gestoppt worden war, befahl Stalin seinen Truppen, sich neu zur Verteidigung zu ordnen. Er brauchte seine Elitedivisionen woanders dringender - für das Rennen nach Berlin.

Die für Finnland gewonnene Zeit war von entscheidendem Wert. Das an zwei Fronten schwer bedrängte Deutschland war zur effektiven Vergeltung nicht mehr fähig. Anfang August 1944 trat Risto Ryti zurück und wurde von Marschall Mannerheim abgelöst. Der neue Präsident informierte Hitler, daß er sich an Rytis Versprechen nicht gebunden fühle. Stalin seinerseits beharrte nicht mehr auf der Kapitulation: So erkannte auch Moskau implizit den besonderen Charakter des finnischen Kriegs an. Am 19. September 1944 wurde schließlich in Moskau ein Waffenstillstandsabkommen unterzeichnet.

Die Friedensbedingungen stellten die Grenze von 1940 wieder her, außer im hohen Norden, wo die Sowjetunion Petsamo mit seinen reichen Nickelminen und dem eisfreien Hafen am Polarmeer annektierte. Ein sowjetischer Marinestützpunkt wurde wieder an der Südküste Finnlands errichtet, diesmal auf der Halbinsel Porkkala, die noch näher an Helsinki liegt als Hanko. Finnland mußte sich verpflichten, eine Kriegsentschädigung in Form von Industriegütern an die Sowjetunion zu zahlen und das ganze frühere deutsche Vermögen auszuhändigen. Die finnische Handelsmarine mußte den alliierten Mächten zur Verfügung gestellt werden. Finnland mußte ebenfalls die deutschen Truppen - 200 000 Mann stark - aus Lappland vertreiben, und es erforderte eine Kampagne von sechs Monaten, um sie zum Rückzug über die Polargrenze nach Norwegen zu zwingen. Auf ihrem Weg verwüsteten sie die gesamte Provinz Lappland: Das war Hitlers Rache für Finnlands Verrat, wie er es nannte, durch den Friedensschluß vor Deutschlands endgültigem Untergang.

Die gesamte Bevölkerung des an die Sowjetunion abgetretenen Gebiets - mehr als 400 000 Menschen - zog es vor, lieber ihre Heimat zu verlassen, als unter sowjetischer Herrschaft zu leben: Sie mußten umgesiedelt werden. Eine Alliierte Kontrollkommission, in der das sowjetische Element dominierte, wurde in Helsinki eingesetzt, um die Verwirklichung des Waffenstillstandsabkommens zu überwachen. Die Kommunistische Partei wurde legalisiert, und sie nährte sich von dem durch dreieinhalb Jahre Kampf verursachten Elend und Leiden. Die westlichen Mächte, die noch in die letzte Phase ihres Kriegs gegen Deutschland verwickelt waren, zeigten kein Interesse an dem Geschick einer kleinen Nation, die nach ihrer Ansicht den falschen Weg eingeschlagen hatte.

Finnland hatte den Krieg verloren, sagte man. Und das stimmt natürlich, wenn man den finnisch-sowjetischen Konflikt als einen traditionellen Krieg um Territorium sieht. Aber eine derartige Einstellung ginge an der Sache vorbei. Finnland wurde nicht erobert. Seine soziale Struktur blieb intakt und die Kontinuität seiner politischen Institutionen ungebrochen. In diesem Umstand liegt eine Errungenschaft, die den konventionellen Sinn solcher Begriffe wie Niederlage oder Sieg übersteigt. Denn am Ende kämpfte Finnland nicht um Karelien oder Hanko. Es kämpfte um sein nationales Überleben. Am Ende der Kämpfe war Finnland als Nation gelähmt und erschöpft. Aber Finnland überlebte. Das mag ein erbärmlich unheroisches Ende einer Geschichte so voll von Mühen und Opfern, Leiden und Blut scheinen. Doch für eine kleine Nation war das Überleben in den eisernen Zeiten des Zweiten Weltkriegs ein rarer Triumph.

Die Kosten waren hoch. Finnland verlor zwischen 1939 und 1945 rund 87 000 Männer, oder 2,3 Prozent der Bevölkerung. Jede Gemeinde hat noch ihr Kriegsdenkmal. André Malraux wurde 1963 während eines Besuchs als französischer Kulturminister in Finnland an die Kriegsgräber auf einem ländlichen Friedhof geführt und davon unterrichtet, daß jeder in Aktion getötete Soldat, dessen Leiche man finden konnte, zur Bestattung nach Hause gebracht worden war. Sichtlich bewegt rief Malraux aus: "Enfin un peuple civilisé!" Ein zivilisiertes Volk nicht nur, weil es diejenigen ehrt, die ihr Leben für die Freiheit der Nation geopfert haben, sondern auch weil es die Weisheit besaß, rechtzeitig den Kampf zu beenden. In seinem Brief an Hitler schrieb Mannerheim im August 1944:

Deutschland wird weiterleben, auch wenn das Schicksal Ihnen in Ihrem Kampf den Sieg versagen sollte. Niemand kann Finnland eine derartige Zusicherung geben. Wenn diese Nation von kaum vier Millionen militärisch besiegt wird, besteht kein Zweifel, daß sie ins Exil getrieben oder vernichtet würde. Ich kann mein Volk nicht einem solchen Risiko aussetzen.

Manöverkritik

Hätte der Krieg 1939 durch eine versöhnlichere Politik vermieden werden können? Schließlich war es nach dem Ende des Kriegs möglich, die Unabhängigkeit Finnlands als einer westlichen Demokratie mit den Sicherheitsinteressen der Sowjetunion im baltischen Raum zu versöhnen. Hätte man nicht eine ähnliche Anpassung ohne Blutvergießen erreichen können? Hätte Finnland nicht 1941 neutral bleiben können, ohne sich durch eine Verbindung mit Nazi-Deutschland zu beflecken?

Die Fragen begannen, sobald die Kanonen schwiegen. Die quälende Debatte über das Richtige und Falsche der Kriegspolitik war weniger eine ernsthafte Suche nach der historischen Wahrheit als ein Weg, mit den neuen Realitäten der Macht in den Nachwehen des Zweiten Weltkriegs zurechtzukommen. Selbstkritik gehörte zu der Politik, die danach trachtete, die Sowjetunion zu besänftigen. Später spielte auch der Generationenzyklus seine Rolle. Die Söhne der Helden des Winterkriegs spürten den Drang, alles zu verspotten, was ihre Eltern heilig gehalten hatten, einschließlich den Kampf um Unabhängigkeit. Es dauerte noch einen weiteren Generationenzyklus, bis ein ausgeglichener nationaler Konsens über den Krieg erreicht werden konnte.

Heute bezweifeln nur unverbesserliche Kommunisten die Meinung, daß Finnland 1939 keine andere Wahl als den Kampf hatte. Im Licht sowjetischer Aktionen in ganz Osteuropa entbehrt die Vorstellung der Glaubwürdigkeit, Stalin wäre vielleicht zufrieden damit gewesen, was er im November 1939 verlangt hatte.

Motive und Intentionen von Diktatoren wechseln je nach Gelegenheiten und Fähigkeiten. Stalin selbst sagte den finnischen Unterhändlern im November 1939, seine Forderungen seien das notwendige Minimum, um die Sicherheit der Sowjetunion zu garantieren. "Meine Militärberater möchten, daß ich viel mehr verlange." Sobald der Krieg begonnen hatte, erhöhten sich die Mindestforderungen auf das maximale Ziel, wie es in der Kuusinen-Regierung verkörpert war. Im Fall der baltischen Staaten schritt Stalin ebenso vom Minimum zum Maximum: Im September 1939 war er mit Militärstützpunkten zufrieden; im Juli 1940 wurden die drei baltischen Staaten der Sowjetunion einverleibt. Angesichts seiner wiederholten Anspielungen auf historische Präzedenzen ist die Vermutung gerechtfertigt, daß es Stalins Ehrgeiz war, für die Sowjetunion alle Territorien wiederzugewinnen, einschließlich Finnland, die Rußland im Ersten Weltkrieg verloren hatte. In seiner Stalin-Biographie liefert General Dimitri Wolkogonow Indizienbeweise, die diese Vermutung unterstützen. Er zitiert eine Botschaft des sowjetischen Gesandten in Berlin, datiert zwei Tage nach der deutschen Invasion Polens, in der dieser folgendermaßen berichtete, was Hitler ihm mitgeteilt hatte: "Als ein Resultat des Kriegs wird die Situation, die seit dem Versailler Vertrag von 1920 bestanden hat, liquidiert. Mit dieser Revision werden Rußland und Deutschland die Grenzen wiedererrichten, wie sie vor dem Ersten Weltkrieg verliefen." Wolkogonow zufolge hatte Stalin die letzten Zeilen mit dickem Rotstift unterstrichen: Er war zum Teilhaber an der Revision geworden. (6)

Nach dem Winterkrieg wurde Finnland in eine Ecke zwischen Deutschland und der Sowjetunion gedängt. Die Rote Armee kontrollierte den baltischen Raum, während Hitlers Truppen den europäischen Kontinent sowie Dänemark und Norwegen beherrschten. Isoliert von seinen westlichen Märkten, hing Finnland wirtschaftlich von Deutschland ab. Hätten die finnischen Anführer Berlins Hilfsangebot abgelehnt und auf Neutralität bestanden, wäre das Land trotzdem nicht vor dem Krieg zu retten gewesen. Hitler hätte 1941 die finnische Neutralität ebenso wenig respektiert wie die schwedische Neutralität; er verletzte die letztere, indem er die schwedische Regierung erpreßte, deutschen Truppen den Marsch von Norwegen durch Schweden nach Finnland für einen Angriff auf die Murmansk-Eisenbahn zu gestatten. Finnland wäre nicht als autonom Handelnder, sondern als Schlachtfeld zwischen Deutschland und der Sowjetunion in den Konflikt hineingezogen worden, um schließlich von sowjetischen Truppen befreit zu werden.

Heute kann man wie in einer virtuellen Realität in Estland sehen, einem eng in Sprache und Kultur Finnland verwandten Volk, was die Unterwerfung unter sowjetische Besetzung und Kontrolle bedeutet hätte. Eine billige Fahrt mit der Fähre über vierzig Seemeilen von Helsinki nach Tallinn führt durch fünfzig Jahre Geschichte. Vor dem Zweiten Weltkrieg hatte Estland einen dem finnischen vergleichbaren Lebensstandard; heute entspricht sein Bruttosozialprodukt pro Kopf einem Zehntel der finnischen Zahl. Wie der estländische Präsident Lennart Meri, ein tiefer Denker und Schriftsteller, angemerkt hat, rechtfertigt der Zustand Estlands nach fünfzig Jahren sowjetischer Besetzung alle Opfer, die die Finnen im Kampf um ihre Freiheit gebracht haben. (7)

Meri weist die weitverbreitete Ansicht zurück, Estland habe keine andere Wahl gehabt, als sich den sowjetischen Forderungen zu beugen. Zwar hätte Estland offensichtlich die sowjetische Besetzung nicht verhindern können. Seine kleine Armee hätte furchtbare Verluste erlitten. Aber auch die Unterwerfung rettete das estnische Volk nicht vor schweren Verlusten: Viele wurden deportiert und verschwanden im Gulag, und viele andere flohen in den Westen. Zu den physischen Opfern muß man die moralischen und mentalen Verwundungen durch die sowjetische Unterdrückung hinzurechnen. In historischer Perspektive, glaubt Meri, wäre der Widerstand vielleicht von spezifischem Wert gewesen.

Der ungarische Aufstand von 1956 ist ein weiteres Fallbeispiel. Er wurde als "der Sieg einer Niederlage" bezeichnet. Danach behandelten die sowjetischen Anführer Ungarn mit mehr Behutsamkeit. Timothy Garton Ash hat über die Sympathiebekundungen geschrieben, die Ungarn von Menschen in aller Welt erhielt, die vorher kaum wußten, daß das Land überhaupt existierte, oder es ziemlich negativ eingeschätzt hatten. Diese Sympathie, betont er, bleibt ein nationaler Vorteil bei dem Streben Ungarns, der Europäischen Union und der NATO beizutreten. Wichtiger noch ist der Selbstrespekt des ungarischen Volks immens gestärkt worden. (8)

Auf der anderen Seite des Hügels herrschte fast fünfzig Jahre lang totales Schweigen. In der Sowjetunion galt der Krieg gegen Finnland als der "vergessene Krieg". Genauer gesagt, war es ein Krieg, den man das sowjetische Volk zu vergessen lehrte: ein Nicht-Krieg, in offiziellen Texten als ein "bewaffneter Konflikt" abgetan, als sei er nicht mehr gewesen als ein kleiner Grenzzwischenfall. Doch kürzlich in den Archiven des Verteidigungsministeriums ausgegrabene Dokumente beziffern die sowjetischen Verluste auf ungefähr 130 000 Tote, 170 000 Verwundete und 65 000 Kriegsunfähige durch Krankheit. Wissenschaftliche Arbeiten erwähnen das nur kurz oder überhaupt nicht. Einer autoritativen Geschichte der Sowjetunion zufolge "provozierten die finnischen Militaristen auf Anordnung des faschistischen Deutschland und reaktionärer Kreise in anderen Ländern des Westens... den Krieg zwischen der UdSSR und Finnland". (9) Dies war die offizielle Lesart seit Stalin bis in die ersten Jahre von Mikhail Gorbatschows Herrschaft.

Die erste Andeutung eines Bruchs kam am Abend vor dem fünfzigsten Jahrestag des Kriegs. Im September 1988 besuchte ich auf Einladung der Nowosti-Presseagentur Moskau und führte mit ihrem Chef Valentin Falin, der kurz danach zum Leiter der internationalen Abteilung des Zentralkomitees der Kommunistischen Partei befördert wurde, eine lange Diskussion über die finnisch-sowjetischen Beziehungen. Er hatte die deutsche Ausgabe meines Buchs über die Diplomatie des Winterkriegs gelesen und schlug vor, daß ich einen Artikel über das Thema zur Veröffentlichung in einer sowjetischen Zeitschrift schrieb. Er versprach auch, mich mit sowjetischen Historikern zusammenzubringen, die nach seinen Worten damit befaßt waren, die sowjetische Version der Ereignisse zu revidieren.

Im Januar 1989 erhielt ich die Nachricht, daß General Dimitri Wolkogonow, Direktor des Instituts für Militärgeschichte in Moskau, bereit sei, mit mir über die Ursprünge des Winterkriegs zu diskutieren. Gemeinsam mit zwei Redakteuren eines finnischen Wochenmagazins traf ich Wolkogonow und hörte seinem eine Stunde langen Monolog zu, den man auf einen Satz verkürzen konnte: Es war alles Stalins Schuld. Wolkogonow zufolge war der Nichtangriffspakt mit Deutschland nötig gewesen, um Zeit zu gewinnen, aber es war falsch, ein Geheimabkommen mit Hitler über die Teilung Osteuropas zu schließen. Weiterhin war Stalins Forderung nach einer Grenzbereinigung und dem Marinestützpunkt in Finnland gerechtfertigt, aber es war ein Fehler, die Verhandlungen abzubrechen und militärische Maßnahmen zu ergreifen. Stalin und Molotow, behauptete Wolkogonow, hätten den Krieg beschlossen, ohne auch nur das übrige Politbüro zu informieren. Statt dessen hätten sie die Verhandlungen mit Finnland fortsetzen sollen. Als ich ihn fragte, ob Stalins letztliches Ziel gewesen sei, Finnland zu besiegen und es in die Sowjetunion einzugliedern, täuschte Wolkogonow Schockiertheit vor: "Das ist undenkbar, denn Finnlands Unabhängigkeit war von Lenin selbst anerkannt worden, und Stalin war ein treuer Schüler Lenins."

Das war Glasnost im Gorbatschow-Stil: nicht Redefreiheit oder eine echte Suche nach historischer Wahrheit, sondern eine selektive Zusammenstellung von Enthüllungen, die den politischen Interessen des Gorbatschow-Regimes dienen sollten. Zu der Zeit war Stalin der böse Geist; Lenin war immer noch unantastbar. (Wenige Jahre später wurde Wolkogonow von seinem Posten entlassen, wonach er seine revisionistischen Biographien Stalins und Lenins publizierte.)

Im April 1989 erhielt ich von Falins Agentur die Bitte, eine Analyse der Ursprünge des Winterkriegs zu schreiben, mit dem Versprechen, sie werde unverändert veröffentlicht. Im September 1989 erschien sie in dem von *Prawda*, dem Organ der Kommunistischen Partei, herausgegebenen Monatsmagazin *Rodina (Mutterland)* und bot den sowjetischen Lesern erstmals die Chance herauszufinden, was vor einem halben Jahrhundert wirklich geschehen war.

Die Beschuldigung Stalins war ein Versuch, den eigentlichen durch den Winterkrieg aufgeworfenen Fragen auszuweichen. Die Reihe der von den sowjetischen Anführern geschossenen Böcke offenbarte ihre Unfähigkeit, die Welt so zu sehen, wie sie wirklich war. Das geschlossene sowjetische System versagte darin, zuverlässige Informationen und Analysen der finnischen Situation zu produzieren. Die Berichte der sowjetischen Repräsentanten waren verzerrt, um in die ideologische Voreingenommenheit ihrer Herren zu passen. Man teilte Moskau mit, die finnische Arbeiterklasse stehe kurz vor der Revolte, die Armee sei von Desertionen heimgesucht, und mächtige linksgerichtete Gruppen opponierten gegen die Regierung. Sogar Alexandra Kollontay, damals die sowjetische Gesandte in Schweden und eine kultivierte Person mit engen persönlichen Bindungen an Finnland, notierte in ihrem privaten Tagebuch Phantastereien von amerikanischen und britischen "imperialistischen Machenschaften", die darauf zielten, Finnland in einen Krieg gegen die Sowjetunion zu treiben.

Im Kontrast dazu lohnt es sich, an die scharfsinnige Analyse eines Korrespondenten zu erinnern, die im August 1939 in dem Schweizer Blatt *Neue Zürcher Zeitung* erschien. Sie verwies darauf, daß die im Juli abgehaltenen Parlamentswahlen eine solide Unterstützung der Regierungspolitik der skandinavischen Neutralität gezeigt hätten und daß jeder Versuch der Sowjetunion, Finnland wie eine baltische

Provinz zu behandeln, auf entschlossenen Widerstand stoßen würde. Hätte Stalin die *Neue Zürcher Zeitung* gelesen, wäre der Winterkrieg vielleicht vermieden worden. Doch er vertraute seinen eigenen Männern draußen wie auch vermutlich dem Rat Kuusinens, der wohl von einer triumphalen Rückkehr in sein heimisches Finnland träumte.

Nikita Chruschtschow hat in seinen Memoiren ein Treffen in Stalins Wohnung im Kreml am Vorabend des finnischen Kriegs beschrieben. Die anderen Anwesenden waren Molotow und Kuusinen. Chruschtschow fand Stalin entschlossen, in den Krieg zu gehen, falls Finnland die sowjetischen Forderungen ablehne. Aber er glaubte auch fest, daß ein Krieg unnötig sei: "Wir brauchen nur unsere Stimme zu erheben, und wenn sie nicht zuhören, werden wir einen Schuß aus einer Kanone feuern, und die Finnen werden ihre Hände hochheben und unseren Forderungen zustimmen." (10)

Stalin hatte es eilig. Der Pakt mit Hitler hatte ihm eine einzigartige Chance verschafft, Rußlands historischen Ehrgeiz an seinen westlichen Grenzen zu verwirklichen, doch er konnte sich kein Zaudern leisten. "Alles in dieser Welt kann sich ändern", hatte er den finnischen Unterhändlern gesagt. Der Krieg im Westen war noch in seiner unsicheren Phase; es gab Friedensgerüchte und sogar Friedensfühler, und ein Frieden im Westen hätte Deutschland freie Hand gegeben, sich wieder nach Osten zu wenden. Bevor das passierte, mußte Stalin die volle Ernte seines deutschen Handels einfahren. Der Vormarsch in den baltischen Raum bildete nur einen Teil davon. Gleich wichtig, und für viele Russen wichtiger, war die Öffnung des Wegs zum Balkan. Dort war Bessarabien, die an Rumänien verlorengegangene frühere russische Provinz, das erste Ziel, und die Einnahme Bessarabiens sollte die sowjetischen Kräfte an den Rand der rumänischen Ölfelder bringen. Doch Stalin zögerte offenbar, Finnland und Rumänien gleichzeitig herauszufordern, und so mußte Bessarabien warten, solange er mit den Finnen beschäftigt war.

Technisch konnte Stalin einen verspäteten Sieg beanspruchen, aber de facto - wie Chruschtschow anmerkte - endete der Krieg gegen Finnland mit einer moralischen Niederlage der Sowjetunion. Mehrere Divisionskommandeure der Roten Armee wurden vors Kriegsgericht gestellt und erschossen; Verteidigungskommissar Woroschilow, ein Held des Bürgerkriegs, wurde die Treppe hoch auf einen weniger anspruchsvollen Posten befördert; und Kuusinen wurde als Präsident der Autonomen Republik Sowjetisch-Karelien in die elende Kleinstadt Petrosawodsk verbannt. (Er war ein agiler Mann und wurde von Chruschtschow nach Moskau zurückgeholt und vor seinem Tod 1964 im Alter von 82 Jahren zum Mitglied des Politbüros ernannt.) Aber an der Spitze der sowjetischen Hierarchie rollten keine Köpfe. Stalin persönlich hatte von Anfang bis Ende die Kriegspolitik bestimmt: Es gab keinen anderen, den man beschuldigen konnte. Kein Wunder, daß er den Mantel des Vergessens darüber breiten wollte.

Doch der Winterkrieg löste Unterströmungen aus, die den Verlauf des Zweiten Weltkriegs beeinflußten. Die schwache Leistung der Roten Armee an der finnischen Front verleitete Hitler und seine Generäle zu dem Glauben, sie könnten im Osten den Blitzschlag wiederholen, den sie so brillant im Westen durchgeführt hatten. Nach dem ersten Kriegswinter im Schnee und Schlamm der riesigen russischen Steppen erschien Hitler am 4. Juni 1942 unerwartet in Marschall Mannerheims Hauptquartier, angeblich um dem Marschall zu seinem fünfundsiebzigsten Geburtstag zu gratulieren, um ihm jedoch in Wahrheit zu erklären, was an der Ostfront schiefgegangen war. Ein banales Detail in Hitlers weitschweifigem Gerede faßte alles zusammen: Die deutschen Panzer hatten keine Frostschutzmittel erhalten! Die Offensive sollte ihre Ziele vor dem Einbruch des Winters erreicht haben. Später verstieg sich Hitlers Nummer zwei Hermann Göring sogar zu der Behauptung, Stalin habe den Krieg gegen Finnland als gerissenes Komplott inszeniert, um die Deutschen zu täuschen.

Stalin wußte es natürlich besser. Sobald der Krieg vorbei war, wurde auf einer Konferenz des Obersten Kriegsrats und des Zentralkomitees der Kommunistischen Partei eine Manöverkritik veranstaltet. Marschall Woroschilow, damals noch Verteidigungskommissar, präsentierte einen längeren Bericht über die Lehren des Kriegs mit Finnland. Er begann mit einem bemerkenswerten Eingeständnis:

Ich muß sagen, daß weder ich als Verteidigungskommissar noch der Generalstab noch das Leningrader militärische Distriktkommando eine Vorstellung von den in diesem Krieg involvierten Eigenheiten und Problemen hatten... Die finnische Armee, gut organisiert, bewaffnet und für die lokalen Bedingungen und Aufgaben ausgebildet, erwies sich als höchst beweglich, standhaft in der Verteidigung und gut diszipliniert. (11)

Woroschilow beschrieb weiter auf vielen Seiten die Mängel in der Aufklärung der Roten Armee, ungenügende technische Lieferungen, schleppende Kommunikation und ungenügende Winterkleidung und Verpflegung für die Truppen. Viele hohe Befehlshaber waren ihrer Aufgabe nicht gewachsen, sagte Woroschilow. Aber niemand erwähnte den wahren Grund, warum die Rote Armee von inkompetenten Offizieren angeführt worden war. Die große Mehrheit der Offiziere mit einer besseren militärischen Ausbildung war 1937/ 38 Stalins Säuberungen zum Opfer gefallen. Wolkogonow zufolge waren alle militärischen Distriktkommandeure ausgemerzt worden, dazu 90 Prozent der Distriktstabschefs und ihre Stellvertreter, 80 Prozent der Korps- und Divisionskommandeure und 90 Prozent der Stabsoffiziere und Stabschefs.

In seiner Schlußrede bemerkte Stalin, der finnische Krieg habe die Rückständigkeit der sowjetischen bewaffneten Truppen offenbart, und er forderte ihre grundlegende Umformung und eine deutliche Erhöhung ihres Umfangs. Die Erfahrungen des finnischen Kriegs, sagte er, sollten als Lehren in der modernen Kriegführung dienen.

Stalin gab zu, daß die Rote Armee schlecht für die Aufgabe vorbereitet war, doch er argumentierte, der Zeitpunkt sei richtig gewesen: Deutschland war im Westen engagiert, aber wie lange noch? Die Sowjetunion mußte die Gelegenheit ergreifen und zuschlagen, bevor es zu spät war. Trotzdem warf er den Kommandeuren vor, sich hätten sich eingebildet, daß die finnische Kampagne ein Picknick würde wie die Besetzung des östlichen Polen.

Was Stalin später Winston Churchill über den finnischen Krieg erzählte, enthüllt die Verlogenheit seines Umgangs mit seinen westlichen Alliierten. Wie Churchill es darstellte, begann Stalin über die Vergangenheit “in der herzlichen Amosphäre” des Dinners in Jalta zu sprechen. Der finnische Krieg, sagte er, fing auf folgende Weise an:

Die finnische Grenze war etwa zwanzig Kilometer von Leningrad entfernt (er nannte es oft Petrograd). Die Russen baten die Finnen, sie im Austausch gegen territoriale Konzessionen im Norden um dreißig Kilometer zurückzuverlegen. Die Finnen lehnten ab. Dann wurden einige russische Grenzwächter von den Finnen beschossen und getötet. Die Grenzwachtabteilung beschwerte sich bei Truppen der Roten Armee, die das Feuer auf die Finnen eröffneten. Moskau wurde um Instruktionen gebeten. Diese enthielten den Befehl, das Feuer zu erwidern. Eines führte zum anderen, und der Krieg war da. Die Russen wollten keinen Krieg gegen Finnland.

Glaubte Churchill das etwa? Seine Memoiren enthalten keinen Kommentar zu Stalins Erinnerungen. (12)

Wolkogonow zufolge war die Hauptlektion des finnischen Kriegs für Stalin, daß ein Krieg gegen Deutschland verhindert oder wenigstens so lange wie möglich verzögert werden mußte. Stalin fürchtete, die sowjetischen Truppen wären nicht in der Lage, den Deutschen über viele Jahre zu widerstehen. Seine Befehle lauteten, alles zu vermeiden, was Hitler zu einem Bruch seines Pakts mit der Sowjetunion provozieren könnte. Stalin ignorierte Berichte sowjetischer Spione, die ihn vor Hitlers Plänen warnten, in die Sowjetunion einzudringen. Marschall Tschukow zufolge “waren alle Aktionen und Gedanken Stalins am Vorabend des Kriegs dem einzigen Bemühen untergeordnet, einen Krieg zu vermeiden, und das erzeugte in ihm einen gewissen Glauben, daß der Krieg nicht kommen würde”. Den militärischen Anführern wurde nicht erlaubt, defensive Maßnahmen zu ergreifen, bis es hoffnungslos spät war. (13)

Insgesamt machte der finnische Widerstand gegen die sowjetische Invasion einen tiefen Eindruck auf Stalin. Er respektierte militärische Macht und sonst nichts, wie seine berühmte Frage nach den Divisionen des Papstes zeigte. Er hatte gedacht, daß die finnischen Divisionen nicht viel taugten, doch der Krieg änderte seinen Sinn. Während eines Gesprächs über Finnland auf der Teheran-Konferenz im Dezember 1943 sagte Stalin zu Roosevelt und Churchill, daß “jede Nation, die so tapfer für ihre Unabhängigkeit gekämpft hat, Beachtung verdient”. (14)

Nach dem Krieg zollte er bei verschiedenen Gelegenheiten dem Geschick und Mut finnischer Soldaten höchsten Tribut. In seinen Augen hatte Finnland eine Feuerprobe der Mannbarkeit bestanden. Das beeinflußte seine Haltung für den Rest seines Lebens.

Eine solche darwinistische Interpretation der Geschichte stößt zweifellos den rationalen Geist ab, aber das ist kein hinreichender Grund, sie fortzuwischen. Wie Stalins Sinn funktionierte, geht aus seiner Unterhaltung mit Tito im April 1945 hervor, über die Milowan Djilas berichtet hat. “Der Krieg liegt nicht in der Vergangenheit", sagte Stalin an einer Stelle. "Wer ein Territorium besetzt, tut auch seinem sozialen System Zwang an. Jeder zwingt sein eigenes System auf, so weit wie seine Armee reicht." (15) Stalins Worte erinnern mich an eine Bemerkung von Zar Nikolaus I. im Jahr 1850: "Wo die russische Fahne einmal gehißt worden ist, darf sie nicht wieder gesenkt werden."

Die russische Fahne ist in Finnland nicht gehißt worden. Finnland blieb frei. Es stimmt, daß die Finnen nur eine marginale Kontrolle der äußeren Umstände ihres Landes im Zweiten Weltkrieg hatten. Ihre Freiheit der Wahl bestand meist in der Freiheit, zwischen schlecht und schlechter zu wählen. Aber am Ende waren es ihre eigenen, nicht die von anderen aufgezwungenen Entscheidungen, die ihr Schicksal bestimmten. Wenn man durch eine Stromschnelle schießt, muß man stetig rudern, um zu steuern, wie vergeblich oder sogar absurd das einem Beobachter am Ufer erscheinen mag. So behielten auch die Finnen die Kontrolle über ihre eigenen Angelegenheiten, selbst zu Zeiten, in denen der Strom der Ereignisse unwiderstehlich schien. Und sie waren klug genug, nicht gegen den Strom zu steuern, zumindest nicht zu lange.

3 Neutralität

Acht Jahre nach der Niederreißung der Berliner Mauer werden die Nationen Mittel- und Osteuropas immer noch von der Erinnerung an Jalta als ein Symbol der Täuschung und des Verrats verfolgt. Die einzige Ausnahme unter Rußlands europäischen Nachbarn ist Finnland. Wenn Sie einen Finnen fragen, was Jalta bedeutet, wird er wahrscheinlich antworten, es sei ein zweitklassiger Urlaubsort, frequentiert von Leuten, die es sich nicht leisten können, nach Südeuropa oder in die Karibik zu fliegen. Und doch ist Finnland das einzige Land, wo die im Februar 1945 zwischen Stalin, Roosevelt und Churchill in Jalta vereinbarten Prinzipien tatsächlich verwirklicht wurden. Die Übereinkunft war - wie Roosevelt und Churchill es verstanden -, die Sowjetunion erhalte das Recht sicherzustellen, daß benachbarte Länder von "freundlichen Regierungen" verwaltet würden, die bereit seien, die "legitimen Sicherheitsinteressen" der Sowjetunion zu respektieren, daß diese Regierungen jedoch von den Völkern selbst frei gewählt sein müßten. Das einzige Land, in dem eine solche Ehe zwischen den Interessen der sowjetischen Sicherheit und der parlamentarischen Demokratie vollzogen wurde, war Finnland, wo im März 1945 "freie und unbehinderte Wahlen", wie in Jalta vorgeschrieben, innerhalb eines Monats nach der Konferenz der Großen Drei stattfanden, als Hitler noch aus seinem Bunker in Berlin die Operationen lenkte und finnische Truppen die Deutschen aus Lappland vertrieben: die ersten Wahlen im kriegszerrissenen Europa.

Daß dies in Finnland möglich war, lag nicht etwa an einer Verfügung in Jalta. Finnland wurde auf der Konferenz kaum erwähnt. "Freie und unbehinderte Wahlen" wurden spezifisch für Polen vorgeschrieben. Doch es dauerte fast ein halbes Jahrhundert, bis solche Wahlen in Polen abgehalten werden konnten.

Warum konnte Polen nicht Finnland ähnlicher sein? Nach einem halben Jahrhundert geht die Frage immer noch um, wie von Zbigniew Brzezinski 1986 in seinem Buch *Game Plan* reflektiert: "Die Frage für die Sowjetunion ist, ob sie schließlich ein Polen akzeptieren soll, das mehr Finnland gleicht, oder ob sie auf fortdauernder ideologisch-politischer Unterwerfung beharrt." (1)

Aus Moskaus Sicht existierten tiefe Unterschiede zwischen Finnland und Polen. Strategisch lag Finnland peripher, Polen zentral. Westlich von Finnland war das neutrale Schweden, westlich von Polen war Deutschland. In Jalta beschrieb Stalin Polen als einen Korridor, durch den die Deutschen in dreißig Jahren zweimal Rußland angegriffen hatten. Er bestand darauf, daß die Sowjets effektive Mittel brauchten, um ihn geschlossen zu halten.

Es gab indes einen weiteren wichtigen Unterschied, der von den politischen und sozialen Konditionen in den beiden Ländern selbst herrührte. Die politische Struktur des Nachkriegsfinnland war nicht in einem Handel zwischen den Siegermächten zusammengehämmert worden, um sie dem Land von außen überzustülpen. Finnland ging aus dem Krieg mit seinem intakten politischen System hervor, ohne eine

Besatzungsarmee auf seinem Boden. Freie und unbehinderte Wahlen bildeten einen integralen Bestandteil des finnischen Systems. Der Beschluß, den vom Krieg unterbrochenen normalen Wahlprozeß wiederaufzunehmen, wurde mehrere Monate vor der Jalta-Konferenz gefaßt. Er war nicht von den Großen Drei diktiert.

Polen stand in scharfem Gegensatz dazu. Seine soziale Ordnung war durch fünf Jahre deutscher Besetzung in Fetzen zerrissen worden, und ein neues politisches System wurde unter den Kanonen der Roten Armee errichtet. Der von Roosevelt und Churchill in Jalta unternommene Versuch, ein Polen nach dem Bild ihrer eigenen Gesellschaften zu gründen, war zum Scheitern verurteilt: Die liberale parlamentarische Demokratie hatte in Polen keine Wurzeln.

Das gleiche traf auf die anderen Länder in Ost- und Mitteleuropa zu, die von sowjetischen Truppen besetzt worden waren, mit der einzigen Ausnahme von Tschechoslowakien, wo im Mai 1946 freie Wahlen abgehalten wurden. In allen anderen Ländern waren in der Periode vor dem Zweiten Weltkrieg verschiedene Formen autoritärer Regimes an der Macht gewesen. Keines hatte viel Übung in der Durchführung freier Wahlen.

Inwiefern unterschied sich dann Finnland von Tschechoslowakien, einem Land mit starker demokratischer Tradition, das trotzdem nach dem Zweiten Weltkrieg von den Kommunisten übernommen wurde?

In den ersten Jahren nach Kriegsende schienen die politischen Entwicklungen in Finnland und der Tschechoslowakei auf parallelen Bahnen zu verlaufen. In beiden Ländern gewann die Kommunistische Partei bei den ersten Wahlen nach dem Krieg stark an Unterstützung. In Finnland erhielt die Demokratische Union des Finnischen Volkes, eine kommunistisch gelenkte Dachorganisation, 23, 5 Prozent der Stimmen und 49 von 200 Sitzen im Parlament. Die Liga, die Sozialdemokraten und die Agrarpartei, alle drei ungefähr gleich stark, bildeten eine Koalitionsregierung, die gleich ihren Gegenstücken in Frankreich und Italien die Große Allianz spiegelte, die den Krieg gewonnen hatte und von der man erwartete, daß sie die Welt des Nachkriegs leiten würde.

Das Wahlergebnis wurde so interpretiert, daß das finnische Volk die Botschaft von Jalta verstanden hatte und bereit war, sich in die neue Ordnung zu fügen, deren Entstehen in Europa erwartet wurde. Aber eine genauere Analyse deutet auf eine andere Interpretation. Das Ergebnis offenbart, daß die finnische politische Struktur bemerkenswert stabil geblieben war. Bei den letzten Vorkriegswahlen im Juli 1939 hatten die Sozialdemokraten als die einzige Linkspartei - die Kommunisten waren verboten - 89 von 200 Sitzen gewonnen. Im Jahr 1945 gewann die vereinte Linke 99 Sitze, zehn mehr als vor dem Krieg, was kein Erdrutsch war. Darüber hinaus blieb die Führung der Sozialdemokratischen Partei fest anti-kommunistisch, was hieß, daß es eine solide Mehrheit von 151 zu 49 für die Verteidigung der Demokratie gab. Nur wenige Wähler der Demokratischen Union des Finnischen Volkes waren echte Kommunisten; sie unterstützten einfach den radikalsten sozialen Reformer.

Die Kommunisten konnten trotzdem für sich beanspruchen, daß sie jetzt die Welle der Zukunft repräsentierten. Sie verlangten eine komplette Umorientierung der finnischen Politik nicht nur in den Auslandsbeziehungen, sondern auch in ökonomischen und sozialen Begriffen sowie die Entfernung all jener aus dem öffentlichen Leben, die für die zum Krieg führende Politik verantwortlich waren. Sie bestanden darauf, ihren eigenen Mann auf den Posten des Innenministers zu setzen, und der benutzte seine Macht, um Kommunisten in Schlüsselpositionen der Polizei zu schleusen. Viele Finnen bangten um ihre bürgerlichen Freiheiten.

In diesem dunklen Moment der Geschichte seines Landes wandte sich das finnische Volk um Führung an zwei alte Männer, die die Vergangenheit zu personifizieren schienen: an Marschall Mannerheim (geb. 1865), den ehemaligen zaristischen Offizier, der bis ans Ende seiner Tage beharrlich das Wort Bolschewiken zur Kennzeichnung der sowjetischen Anführer benutzte, und an den ehemaligen Monarchisten Juho Kusti Paasikivi (geb. 1870), einen pensionierten Bankier, der früher Vorsitzender der Konservativen war - einer damals auf wirkungslose Opposition beschränkten Partei. Beide waren Männer des neunzehnten Jahrhunderts, die in einer Periode aufgewachsen waren, als Finnland noch als Teil des russischen Imperiums in Frieden lebte. Und eben weil sie Männer der Vergangenheit waren, vermochten sie die Nation zu überzeugen, daß die notwendige Anpassung an die Realitäten der Nachkriegsmacht im etablierten Rahmen der finnischen Freiheit und Demokratie erfolgen konnte.

Mannerheims unangreifbare persönliche Autorität sicherte die nationale Einheit in dem kritischen Augenblick im September 1944, als die bewaffneten Truppen, im Feld noch ungeschlagen, sich hinter die bei den Waffenstillstandsgesprächen vereinbarte Grenze zurückziehen und sich im Norden gegen ihre früheren Waffenkameraden, die Deutschen, wenden mußten. Unter seiner Führung verlief der Übergang vom Krieg zum Frieden ohne innere Spaltung. Aber im April 1946 trat der 79jährige Marschall zurück, weil seine Gesundheit versagte, und Paasikivi wurde für den Rest von Mannerheims Amtszeit fast einstimmig zum Präsidenten gewählt. Im Jahr 1950 wurde er im Alter von 80 für eine volle Amtszeit von sechs Jahren wiedergewählt.

Paasikivi brachte in sein Amt eine lebenslange Erfahrung im Umgang mit dem Problem ein, die nationalen finnischen Aspirationen mit russischen Interessen zu versöhnen. Er hatte seine politische Karriere in den frühen Jahren des Jahrhunderts begonnen, zu einer Zeit, als die Autonomie Finnlands durch zaristische Repressionen bedroht war. Er trat dann einer Gruppe konservativer Politiker bei, die davon überzeugt waren, daß die essenziellen nationalen Interessen des finnischen Volks, vor allem seine kulturelle Identität, nur durch eine kluge Beschwichtigung der strategischen Interessen und des Prestigedenkens des russischen Imperiums gewahrt werden konnten. Im Jahr 1920 leitete er das Team, das den ersten Friedensvertrag zwischen dem unabhängigen Finnland und der Sowjetunion aushandelte, und es gelang ihm, die sowjetische Anerkennung von Finnlands historischen Grenzen zu erreichen. Er war zu erfolgreich, wie er später anmerkte, weil diese Grenzen beinahe die Vororte von Leningrad berührten und deshalb in den Köpfen der sowjetischen Anführer ein Gefühl der Unsicherheit bewirkten. Im Oktober 1939 wurde Paasikivi an die Spitze der finnischen Delegation berufen, die sich Stalins

Forderungen stellen mußte, und nach dem Winterkrieg diente er als Finnlands Gesandter in Moskau.

Mit dem Herannahen des deutsch-sowjetischen Zusammenpralls fühlte sich Paasikivi immer mehr im Mißklang mit dem in Helsinki vorherrschenden Geist, und er trat zurück, bevor Finnland wenige Wochen später wieder in einen Krieg mit der Sowjetunion verwickelt wurde. Er blieb ein inoffizieller Berater der Regierung, nahm jedoch kein Amt an, und so war er 1944 unbefleckt von einer Verbindung mit Nazi-Deutschland. Wie er später notierte, brauche eine kleine Nation wie Finnland kein oppositionelles Schattenkabinett, sondern ein Reserveteam, das zur Amtsübernahme bereit sei, wenn eine Drehung des großen Rads der Weltpolitik einen Wechsel der Führung erfordere. Im Jahr 1919 hatte die Drehung des Rads Paasikivi, den pro-deutschen Monarchisten, aus dem Amt geworfen - 1944 holte es ihn zurück.

Obgleich der Ausgang des Kriegs im Effekt Finnlands Existenz als eines unabhängigen Staats bestätigt hatte, waren die früheren Grundlagen seiner Sicherheit zerstört worden. Die Machtbalance in Europa hatte sich unwiderruflich verändert, wie es damals schien. Deutschland lag in Ruinen. Die westlichen Mächte waren mit der Sowjetunion alliiert; weder ihr Einfluß noch ihre Interessen reichten bis an die Ostküsten der Ostsee. Ja, die USA-Politik am Ende des Zweiten Weltkriegs warnte Finnland davor, irgendwelche Unterstützung gegen die Sowjetunion zu erwarten. Finnland stand allein da, der überwältigenden sowjetischen Macht exponiert. Kaum überraschend begann der finnische Generalstab, ohne die politischen Führer zu informieren, geheime Waffenlager als Vorbereitung auf einen Guerilla-Krieg anzulegen, der unausweichlich schien.

In dieser Situation offerierte Paasikivi ein Konzept der finnisch-sowjetischen Beziehungen, das nicht nur maßgeschneidert war für die herrschenden strategischen Realitäten, sondern auch angelegt, um den Glauben des finnischen Volks an seine unabhängige Zukunft wiederzubeleben. Er hatte immer argumentiert, daß die russischen Interessen in Finnland vorwiegend strategisch und defensiv seien. Es komme ihnen darauf an, daß die von Peter dem Großen erbaute Stadt sicher sei vor einem Angriff aus Finnland. Das war Paasikivi zufolge ein "legitimes Interesse", eine subtile Phrase im Geist von Jalta, die sowohl die Richtung wie die Begrenzung seiner Politik des Appeasement ausdrückte. Sie zielte darauf ab, der sowjetischen Regierung glaubhaft zu machen, daß ihrem Bedürfnis nach Sicherheit genügt werde, während sie zugleich kundtat, daß Finnland keinen über das Legitime hinausreichenden Forderungen nachgeben werde - ideologischen Forderungen zum Beispiel. Indem er die sowjetischen Anführer überzeugte, daß Finnland sich unter keinen Umständen gegen sie wenden werde, konnten die Finnen nach Paasikivis Meinung ihre eigene Unabhängigkeit und Lebensweise sichern. Er übernahm damit eine doppelte Überzeugungsaufgabe: dem Kreml Vertrauen in ein unabhängiges Finnland einzuflößen und das finnische Volk dazu zu bringen, daß es sich den Machtverhältnissen beugte und gemeinsam daran arbeitete, das erste Ziel zu erreichen. (2)

Und das finnische Volk arbeitete in diesen ersten Jahren nach Kriegsende hart daran, die sowjetischen Anführer zu überzeugen, daß sie Finnlands Wort vertrauen konnten. Die Erfüllung der Bedingungen des Waffenstillstandsabkommens (und später des Friedensvertrags von 1947) erhielt Priorität vor allen anderen Aufgaben. Die von der Sowjetunion als Kriegsentschädigung verlangten Güter wurden pünktlich und planmäßig abgeliefert. (Im ersten Jahr betrugen sie 15 Prozent von Finnlands Nationalprodukt, im zweiten Jahr 11 Prozent.) Finnland ist wahrscheinlich das einzige Land in der modernen Geschichte, das seine Kriegsschulden freiwillig bezahlt hat.

Eine noch schwerere Belastung für die kriegsgelähmte Nation war die Umsiedlung der Bevölkerung aus dem abgetretenen Territorium. Die Friedenskonditionen reduzierten Finnlands Größe um mehr als ein Zehntel; die Vorkriegsbevölkerung der abgetretenen Gebiete hatte bei 436 000 oder 12 Prozent der Gesamtzahl gelegen. Buchstäblich niemand war hinter der neuen Grenze geblieben; die Russen hatten ein von menschlichem Leben entleertes Land übernommen. In den Nachwehen des Zweiten Weltkriegs, als die alliierten Mächte in großem Stil ethnische Säuberungen durchführten, schenkte man dem Schicksal der finnischen Karelen außerhalb des Landes wenig Aufmerksamkeit. Doch es gab nirgendwo sonst eine Parallele zu dem freiwilligen und spontanen Exodus der gesamten Bevölkerung der Provinz; er wurde weder durch Überredung auf seiten der finnischen Behörden noch durch Zwang oder Terror auf seiten der Russen ausgelöst. Auch die Art, wie man die Karelen empfing, war einzigartig. Sie wurden nicht in Lager gepfercht, sondern Familie um Familie auf die übrige Bevölkerung im ganzen Land verteilt. Und sie wurden für den Verlust ihres Eigentums nicht nur mit Geld entschädigt, sondern auch mit Land für die Bauern unter ihnen. Die Umsiedlung und Absorbierung der Karelen erlegte der finnischen Wirtschaft eine immense Last auf, die man finanziell kaum kalkulieren kann. Aber die sozialen und politischen Gewinne waren ebenfalls kaum kalkulierbar. In der relativ kurzen Zeitspanne von sechs bis acht Jahren waren die Finnen, die als Resultat des Kriegs ihr Heim verloren hatten, wieder in die Gesellschaft integriert. Als Folge verschwand die karelische Frage praktisch von der Agenda der finnisch-sowjetischen Beziehungen.

Die Umsiedlung wurde ohne jegliche ausländische Hilfe vollendet. Im Jahr 1947 lehnte die finnische Regierung widerwillig die Einladung ab, dem Marshall-Plan beizutreten, um keinen sowjetischen Verdacht zu wecken. Es war eine Entscheidung, die das Land viele Millionen Dollar gekostet hat, die aber wahrscheinlich mehr als alles andere dazu beitrug, die Glaubwürdigkeit von Paasikivis Politik in den Augen der sowjetischen Anführer zu stärken. Der Marshall-Plan trachtete, Europa vor dem Kommunismus zu retten, doch Finnland hat sich vielleicht selbst vor dem Kommunismus gerettet, indem es nein zum Marshall-Plan sagte.

Ein weniger greifbarer, aber im gewissen Sinn schmerzlicherer Akt des Appeasement war der Prozeß und die Verurteilung von acht führenden Polikern, die man für den Eintritt Finnlands in den Krieg gegen die Sowjetunion verantwortlich machte. Das geschah 1946 unter einem rückwirkenden Sondergesetz, das den Richtern ebenso wie den Angeklagten widerwärtig war. Beide Seiten spielten während des Prozesses ihre Rolle im Geist des Dienstes an der Nation, indem sie nach dem Glauben handelten, daß ein solches Opfer von Prinzipien zu dem Preis gehörte, den Finnland zahlen mußte, um die Kontrolle über seine eigenen Angelegenheiten zu behalten. Wenn schon jemand für Finnlands Kriegspolitik bestraft werden mußte, war es besser, daß Finnland selbst die Strafe verhängte - das alleinige am Zweiten Weltkrieg beteiligte europäische Land, das den Übergang vom Krieg zum Frieden ohne eine einzige Hinrichtung schaffte.

Die acht Männer, die man der Veranwortung für Finnlands Kriegspolitik beschuldigte, wurden zu Gefängnisstrafen zwischen zwei und zehn Jahren verurteilt, und alle wurden nach Verbüßung der Hälfte ihrer Zeit freigelassen. In den Augen der Mehrheit des Volks waren sie nie entehrt. Als der frühere Präsident Risto Ryti, der die längste Strafe von zehn Jahren bekommen hatte, 1956 starb, erhielt er ein Staatsbegräbnis, bei dem sein Nachfolger, Präsident Urho Kekkonen, von Rytis selbstlosem Dienst für sein Land sprach. Der frühere Premierminister Edwin Linkomies, Professor für Lateinisch und Griechisch, wurde Rektor der Universität von Helsinki, und der sozialdemokratische Anführer Väinö Tanner kehrte ins Parlament zurück und wurde 1957 wieder zum Vorsitzenden seiner Partei gewählt.

Es besteht kein Zweifel, daß die finnische Leistung, besonders die prompte Lieferung der Reparationen, die Männer im Kreml beeindruckte. Aber im Westen wurde Paasikivis Vertrauen in eine Politik, die Rettung durch gute Taten anstrebte, als naiv zurückgewiesen. Als die Allianz der Kriegszeit zerbrach, änderte sich die Einschätzung der sowjetischen Politik rapide. Der neuen konventionellen Weisheit zufolge war die Sowjetunion eine aggressive, expansionistische Macht, die keineswegs selbst Sicherheit brauchte, sondern danach trachtete, in ganz Europa die kommunistische Herrschaft zu errichten - wenn möglich durch Subversion, wenn nötig durch militärische Eroberung. Im Jahr 1948 warnte der britische Außenminister Ernest Bevin sein Kabinett, Moskau "plane die physische Kontrolle der eurasischen Landmasse und die schließliche Kontrolle der Welt: nichts weniger als das". (3) Eine solche Macht konnte man nicht besänftigen; sie mußte gewaltsam im Zaum gehalten werden. Sicherlich, Finnland war nicht in einen kommunistischen Satelliten verwandelt worden, ein schwieriger Umstand für Leute mit Sinn für Ordnung. Doch bestimmt würde dieses Versehen früher oder später, eher früher als später, korrigiert werden.

Der finnisch-sowjetische Vertrag

Anfang 1948 schien der Augenblick der Wahrheit gekommen. Am 23. Februar erhielt Präsident Paasikivi einen persönlichen Brief von Stalin. Finnland, erklärte Stalin, sei das einzige europäische Nachbarland, mit dem die Sowjetunion noch kein Verteidigungsabkommen gegen eine Wiederkehr der deutschen Aggression getroffen habe. Er wünschte zu wissen, ob Finnland bereit sei, mit der Sowjetunion einen gegenseitigen Beistandsvertrag ähnlich denen zu schließen, die die Sowjetunion zuvor mit Ungarn und Rumänien geschlossen hatte. (4)

Das Datum des Briefs war signifikant. Der 23. Februar war der Tag, an dem der kommunistische Griff nach der Macht in der Tschechoslowakei seinen Höhepunkt erreichte. Die westliche Meinung war schockiert. Als Stalins Brief wenige Tage später veröffentlicht wurde, brachten westliche Beobachter ihn sofort mit dem kommunistischen Coup d´état in Prag in Verbindung. Man betrachtete die beiden Ereignisse als ein konzertiertes Vorrücken des internationalen Kommunismus gegen die Reste der Demokratie im sowjetischen Einflußbereich. Man glaubte, daß die Interessen des sowjetischen Staats und der internationale Kommunismus zu einer riesigen Konspiration verschmolzen, die mit perfekter Präzision und Koordination auf ihr Ziel der Weltherrschaft zuging.

Stalins erklärtes Ziel, eine Verteidigung gegen künftige deutsche Aggressionen zu schaffen, wurde als ein offensichtlicher Vorwand abgetan. Deutschland war geteilt, besetzt, entwaffnet und lag in Ruinen: Was gab es da zu fürchten? Das wirkliche Ziel des vorgeschlagenen Vertrags mit Finnland, so glaubte man, war die Herstellung einer legalen Basis, um militärische Stützpunkte zu errichten oder Truppen nach Finnland zu verlegen, nicht um deutscher Aggression zu begegnen, sondern um die finnische Demokratie zu zerstören. Man sah als selbstverständlich an, daß die Finnen keine andere Wahl hatten, als sich zu fügen. Stalins Brief galt nicht als ein Vorschlag für Verhandlungen, sondern als ein Befehl, dem zu gehorchen war. Finnland als unabhängiger Staat wurde im Westen rasch abgeschrieben. Die westlichen Mächte unternahmen nichts, um Finnland zu retten, aber sie mußten anfangen, selbst eine Verteidigungslinie westlich von Finnland zu errichten.

Aus Moskau wirkte die europäische Szene anders. Aus sowjetischer Sicht war der Marshall-Plan vornehmlich ein Mittel, die Stärke Deutschlands als Angriffsspitze einer anti-sowjetischen Koalition wiederherzustellen. Nachdem sie zweimal in ihrem Leben gesehen hatten, wie der russische Staat nur knapp der Vernichtung durch deutsche Aggression entronnen war, waren die sowjetischen Anführer von der Furcht vor einer Resurrektion der deutschen Macht besessen. Während der ganzen 1930er hatte sich die sowjetische Diplomatie vergeblich bemüht, Rußlands westliche Nachbarn für Sicherheitsvorkehrungen gegen Deutschland zu gewinnen, und die Lehren des Kriegs hatten in sowjetischen Augen nur die Notwendigkeit solcher Vorkehrungen bestätigt. In den Kriegsjahren waren gegenseitige Beistandspakte mit der Tschechoslowakei und Polen geschlossen worden. Im Februar 1948 wurden ähnliche Pakte mit Ungarn und Rumänien unterzeichnet. Ein Pakt mit Bulgarien sollte im März folgen.

Was Finnland betraf, war der sowjetische Wunsch nach einem Verteidigungspakt zum erstenmal bei den geheimen sowjetisch-finnischen Gesprächen 1938/ 39 diskutiert worden. Während des Kriegs hatte die sowjetische Regierung schon 1942 die Briten gebeten, im voraus ihren Plan eines gegenseitigen Verteidigungsvertrags mit Finnland zu billigen.

Nach dem Krieg hatte Marschall Mannerheim Anfang 1945 die erste Initiative für Verteidigungsgespräche zwischen Finnland und der Sowjetunion ergriffen. Als ehemaliger russischer General hatte er Finnland von der anderen Seite des Hügels betrachtet. Nach seiner Auffassung konnte die Unabhängigkeit seines Landes gestärkt werden, wenn es zu beweisen gelänge, daß Finnland bereit sei, den defensiven Erfordernissen seines Nachbarn zu genügen. Moskau antwortete damals nicht, vermutlich weil Finnlands Status noch nicht durch einen Friedensvertrag bestätigt war. Doch sobald das geschehen war, nahm die sowjetische Regierung die Frage eines Verteidigungspakts mit Finnland wieder auf, zunächst bei dem Besuch einer finnischen Delegation in Moskau im November 1947, dann formeller mit Stalins Brief an Paasikivi.

Für den Präsidenten war die Idee eines Vertrags mit der Sowjetunion an sich nicht unakzeptabel. Ja, die Logik seiner eigenen Politik drängte ihn, einer Vereinbarung zuzustimmen, die die "legitimen Interessen" der Sowjetunion befriedigte. Aber er fand die von Stalin angebotenen Modelle völlig unakzeptabel. Die sowjetischen Verträge mit Ungarn und Rumänien zwangen die Parteien uneingeschränkt zu politischen Konsultationen in Friedenszeiten und zu automatischem gegenseitigen Beistand im Kriegsfall. Ein derartiger Vertrag hätte Finnland in sämtlichen Konflikten zwischen Ost und West zu einem Verbündeten der Sowjets gemacht. Die überwältigende Mehrheit des finnischen Volks war strikt gegen eine Allianz mit der Sowjetunion - oder mit jeder anderen Großmacht. Wenn es ein dominierendes Motiv in Finnlands Außenpolitik gibt, dann ist es das Trachten, die Verwicklung in Konflikte und Kontroversen zwischen mächtigeren Nationen zu vermeiden. Paasikivi mußte deshalb Stalin zu überreden versuchen, daß er sich mit einem Arrangement zufriedengab, das einerseits die sowjetischen Sicherheitserfordernisse befriedigte und es andererseits Finnland ermöglichte, sich aus den zwei opponierenden militärischen Allianzen herauszuhalten, die sich in Europa bildeten.

Der finnische Präsident handelte mit majestätischer Bedachtsamkeit. Bevor er Stalins Brief veröffentlichte, informierte er die Vorsitzenden der parlamentarischen Gruppen. Das dauerte fünf Tage. Am 27. Februar schickte er Stalin eine knappe Bestätigung mit dem Hinweis, daß ein Vertrag mit einer ausländischen Macht in Finnland der parlamentarischen Zustimmung bedürfe und daß daher die Volksvertreter konsultiert werden müßten. Am 5. März erhielt er schriftlich die Ansichten der parlamentarischen Gruppen. Er brauchte weitere vier Tage, um eine Delegation für die Verhandlungen mit der Sowjetunion zu ernennen. Am 9. März antwortete er Stalin, indem er vorschlug, daß die Verhandlungen in Moskau stattfinden sollten. Weitere neun Tage vergingen, bis die Instruktionen für die finnischen Unterhändler entworfen und vom Präsidenten gebilligt waren. Am 20. März reisten die meisten Delegationsmitglieder mit dem Zug nach Moskau, und ihr Leiter, Premierminister Mauno Pekkala, folgte ihnen vier Tage später mit dem Flugzeug. Am 25. März, mehr als einen Monat nach dem Eingang von Stalins Brief, fand das erste Treffen zwischen den Repräsentanten Finnlands und der Sowjetunion in Moskau statt.

Der Zeitplan der finnischen Vorbereitungen, der für sich selbst sprach, war eine Betonung der finnischen Unabhängigkeit und eine Demonstration des demokratischen Prozesses. Er versicherte dem finnischen Volk, daß seine Interessen nicht von verängstigten Männern in hastigen und geheimen Abmachungen preisgegeben würden. Der Präsident selbst blieb in der Hauptstadt, um sein Prestige nicht im vornhinein aufs Spiel zu setzen. Er notierte in seinem Tagebuch, daß er nicht das Schicksal des tschechischen Vorkriegspräsidenten Hacha teilen wolle, der 1938 einen Herzanfall erlitt, nachdem Hitler ihn erpreßt hatte, widerstandslos das Sudetenland abzutreten. Das Parlament wurde voll konsultiert, nicht nur vor Beginn der

Verhandlungen, sondern auch in jeder folgenden Phase. Wie Paasikivi es formulierte, sei es besser, keine Übereinkunft in Moskau zu erreichen, als einen Vertrag zu unterzeichnen, den das Parlament ablehnen würde.

Der kunstvolle Prozeß der Beratungen diente auch einem anderen Zweck. Er zeigte die starke in Finnland existente Opposition gegen jede Art von Verteidigungsvertrag. Statt die Reserven einzuberufen, wie es im Oktober 1939 geschehen war, mobilisierte Paasikivi das Parlament, um seine Verhandlungsposition zu stärken. Von den drei damals in der Regierungskoalition vertretenen Parteien waren nur die Kommunisten bereit, einen Vertrag zu unterstützen, wie Stalin ihn vorgeschlagen hatte; die Sozialdemokraten und die Agrarpartei erklärten beide ihre Opposition gegen einen Vertrag mit militärischen Klauseln, die das Land in internationale Konflikte verwickeln könnten. Die Meinung unter den Oppositionsparteien war sogar dagegen, in Verhandlungen mit Moskau einzutreten.

Als die finnische Delegation Helsinki verließ, begannen sich Gerüchte von einem kommunistischen Versuch der Machtergreifung zu verbreiten. Die Bühne schien eingerichtet für eine doppelte Klemme, nämlich den mit innerer Subversion vereinten äußeren Druck, um Finnlands Unabhängigkeit zu beenden. Wieder einmal, wie am Anfang des Jahrhunderts, ertönte die Klage "Finis Finlandiae".

Nach all den Warnungen und Ängsten erwies sich das Treffen in Moskau als ernüchternd. Die sowjetischen Anführer stimmten bereitwillig zu, die in Stalins Brief vorgeschlagenen Modelle zu verwerfen, und sie baten die Finnen, ihre eigenen Vorschläge zu machen. Der finnische Entwurf wurde dann als Verhandlungsbasis akzeptiert, und der endgültige Text fügte sich in allen wesentlichen Teilen Paasikivis Konzept von Finnlands Rolle als Nachbar Rußlands ein.

Bei dem Bankett im Kreml, wo am 6. April 1948 die Unterzeichnung des Vertrags gefeiert wurde, offenbarte eine Episode die Erleichterung der finnischen Unterhändler. Stalin sprach als Gastgeber von dem in den Gesprächen erreichten Kompromiß. "Welcher Kompromiß?" unterbrach ein Finne. "Der Vertrag ist von Paasikivi diktiert worden." Nach einem Moment lähmenden Schweigens brach Stalin in Lachen aus. Der Finne, der gesprochen hatte, war Urho Kekkonen, der Mann, der wenige Jahre später Paasikivi als Präsident nachfolgen sollte.

Der Vertrag war einzigartig unter den Dutzenden Sicherheitsvereinbarungen, die in der Periode nach dem Zweiten Weltkrieg zwischen Großmächten und kleineren Staaten getroffen wurden. Sein erster Artikel besagte: Falls "entweder Finnland oder die Sowjetunion auf dem Weg über finnisches Territorium zum Objekt militärischer Aggression von seiten Deutschlands oder einer anderen mit Deutschland verbündeten Macht werden sollte, wird Finnland getreu seiner Pflicht als souveräner Staat gegen die Aggression kämpfen". Finnische Truppen würden nur innerhalb der Grenzen ihres eigenen Landes kämpfen. Die Sowjetunion würde Finnland beistehen, "falls notwendig" und "wie von beiden Seiten vereinbart". Auf diese Weise definierte das finnische Parlament, daß jede Übereinkunft militärischer Hilfeleistung oder militärischer Kooperation mit der Sowjetunion einen separaten Vertrag erfordere, der jeweils mit Rücksicht auf eine mögliche parlamentarische Zustimmung nach seinen Meriten zu beurteilen sei.

In einer Radioansprache zu dem Vertrag an das finnische Volk wies Paasikivi am 9. April 1948 darauf hin, daß der erste Artikel eigentlich etwas Selbstverständliches benenne: Er beschreibe, was ohnehin im Fall eines Angriffs auf Finnland geschehen werde. Die Verpflichtung, Beratungen zwischen den beiden Parteien zu führen, verenge sich auf Fälle, in denen festgestellt werde, daß eine Bedrohung von der Art militärischer Aggression, wie im ersten Artikel beschrieben, nachweislich vorhanden sei. Und Paasikivi zufolge mußten beide Länder darin übereinstimmen, daß es eine solche Bedrohung gab.

So fehlten diesem Vertrag die wesentlichen Merkmale eines Allianzvertrags, zum Beispiel regelmäßige Konsultationen in Friedenszeiten und automatischer Beistand im Kriegsfall. Er war entworfen, wie in der Präambel festgestellt, "unter der Berücksichtigung von Finnlands Wunsch, sich aus den Konflikten und Interessen der Großmächte herauszuhalten" - also zur Wahrung von Finnlands Neutralität. Dementsprechend konnte Paasikivi in seinem Kommentar feststellen, daß "Finnland im Prinzip das Recht hat, in einem Krieg zwischen anderen Staaten neutral zu bleiben".

Zu dieser Zeit waren Finnlands Bestrebungen nach Neutralität noch schwer behindert. Wie der Präsident selbst es ausdrückte, verliehen die Überlassung des militärischen Stützpunkts Porkkala aufgrund des Friedensvertags an die Sowjetunion sowie deren Recht des freien Transits durch finnisches Territorium nach und von Porkkala "der finnischen Neutralität eine eigenartige Färbung, die nicht ganz in das Handbuch des internationalen Rechts paßt". Aber als Fährte in die Zukunft hatte die Neutralitätsklausel in der Präambel des Vertrags eminente Bedeutung.

Warum akzeptierte die sowjetische Regierung so bereitwillig den finnischen Vertragsentwurf? Als eine Erklärung drängt sich auf, daß wieder einmal die Zeit, die durch Paasikivis langsames Tempo gewonnen wurde, die finnische Position gestärkt hatte. In den vier Wochen, die zwischen Stalins Brief und dem Beginn der Gespräche in Moskau verstrichen waren, hatte die Welt sich verändert. Die von den Ereignissen in der Tschechoslowakei zur Aktion aufgeschreckten Westmächte hatten einen weiten Schritt getan, um ihre gemeinsame Verteidigung zu organisieren. Präsident Harry Truman hatte jedem Land, das seine Freiheit verteidigte, US-Hilfe versprochen. Die NATO entstand. Im Norden war Norwegen dabei, seine traditionelle Neutralität aufzugeben; sogar in Schweden wurden Maßnahmen zur Verteidigung intensiviert. Zur gleichen Zeit - obwohl Außenstehende es nicht wußten - näherte sich Stalins Streit mit Tito einem Höhepunkt. Die sowjetischen Anführer konnten kaum wünschen, sich noch mehr Schwierigkeiten aufzuladen.

Doch es gab vielleicht eine einfachere Erklärung. Der finnisch-sowjetische Vertrag ähnelte stark den von der Sowjetunion vor genau zehn Jahren gemachten Vorschlägen. Er repräsentierte ein langfristiges Ziel der Sowjetunion. Nach den Erfahrungen des Winterkriegs erwartete Stalin wahrscheinlich nicht, 1948 mehr von Finnland herauszuholen, als er 1938 vorgeschlagen hatte. Er wußte gut, daß alles, was über die schließliche Vereinbarung hinausging, auf starken Widerstand gestoßen wäre. Am Abend vor der Abreise der finnischen Delegation aus Moskau erkundigte sich Molotow besorgt, ob der Vertrag, so wie er unterzeichnet war, auch tatsächlich vom finnischen Parlament ratifiziert würde.

Der Vertrag wurde am 28. April mit 157 gegen 11 Stimmen bei 30 abwesenden ratifiziert, aber die Debatte vor der Abstimmung offenbarte den Widerwillen und die Befürchtungen vieler Mitglieder. Sie war auch ein Echo der damals in Finnland herrschenden internen Spannung. Die Gerüchte von einem kommunistischen Plan der Machtergreifung hatten den Präsidenten bewogen, präventive Maßnahmen anzuordnen. Truppen standen bereit, die Polizei war alarmiert, und ein Kanonenboot ankerte im Hafen von Helsinki gegenüber der Residenz des Präsidenten.

In Wirklichkeit wurde kein Coup d´état versucht, und spätere Forschungen deuten an, daß de facto keiner geplant war. Heute verfügbare Dokumente enthüllen, daß die finnische Kommunistische Partei zu der Zeit längst nicht die gewaltige Kraft darstellte, als die sie allgemein galt. Ihre Führung war zerstritten, und die Signale, die sie aus Moskau erhielt, waren oft verworren und obskur. Der sowjetische Leiter der Alliierten Kontrollkommission, Andrej Schdanow, der damalige Leningrader Parteichef und unbestrittene Nachfolger Stalins, hatte den finnischen Kommunisten bedeutet, daß sie zwar auf Moskaus politische Unterstützung zählen konnten, daß sie aber nicht hoffen sollten, hinter sowjetischen Panzern an die Macht zu reiten. Wie Valentin Falin es später formulierte: "Stalin wollte keine Unruhe in Finnland." (5)

Zu der Zeit spielte jedoch der Umstand eine wichtige Rolle, daß "die ganze Welt" glaubte, die Kommunisten planten tatsächlich, die Macht zu übernehmen, und daß sie durch Paasikivis resolutes Vorgehen daran gehindert worden waren. Diese Sicht hatte einen tiefen Effekt auf die politischen Entwicklungen in Finnland. Im Mai sprach das Parlament dem kommunistischen Innenminister mit der Begründung das Mißtrauen aus, er habe die Rechte von Flüchtlingen aus der Sowjetunion verletzt, und er wurde vom Präsidenten entlassen. Im Juli erlitt die Kommunistische Partei bei den Parlamentswahlen eine schwere Niederlage und kam nicht mehr in die Regierung. Wieder spiegelte die interne finnische Politik den Zustand der internationalen Beziehungen: Die große Allianz war zerbrochen; der Kalte Krieg hatte begonnen.

Jetzt war die Sozialdemokratische Partei an der Macht, und sie machte sich sofort daran, den kommunistisch beherrschten Sicherheitsapparat zu zerlegen. Moskau zeigte sein Mißvergnügen auf mehrfache Weise. Die sowjetischen Medien wiederholten die angstvollen Rufe der finnischen Kommunisten und ihre Angriffe gegen Paasikivi selbst, und im Winter 1949/50 wurden die finnisch-sowjetischen Handelsgespräche ohne Erklärung eingestellt. Aber im Frühjahr 1950 wurde nach der Wiederwahl Paasikivis und der Bildung einer Koalitionsregierung unter Urho Kekkonen, dem Führer der Agrarier, ein Handelsabkommen unterzeichnet, obwohl die Kommunisten weiter von der Regierung ausgeschlossen blieben. Stalin hatte die Lehren des Winterkriegs nicht vergessen. Sein treuer Diener Molotow sagte einem Interviewer zwanzig Jahre später: "Die Menschen dort (in Finnland) sind sehr störrisch, sehr störrisch. Es war klug, daß wir Finnland nicht annektiert haben. Es wäre eine schwärende Wunde geworden." (6)

Der Unterschied zwischen Finnland und der Tschechoslowakei im Jahr 1948 wird durch einen Vergleich der internen Konditionen in den beiden Ländern deutlich. Der Kommunismus war in der Tschechoslowakei stärker als in Finnland. Die tschechoslowakische Partei hatte die Unterstützung von 40 Prozent der Wähler, die finnische Partei von 23 Prozent. In der Tschechoslowakei besetzten Kommunisten wichtige Posten im Beamtendienst und bei den Waffengattungen; in Finnland hatten sie wenig Einfluß in den Zentralorganen der Regierung. Auch die Haltung zu Rußland war unterschiedlich: Die Tschechen und Slowaken betrachteten die Sowjetunion im ganzen als Freund und Verbündeten, die einzige Macht, die 1939 ihre Bereitschaft erklärt hatte, der Tschechoslowakei zur Hilfe zu kommen, während die meisten Finnen die Sowjetunion immer noch für ihren Erzfeind hielten. Schließlich stellte Präsident Paasikivi klar, daß er bereit war, scharfe Maßnahmen gegen die Kommunisten zu ergreifen; Präsident Eduard Benes hingegen gab den kommunistischen Forderungen ohne Widerstand nach.

In der Tschechoslowakei waren die Kommunisten stark genug, um aus eigener Kraft die Macht zu erlangen; in Finnland hätte nur eine massive sowjetische Intervention mit militärischem Zwang die gewählte Regierung stürzen können. Als Stalin Tito erzählte, daß sowohl die Sowjetunion wie die westlichen Alliierten als Resultat des Zweiten Weltkriegs ihre Regierungssysteme so weit ausdehnen würden, wie ihre Armeen reichten, hatte er nicht hinzugefügt: "Aber nicht weiter." Doch eine derartige Kautele scheint seine Aktionen bestimmt zu haben. Er wandte sich nicht gegen Tito, und er wandte sich nicht gegen Finnland. Er brauchte sich nicht gegen die Tschechoslowakei zu wenden.

Am letzten Tag 1948 notierte Paasikivi in seinem Tagebuch: "Der Coup der Kommunisten in Prag war das wichtigste Ereignis des vergangenen Jahrs. Es öffnete der Welt die Augen..." Für Paasikivi selbst war 1948 ein Jahr des Triumphs gewesen. Er hatte es geschafft, durch sein Vorgehen zu beweisen, daß die "legitimen Interessen" der Sowjetunion von Finnland befriedigt werden konnten, ohne den Kommunisten zu Hause nachzugeben.

Das Bild Stalins, wie es aus seinem Umgang mit Finnland in den Nachwehen des Zweiten Weltkriegs hervorging, unterschied sich stark von dem, das im Westen vorherrschte. Weit davon entfernt, die Eroberung der Welt zu planen, war Stalin ein Mann in der Defensive, besorgt darum, Unruhen in einem kleinen Nachbarland zu vermeiden, das die westlichen Mächte schon abgeschrieben hatten. Bezeichnenderweise hatte er Mannerheim von der Liste derjenigen ausgenommen, die wegen "Kriegsschuld" angeklagt werden sollten, vermutlich um den Widerstand in Finnland nicht zu provozieren. Ich behaupte nicht, daß sein Herz sich gewandelt hätte und er im hohen Alter zu einem gütigen und friedensliebenden Herrscher geworden sei. Ich glaube aber, daß er sich der Schwäche der Sowjetunion sehr bewußt war, eines von den Kriegsmühen völlig erschöpften Landes. Wie 1940 handelte Stalin mit äußerster Vorsicht, um Zeit zu gewinnen und sein Land gesunden zu lassen.

Westliche Regierungen und Meinungsmacher zogen im allgemeinen aus den Vorgängen in Finnland keine derartigen Schlüsse. Zum Glück, wie es im Rückblick scheint, weil sie sonst vielleicht den Aufbau der westlichen Stärke vernachlässigt hätten, mit möglicherweise katastrophalen späteren Folgen. Nach westlicher Sicht bildete Finnland die Ausnahme unter den Nachbarn der Sowjetunion: Was sich dort ereignet hatte, entbehrte der Relevanz für die generelle europäische Situation. Der finnisch-sowjetische Vertrag von 1948, so glaubte man, hatte Finnland fest in die sowjetische Einflußsphäre gebunden. Die Tatsache, daß es Paasikivi gelungen war, den Vertragstext zu ändern, tat man als unwichtig ab: Legale Feinheiten würden die Sowjets nicht aufhalten, wenn sie sich einmal zum Handeln entschlossen hätten. Finnland hatte einen Aufschub erhalten, mehr nicht.

Jegliche Hoffnung der Finnen auf westliche Unterstützung zur Verteidigung der Demokratie wurde auf der Pariser Friedenskonferenz im Herbst 1946 zerstört. Es wurde kein Unterschied gemacht zwischen Finnland und Deutschlands Kriegsverbündeten - Italien, Ungarn, Rumänien und Bulgarien, die sämtlich unter faschistischen Regimes gestanden hatten. Neben der Bestätigung der Konditionen des Waffenstillstandsabkommens enthielt der Finnland ausgehändigte Friedensvertrag eine Klausel, die der finnischen Regierung auferlegte, ihren Bürgern alle demokratischen Rechte und Freiheiten zu garantieren. Selbst in Kriegszeiten waren die demokratischen Rechte und Freiheiten in Finnland in einem Maß gewahrt worden, das nur wenige der in Paris zu Gericht sitzenden alliierten Mächte hätten übertreffen können, am wenigsten natürlich die Sowjetunion. Solche zynische Mißachtung der wahren finnischen Situation vertiefte die Enttäuschung der finnischen Öffentlichkeit von der westlichen Politik. Erklärungen der ideologischen Solidarität unter Demokratien enthüllten sich als leere Rhetorik. Das finnische Volk wußte, daß es auf sich allein gestellt war. Indem die Finnen aus der Not eine Tugend machten, folgerten sie, daß es ihnen besser erging, wenn sie auf sich allein gestellt waren.

Urho Kekkonen tritt auf

Aristoteles zufolge darf man eine Grenzprovinz nie konsultieren, wenn es um einen Beschluß zur Kriegführung geht, weil ihre Bewohner vermutlich immer dazu neigen, ein Risiko für sich selbst zu vermeiden. Das enthält wohl den Kern einer zeitlosen Wahrheit, denn ähnliche Gedanken lassen sich in der finnischen Einschätzung der Position ihres Landes finden. "Als ein Vorposten der westlichen Allianz würde Finnland in einem Konflikt stets als erstes überrannt oder geopfert, wäre jedoch zu schwach, um Entscheidungen über Krieg und Frieden zu beeinflussen", sagte Urho Kekkonen 1943. Kekkonen, der später Präsident wurde, zog den Schluß, daß Finnland eine Politik der Neutralität verfolgen müsse, aber eine Politik, die anders als diejenige vor dem Krieg das Vertrauen der Sowjetunion gewinnen könne.

Zehn Jahre lang nach dem Zweiten Weltkrieg blieb die Neutralität ein unausgesprochenes Streben der finnischen Politik. Neutralität hatte keinen Platz in Stalins Sicht einer streng in zwei feindliche Lager geteilten Welt: Wer nicht für die Sowjetunion war, war gegen sie. Wegen der sowjetischen Truppen, die am Porkkala-Stützpunkt Wache standen, glich Finnland einem bedingt freigelassenen Häftling. Trotzdem schaffte es Finnland, eine Politik der Neutralität zu praktizieren, ohne darauf zu verweisen. Nachdem er die Einladung, dem Marshall-Plan beizutreten, mit der Begründung abgelehnt hatte, daß er zu einer Streitsache zwischen den Großmächten geworden sei, wurde Präsident Paasikivi im November 1954 mit einer Einladung des sowjetischen Außenministers Molotow zu einer europäischen Sicherheitskonferenz konfrontiert. Dem sowjetischen Vorschlag zufolge bestand ihr Zweck darin, ein europäisches Sicherheitssystem zu schaffen, innerhalb dessen Deutschland vereint werden könnte. Die Einladung war an alle europäischen Staaten sowie an die Vereinigten Staaten und Kanada geschickt worden, aber es war sofort klar, daß der Westen sie ablehnen würde.

Die Welt beobachtete mit Interesse, auf welche Seite sich Finnland stellen würde. Die finnische Antwort war formal positiv: Ja, Finnland sei für ein europäisches Sicherheitssystem und würde gern an der Konferenz der von Moskau eingeladenen Staaten teilnehmen. Damit wurde nicht gesagt, aber impliziert, daß Finnland nur dann teilnehmen würde, wenn alle eingeladenen Staaten akzeptierten. Da diese Bedingung nicht erfüllt wurde, sandte Finnland keine Delegation zu der Moskauer Konferenz, was - wie sich herausstellte - der erste formale Schritt zur Gründung des Warschauer Pakts war.

Eine weitere Feuerprobe für Finnland war die deutsche Frage. Der Westen behauptete, die Regierung der Bundesrepublik sei die einzige legitime Vertretung des gesamten deutschen Volks, während die Sowjetunion darauf beharrte, daß zwei getrennte souveräne deutsche Staaten existierten. Wer nur die Bundesrepublik anerkannte, akzeptierte den westlichen Anspruch; wer zwei deutsche Staaten anerkannte, schlug sich auf die Seite der Sowjetunion und riskierte wirtschaftliche Vergeltung vom Westen. Finnland löste das Problem auf eine in der Geschichte der internationalen Beziehungen wahrscheinlich präzedenzlose Weise; es erkannte weder die Bundesrepublik noch die Demokratische Republik an. Statt diplomatischer Beziehungen unterhielt sie in beiden Staaten Handelsmissionen, die in der Praxis wie Botschaften funktionierten. Keine Seite war mit diesem Arrangement zufrieden, aber beide akzeptierten sie. Für den Westen war der Punkt wichtig, daß Finnland es ablehnte, den ostdeutschen Staat anzuerkennen; die Ostdeutschen betonten den Umstand, daß Finnland beiden deutschen Staaten die gleiche Behandlung gewährte. Das Arrangement dauerte bis 1972, als der Westen die Existenz zweier deutscher Staaten anerkannte.

Durch solche Ausweichmanöver blieb die finnische Regierung blockfrei in einem geteilten Europa. Doch Finnland war noch nicht als neutraler Staat anerkannt, auch verwendete Präsident Paasikivi dieses Wort nicht, um Finnlands Position zu definieren. Er war sich des von der Porkkala-Basis geworfenen Schattens sehr bewußt.

Wieder einmal jedoch lieferte ein Umschwung in der Machtkonstellation des Kreml Finnland die Chance, sich zu befreien. Nach Stalins Tod erlangte Nikita Chruschtschow eine dominierende Position in der sowjetischen Führung, und er verlieh der sowjetischen Außenpolitik ein neues Aussehen. Nun war jeder, der nicht gegen die Sowjetunion war, ein potenzieller Freund. Er schloß Frieden mit Tito und hofierte Indiens Jawalharlal Nehru. Er gab China die sowjetischen Stützpunkte in Dairen und Port Arthur zurück. In Europa begann er die Schaffung einer neutralen Zone zwischen dem Warschauer Pakt und der NATO zu fördern. Als erstem Schritt stimmte er im Frühjahr 1955 als Ausgleich für Österreichs Verpflichtung zur Neutralität dem Abzug der sowjetischen Besatzungstruppen aus Österreich zu. Und im August 1955 erhielt Präsident Paasikivi ein Angebot, das er nicht ablehnen konnte: Die sowjetische Regierung war bereit, Finnland den Porkkala-Stützpunkt zurückzugeben, wenn Finnland zustimmte, die Gültigkeit des Vertrags von 1948 um weitere zwanzig Jahre zu verlängern. Indem er die sowjetische Militärpräsenz in den Staaten des Warschauer Pakts ignorierte, behauptete Chruschtschow dann, die Sowjetunion habe alle ihre ausländischen Stützpunkte aufgegeben, und er drängte die Vereinigten Staaten, das gleiche zu tun.

Im Westen wurde die Rückgabe von Porkkala als eine billige Geste verworfen. Offensichtlich hatte der Stützpunkt seinen Nutzen verloren. Durch seine Rückgabe hatte die Sowjetunion in Begriffen der globalen Machtbalance nichts eingebüßt.

Für Finnland hingegen war der Abzug der sowjetischen Truppen aus Porkkala im Januar 1956 ein Ereignis von tiefer Bedeutung. Hätte die Sowjetunion aggressive Pläne gegen Finnland gehegt, wäre Porkkala leicht für die Ausübung von Druck oder Erpressung zu nutzen gewesen. Indem er den Stützpunkt verließ, zeigte Chruschtschow, daß die Sowjetunion jetzt Finnlands Versprechen vertraute, seinen Teil des 1948 getroffenen Abkommens einzuhalten. Diese Konzession untermauerte Paasikivis These, daß die sowjetische Politik gegenüber Finnland defensiv sei und daß die Richtung, die er eingeschlagen hatte, der beste Weg sei, um Finnlands Unabhängigkeit zu sichern.

Die Rückgabe des sowjetischen Stützpunkts veränderte Finnlands internationale Position. Es gab 1955 eine offensichtliche Parallele zwischen dem sowjetischen Vorgehen in Österreich und in Finnland. Im Fall Österreichs stimmte Moskau dem Abzug seiner Besatzungstruppen unter der Bedingung zu, daß Österreich sich zur Neutralität verpflichtete; im Fall Finnlands ermöglichte es die Rückgabe des Stützpunkts den Finnen, Neutralität zu beanspruchen. Solange die finnische Regierung nicht die volle Kontrolle über ihr Territorium hatte, war sie nicht in der Lage gewesen, im Kriegsfall andere Staaten um die Respektierung ihrer Neutralität zu bitten. Die Entfernung des sowjetischen Stützpunkts öffnete den Weg zur internationalen Anerkennung von Finnlands Neutralität. Es entsprach Chruschtschows weiterreichenden Absichten, daß er als erster ausländischer Anführer Finnland einen neutralen Staat nannte. Das geschah auf dem Zwanzigsten Kongreß der sowjetischen Kommunistischen Partei im Februar 1956, einem Ereignis, an das man sich vornehmlich wegen Chruschtschows "geheimer" Rede erinnert, in der er Stalins Verbrechen enthüllte.

Damals trat Finnland auch dem Nordischen Rat bei, einer gemeinsamen Körperschaft der Parlamente der nordischen Länder, die das hauptsächliche Forum für wirtschaftliche und soziale Zusammenarbeit in der Region bildete. Obwohl Sicherheitsfragen nicht zu seinen Themen gehörten, hatte die formale Anerkennung von Finnlands Mitgliedschaft in der nordischen Familie einen wichtigen psychologischen Effekt auf das finnische Volk. Bezeichnenderweise erhob Chruschtschow keinen Einspruch. Zweifellos glaubte er, daß Finnland die anderen nordischen Länder in Richtung Neutralität beeinflussen werde.

Das berühmte Tauwetter in der sowjetischen Politik weckte große Erwartungen. Sogar Außenminister John Foster Dulles, der noch vor wenigen Jahren Neutralität eine unmoralische Position für eine freie Nation genannt hatte, war ganz für Neutralität auf der anderen Seite der Trennungslinie. In amerikanischen Kommentaren klang der Glaube an, das finnische Beispiel sende leise Signale der Hoffnung an die "gefangenen Nationen" Osteuropas. Wenn Finnland neutral sein konnte, ohne ein Risiko für die sowjetische Sicherheit darzustellen, warum nicht auch Ungarn oder die Tschechoslowakei oder Polen?

Offenbar stellte man sich auch in Moskau die Frage. In Gesprächen mit finnischen Anführern enthüllte Chruschtschow später, daß Molotow und andere Hardliner gegen den Abzug der sowjetischen Truppen aus Porkkala und aus Österreich opponiert hatten. Chruschtschows Kritiker verspürten bestimmt eine grimmige Genugtuung, als die Nachricht von der ungarischen Neutralitätserklärung in Moskau eintraf. Als sowjetische Panzer im Oktober 1956 die ungarischen Freiheitskämpfer zermalmten, verwandelte sich Chruschtschows Vision einer neutralen Trennzone zwischen der NATO und dem Warschauer Pakt in einen Alptraum. Die Ost-West-Beziehungen froren wieder ein. Aber inzwischen befand sich Porkkala sicher in finnischer Hand.

Es steckte jedoch mehr hinter dem sowjetischen Porkkala-Schachzug, als man auf den ersten Blick sah: ein Komplott innerhalb eines Komplotts. Die Rückgabe des Stützpunkts diente nicht nur als Beweis für den sowjetischen Wunsch nach Frieden mit dem Westen, sondern außerdem als Mittel, um die politische Karriere Urho Kekkonens zu fördern, der damals Premierminister und Kandidat der Agrarpartei für die Nachfolge von Präsident Paasikivi war. Die Wahlen sollten im Februar 1956 stattfinden, und die sowjetische Diplomatie unternahm jegliche Anstrengung, um Kekkonen als eine Schlüsselfigur bei den Verhandlungen über die Rückgabe des Stützpunkts zu präsentieren. Sie prägte das Schlagwort der "Paasikivi-Kekkonen-Linie", um die finnische Außenpolitik zu beschreiben. Kekkonen selbst bezeichnete sich im Wahlkampf als den Mann, der am besten geeignet sei, Paasakivis Rolle als Garant guter Beziehungen zur Sowjetunion zu übernehmen. Und er wurde gewählt, obwohl mit dem knappsten möglichen Ergebnis - 151 gegen 149 Stimmen im Wahlmännerausschuß.

Die sowjetischen Bemühungen, die finnische Präsidentschaftswahl zu beeinflussen, deckten ein Paradox im Zentrum des Kreml auf. Theoretisch sollten sich die sowjetischen Anführer von den wissenschaftlichen Wahrheiten des Marxismus-Leninismus leiten lassen, denen zufolge die Politik von den unpersönlichen Kräften des Klassenkampfs bestimmt wurde; in der Praxis vertrauten sie persönlichen Beziehungen. Innerhalb der Sowjetunion basierte die Macht auf einem komplizierten Gewebe persönlicher Loyalitäten, einem Erbe der russischen Tradition, und in ihrem Umgang mit anderen Ländern tendierten die sowjetischen Anführer dazu, ihr Vertrauen eher in Personen als in Institutionen zu setzen. Ohne Rücksicht auf ideologische Verwandtschaften schaute Moskau nach der Person aus, "mit der man Geschäfte machen konnte", wie Margaret Thatcher 1985 nach ihrer ersten Begegnung mit Mikhail Gorbatschow sagte: nach der Person, die ihren Teil eines wie immer gearteten Abkommens liefern konnte. In Finnland war dieser Mann zunächst Mannerheim, dann Paasikivi, beide Erzkonservative, und nach Paasikivi sollte es Kekkonen sein. Auch er war ein Mann, der sich fest auf die Bewahrung des finnischen demokratischen Systems verpflichtet hatte. Die finnische Verfassung gewährt dem Präsidenten weitgehende Vollmachten, einschließlich der Befugnis, die Außenpolitik zu bestimmen.

Um den Verdacht zu entkräften, er sei "weich gegenüber dem Kommunismus", sagte Kekkonen im September 1960, das finnische Volk werde an seinem Regierungssystem festhalten, selbst wenn der Rest Europas kommunistisch würde. Obendrein machte er diese Äußerung während einer Tischrede in der sowjetischen Botschaft in Anwesenheit von Nikita Chruschtschow, der gerade Helsinki besuchte. Doch der sowjetische Anführer behielt das letzte Wort. In diesem Fall, erwiderte er, würde Finnland einem Freiluftmuseum gleichen, wo die Sowjets ihre jungen Leute hinschickten, damit sie sähen, wie der Kapitalismus einmal war.

Der Wortwechsel erinnerte an die berühmte "Küchendebatte" 1959 zwischen Chruschtschow und dem US-Vizepräsidenten Richard Nixon in Moskau. "Ihre Enkelkinder werden unter dem Kommunismus leben", hatte Chruschtschow ausgerufen. Heute hört sich das alles nur noch drollig an. Damals jedoch berührte Chruschtschows Voraussage einen empfindlichen Nerv im Westen. Ein einflußreicher Sektor der Meinungsmacher tendierte dazu, die Verdienste der beiden rivalisierenden Systeme nach einem doppelten Standard zu beurteilen - die des Kapitalismus nach seiner gegenwärtigen Leistung, die des Kommunismus nach seiner Verheißung einer besseren Zukunft. Der sowjetische "Sputnik" und die vermutete "Raketenlücke" zwischen den Vereinigten Staaten und der Sowjetunion hatten das Selbstvertrauen des Westens erschüttert. Kekkonen zitierte gern, was CIA-Chef Allen Dulles ihm im Oktober 1961 bei seinem Besuch in Washington erzählt hatte. Dulles hatte den ideologischen Wettstreit mit einem Ringkampf zwischen einem alternden, durch seine Erfolge weich und fett gewordenen Champion und einem mageren und hungrigen Herausforderer verglichen. Kekkonen schien diese Einschätzung zu teilen.

Obwohl Kekkonen sich als den Erben der Politik Paasikivis darstellte, waren die beiden Männer in fast jeder Hinsicht verschieden. Als Mitglied des konservativen Establishments hatte Paasikivi das öffentliche Amt als selbstverständlich betrachtet. Er war nie Kandidat in einer parlamentarischen Wahl, und bei der Präsidentschaftswahl von 1950 stand sein Sieg von vornherein fest. Er war ein Mann des neunzehnten Jahrhunderts, in der Historie verankert und mit einer Bismarckschen Sicht der Natur der Staatskunst.

Urho Kekkonen, 1900 in einer Blockhütte (wörtlich) geboren, war der Sohn eines Vorarbeiters bei einer Holzhandlung in der äußeren Region des finnischen Nordostens. Seine Lebensgeschichte personifizierte die Kämpfe der finnischen Nation im zwanzigsten Jahrhundert. Er machte seinen Weg durch die Universität und bestritt 1937 seinen ersten Wahlkampf als Kandidat der Agrarpartei. Bis ans Ende seiner Tage betrachtete er sich als Anwalt der Armen gegen die Privilegierten. Aber er war ein Nationalist, kein Sozialist. Soziale Gerechtigkeit und Gleichheit waren ihm

Mittel, die finnische Nation so zu stärken, daß sie als unabhängiger Staat überleben konnte. Ein starker Staat war notwendig, um die Ressourcen des Landes zu entwickeln und potenzielle Konflikte zwischen verschiedenen Gruppen im Interesse der nationalen Einheit zu lösen. Doch ein Studienjahr in Nazideutschland heilte ihn von jeglicher Tendenz zu totalitären Methoden. Nach seiner Heimkehr verfaßte er eine Schrift mit dem Titel *Die Selbstverteidigung der Demokratie*, in der er für strengere Maßnahmen gegen Extremisten sowohl auf der Rechten wie auf der Linken eintrat. Nach seiner Ernennung zum Innenminister 1937 verbot er die rechtsgerichtete IKL-Bewegung, verlor aber seinen Prozeß vor Gericht. Das machte ihn so umstritten, daß er für die zu Kriegsbeginn gebildete nationale Allparteienkoalition nicht in Frage kam.

Als ein frustrierter Außenseiter gehörte Kekkonen zu den wenigen Parlamentsmitgliedern, die im März 1940 gegen den Friedensschluß stimmten. Er argumentierte, Finnland hätte das Hilfsangebot von Britannien und Frankreich akzeptieren und weiterkämpfen sollen. Als er später die Wahrheit über die anglo-französische Expeditionstruppe erfuhr, war er bitter enttäuscht. Sein Gefühl, daß der Westen Finnland im Stich gelassen hatte, färbte lange Zeit seine Anschauung. Im Juni 1941 unterstützte Kekkonen enthusiastisch den Krieg gegen die Sowjetunion, doch nach der deutschen Niederlage in Stalingrad im Winter 1942/43 erlebte er eine Art politischer Bekehrung. Er begriff, daß sich Finnland zum Schutz vor den Sowjets weder auf den Westen noch auf Deutschland verlassen konnte und daß die Nation deshalb mit den Realitäten der Macht zurechtkommen und einen Weg finden mußte, um in Freundschaft mit der Sowjetunion zu leben. Das war keine originäre Idee: Die Regierung war ungefähr zur gleichen Zeit zum gleichen Schluß gelangt. Aber frei von der Regierungsverantwortung konnte Kekkonen diese Linie mit kompromißloser Konsistenz vertreten und sich so am Ende des Kriegs als führender Advokat einer fundamentalen Umorientierung der finnischen Politik etablieren.

Unter Finnlands Nachkriegspolitikern ragte Urho Kekkonen als eine gewaltige Persönlichkeit hervor. Er besaß erstaunliche intellektuelle Fähigkeiten und die physische Energie eines meisterlichen Athleten. Er inspirierte unbedingte Loyalität und Hingabe unter seiner großen Gefolgschaft, erregte aber auch bittere Feindschaft. In den Augen seiner Anhänger war er der einzige Mann, der Finnland ohne einen weiteren Krieg retten konnte. Seine Gegner nannten ihn einen Opportunisten, der einen faustischen Pakt mit dem Kreml geschlossen hatte, um seine persönliche Macht zu bewahren.

An dieser Stelle muß ich mein eigenes Interesse bekunden. Im auswärtigen Dienst war ich vom Anfang der 1960er bis zu meinem Rücktritt Ende 1974 einer von Präsident Kekkonens engsten Beratern, ein Ausführender seiner Politik, sein Sprecher und gelegentlich sein "Medien-Guru". Ich stehe wahrscheinlich bis zu einem gewissen Grad immer noch unter dem Bann seiner magnetischen Persönlichkeit, obgleich mich die heimlichen Methoden abstießen, die er anwandte, um die Macht zu erhalten und auszuüben. Ich kann nicht beanspruchen, ein kühler Historiker seiner Zeit zu sein.

Kekkonen begann nicht mit der persönlichen Autorität, die sein Vorgänger genossen hatte, und während seiner ersten Amtsperiode (1956 - 1962) wurde Finnland von einem internen Machtkampf erschüttert. Die Opposition behauptete, daß auch sie Paasikivis Politik unterstützt habe, aber sie traute Kekkonen nicht zu, sie im nationalen Interesse fortzuführen. Moskau jedoch trat unverhohlen für ihn ein. Der sowjetische Anführer Nikita Chruschtschow erklärte 1960 öffentlich, daß "jeder, der für Kekkonen ist, für Freundschaft mit der Sowjetunion ist und jeder, der gegen Kekkonen ist, gegen Freundschaft mit der Sowjetunion ist". Im Oktober 1961, im Vorfeld der finnischen Präsidentschaftswahlen, behauptete die sowjetische Regierung, die Berlin-Krise habe die Gefahr eines Kriegs in Nordeuropa heraufbeschworen, und schlug vor, daß Finnland und die Sowjetunion in Übereinstimmung mit dem Vertrag von 1948 militärische Beratungen abhalten sollten. Die sowjetische Initiative erschreckte das finnische Volk, sie erwies sich aber als ein Segen für Kekkonens Wahlkampagne. Er reiste in die Sowjetunion, um mit Chruschtschow zusammenzutreffen, und nach seiner Rückkehr konnte er verkünden, daß er den sowjetischen Anführer überredet hatte, seine Forderung fallenzulassen. Man glaubte weithin, Kekkonen habe das Land gerettet, und er wurde mit großer Mehrheit wiedergewählt. Bestand diese dramatische Krise in den finnisch-sowjetischen Beziehungen nur aus Spiegelfechterei und Rauch - einer Show, die veranstaltet wurde, um sicherzustellen, daß Kekkonen an der Macht blieb? Die Gelehrtenjury sucht immer noch Hinweisen in den sowjetischen Archiven.

Von 1962 bis zu seiner Abdankung aus Gesundheitsgründen im September 1981 dominierte Kekkonen das politische Leben Finnlands. Ich glaube, er war von seiner Mission als Retter der Unabhängigkeit des Landes überzeugt: keine ungewöhnliche Form der Megalomanie unter starken politischen Anführern. Ich dachte an Kekkonen, als ich Margaret Thatchers Memoiren las. Sie beschreibt, wie sie sich an Chathams berühmte Bemerkung erinnerte, als sie in die Downing Street Nummer 10 einzog: "Ich weiß, daß ich dieses Land retten kann und daß niemand sonst es kann." Mrs. Thatcher fügt hinzu: "Wenn ich ehrlich bin, muß ich zugeben, daß mein Hochgefühl aus einer ähnlichen inneren Überzeugung stammte!" (7) Politiker mit einer Mission haben eines gemeinsam: Sie glauben, daß sie es der Nation schulden, an der Macht zu bleiben und alle zu diesem Zweck notwendigen Mittel einzusetzen.

Die logische Grundlage für Kekkonens Mission, wie er sie sah, war Finnlands exponierte Situation im Fall eines neuen europäischen Kriegs. Er war überzeugt, zumindest während der ersten zwei Jahrzehnte des Kalten Kriegs, daß ein Konflikt zwischen Ost und West wahrscheinlich, wenn nicht sogar unvermeidlich sei. Ich erinnere mich an die Reaktion des Präsidenten auf dem Höhepunkt der Kuba-Krise 1962, als ich ihn mitten in der Nacht aufwecken mußte, um ihn von dem Beschluß der USA zu informieren, Kuba zu blockieren. Nach einer kurzen Pause sagte er: "Habe ich nicht schon immer gesagt, daß es irgendwo anfangen würde!" Wie es sich traf, reiste er am folgenden Morgen zu einem Staatsbesuch nach Frankreich, und bei ihrem ersten Treffen stimmte Präsident Charles de Gaulle völlig Kekkonens düsterer Analyse der kubanischen Situation zu. Beide Männer blühten in Krisen auf: Die Kriegsgefahr legitimierte ihren Führungsstil.

Weil ein dritter Weltkrieg die gesamte Existenz der Nation vernichten konnte, mußte Finnland Kekkonen zufolge sicherstellen, daß die sowjetischen Anführer den Finnen vertrauten, ihre Verpflichtungen aus dem Vertrag von 1948 zu erfüllen. Regierungserklärungen zur Außenpolitik reichten nicht aus. Wie John F. Kennedy es einmal ausdrückte: "Die Trennungslinie zwischen innen- und außenpolitischen Angelegenheiten ist wie eine ins Wasser gezogene Linie." Dementsprechend beharrte Kekkonen darauf, daß das finnische politische Leben als Ganzes dem Ziel untergeordnet werden müsse, das Vertrauen der sowjetischen Anführer zu gewinnen und zu erhalten. Immer wieder drängte er die Medien, seine Bemühungen zu unterstützen. Unter seiner Führung wurde Finnland zum Modell eines "Staats der nationalen Sicherheit".

Kekkonen kultivierte sorgfältig seine persönlichen Kontakte mit den sowjetischen Anführern. Der sichtbare Zugang zum Kreml war sein Hauptschlüssel zur Macht zu Hause. Gleich vielen anderen modernen Staatsmännern glaubte Kekkonen fest an den Zauber der persönlichen Diplomatie. Er verstand sich besonders gut mit Nikita Chruschtschow, mit dem ihn ein radikales Temperament und ein robuster Sinn für Humor verbanden. Es gibt keinen Zweifel, daß er Chruschtschow zu Konzessionen überredete, die andere Mitglieder der sowjetischen Führerschaft als exzessiv erachteten.

Kekkonens wichtigster Erfolg während seiner ersten Amtszeit bestand darin, Finnland in die Europäische Freihandelszone zu führen und gleichzeitig den profitablen bilateralen Handel mit der Sowjetunion beizubehalten. Am Ende der komplexen Verhandlungen in Moskau lud Kekkonen Chruschtschow und andere sowjetische Anführer, darunter Anastas Mikojan, das für den Außenhandel zuständige Politbüromitglied, zu einem Mittagessen in der finnischen Botschaft ein. Chruschtschow pries die zwischen den beiden Ländern erreichte Übereinkunft als ein Beispiel für die Bereitschaft der sowjetischen Regierung, auf die Interessen eines kleinen Nachbarn Rücksicht zu nehmen. Plötzlich wurde er von Mikojan mit dem Ausruf unterbrochen: "Selbst wenn der kleine Nachbar das Unmögliche verlangt?" Nach einem weiteren kurzen Wortwechsel sagte Chruschtschow seinem Kollegen, er solle den Mund halten. Der Vorfall gewährte einen Einblick in die inneren Spannungen, die wenige Jahre später zu Chruschtschows Sturz führten. Bei einem späteren Treffen mit Kekkonen gestand Chruschtschow ein, daß orthodoxere Mitglieder des Politbüros ihn kritisiert hätten, weil er "mit einem Anführer eines kapitalistischen Landes" zu freundschaftlich umgegangen sei.

Als er im Oktober 1964 von Chruschtschows erzwungenem Rücktritt und seiner Ersetzung durch Breschnew, Kossygin und Podgorny erfuhr, war Kekkonen sichtlich bewegt, doch er faßte sich bald wieder und sagte: "Ich hatte einen guten Freund in Moskau; wie ich es verstehe, habe ich jetzt drei." Von den dreien ersetzte Ministerpräsident Aleksej Kossygin nach einiger Zeit Chruschtschow als Kekkonens engsten Kontakt im Kreml. Fast jedes Jahr in den späten 1960ern und den frühen 1970ern verbrachten die beiden Männer mehrere Tage miteinander, um in irgendeinem entlegenen Teil der Sowjetunion zu angeln oder zu wandern.

Die Aufmerksamkeit, die sowjetische Anführer Kekkonen widmeten, ging offensichtlich weit über das Maß hinaus, das man für das Staatsoberhaupt eines kleinen Landes als normal erachtet hätte. Ich glaube, sie betrachteten ihn als einen freundschaftlichen Führer in die mysteriöse Welt des Kapitalismus. Für die Mitglieder der sowjetischen Elite allgemein wurde Finnland zu einem Testfeld, auf dem sie unbesorgt die Kunst üben konnten, mit Westlichen zurechtzukommen. Wie es sich fügte, war Finnland auch das beste Einkaufszentrum in der Nachbarschaft.

Kekkonen benutzte seine hochrangigen Kontakte, um die schwerfällige sowjetische Bürokratie zu umgehen und sicherzustellen, daß die sowjetischen Anführer seine Version der finnischen Politik aus erster Hand erhielten. Er benutzte vom KGB eingerichtete Seitenkanäle, um mit dem Kreml in Verbindung zu bleiben, wobei er oft die finnische Regierung und das Außenministerium über seine Abmachungen im Dunkeln ließ. Zweifellos vertraute er darauf, daß der Kreml seine Geheimnisse für immer bewahren würde. Nachdem heute die sowjetischen Archive teilweise geöffnet sind, gerät das trickreiche Spiel Kekkonens unter die Lupe finnischer Historiker. Aber er war davon überzeugt, daß seine Methoden die effektivsten im Umgang mit dem Kreml waren. Kekkonen wies zornig den Vorwurf zurück, er habe Finnlands Unabhängigkeit unterminiert, indem er den Sowjets einen Einfluß auf interne finnische Angelegenheiten zugestanden habe. Im Gegenteil, pflegte er zu sagen, sei die finnische Unabhängigkeit durch seine kluge Politik gesichert worden. Finnland könne sich nicht den Luxus selbstbefriedigender Gesten leisten, die vielleicht den mächtigen Nachbarn provozierten.

Das Dag-Hammarskjöld-Syndrom

“Die finnische Neutralität ist die Essenz meiner Lebensarbeit”, erklärte Präsident Kekkonen im November 1961. “Ich werde sie bis zu meinem letzten Atemzug verteidigen.” Einem Außenseiter mag eine solch leidenschaftliche Verpflichtung auf etwas, das man gemeinhin für eine Haltung kühler Absonderung hält, seltsam erscheinen. Aber für das finnische Volk klang sie damals überhaupt nicht seltsam. Kekkonen verlautbarte sein Statement im Schatten der Berlin-Krise. Moskau hatte soeben die finnische Regierung zu militärischen Konsultationen eingeladen, und man fürchtete weithin, daß dies nur ein Vorwand für einen sowjetischen Versuch war, die finnische Unabhängigkeit zu beenden. Kekkonens Schwur, die finnische Neutralität zu verteidigen, war seine Art, nein zu sagen. Er sagte “Neutralität”, aber jeder Finne verstand, daß er Unabhängigkeit meinte.

Neutralität impliziert immer die Ablehnung einer anderen Alternative. Die Position Schwedens während des Kalten Kriegs ist dafür ein Fallbeispiel: Indem es neutral blieb, sagte Schweden nein zur NATO. Daraus folgerte, daß die westlichen Mächte Schwedens Neutralität mit Unbehagen betrachteten, während die Sowjetunion sie pries. Wie Machiavelli es formulierte: “Wer nicht unser Freund ist, wird wollen, daß wir neutral bleiben, und wer unser Freund ist, wird verlangen, daß wir uns erklären, indem wir zu den Waffen greifen.” (8)

Es gab keine eineiigen Zwillinge unter den neutralen Ländern in Europa. Österreichs Weg zur Neutralität war einzigartig. Indem es sich für die dauernde Neutralität entschied, überredete Österreich die Sowjetunion, dem Ende der Besetzung zuzustimmen. Aus sowjetischer Sicht bedeutete die österreichische Neutralität im Effekt eine Verpflichtung, sich nicht mit Deutschland zu vereinen: kein zweiter Anschluß. Im Lauf der Zeit wurde Neutralität zum Teil der Identität Österreichs als separater Nation - separat mithin von Deutschland.

Finnlands Position unterschied sich fundamental von der anderer neutraler Staaten in Europa. Im formalen Sinn bestand der Unterschied darin, daß es einen Sicherheitsvertrag mit der Sowjetunion hatte, während die anderen neutralen Staaten keine solchen Vertragspflichten hatten. De facto wissen wir jedoch heute, daß Schweden insgeheim wohldurchdachte Arrangements mit der NATO getroffen hatte, um im Fall eines sowjetischen Angriffs militärische Hilfe zu erhalten. Im Gegensatz dazu war das unausgesprochene Ziel der finnischen Politik, unter allen Umständen die Akzeptierung sowjetischer Militärhilfe zu vermeiden. Der wirkliche Unterschied zwischen den beiden Ländern war, daß sich Schweden implizit auf die Unterstützung der westlichen Gemeinschaft verlassen konnte, zu der es gehörte, während Finnlands Sicherheitspolitik von den ideologischen, kulturellen und wirtschaftlichen Bindungen des Landes an die westliche Welt getrennt werden mußte.

Die Neutralität zielte darauf ab, den latenten Konflikt zwischen Ideologie und Strategie zu lösen. Gleich der antiken Gottheit Janus trug Finnland zwei Gesichter. Für den Westen lautete die Botschaft: Wir sind neutral, also eine unabhängige Demokratie und kein sowjetischer Satellit. Aber wir müssen vorsichtig sein, macht uns deshalb das Leben nicht noch schwieriger, als es ist. Und für den Osten: Wir sind neutral; wir werden also nicht zu euren Feinden übertreten. Und wenn sie euch durch Finnland anzugreifen versuchen, werden wir uns selbst verteidigen, und wir können es - oder habt ihr das vergessen?

Die Verbesserung der Ost-West-Beziehungen nach der Kuba-Krise von 1962 eröffnete Finnland den Weg, sich von seiner ausweichenden Linie der Neutralität zu einer aktiveren Rolle auf der internationalen Bühne zu bewegen. Alle neutralen Länder strebten danach, die Welt zu überzeugen, daß ihre Politik nicht nur ein Mittel war, um ihre eigene Haut zu retten, sondern daß sie wirklich den höheren Interessen der internationalen Gemeinschaft diente. Ein neutrales Land ist in der Lage, solch nützliche Dienste zu bieten wie Vermittlungen oder Friedenstruppen, und es kann abgelegene Treffpunkte für die Anführer der Großmächte zur Verfügung stellen. Indem es sich als nützlich erweist, unterstreicht ein neutrales Land seine eigene Neutralität. Auf diese Weise schöpft ein neutrales Land gleich Narcissus Stärke aus seinem eigenen Bild. Jedes hofft, wie eine zweite Schweiz mit dem schützenden roten Kreuz auf den Landkarten der Strategen der Großmächte anerkannt zu werden.

Für Finnland hatte eine aktivere Politik einen spezifischeren Zweck. Sie war darauf angelegt, die westliche Skepsis zu überwinden, daß Finnland eine echt neutrale Position zwischen Ost und West bewahren könne, ohne zugleich Verdacht in Moskau zu erregen. Die Vereinten Nationen boten eine natürliche Arena für diese heikle diplomatische Übung. Um die Mitte der 1960er entdeckten die Supermächte die Nützlichkeit der Vereinten Nationen. Die sowjetischen Anführer waren besessen von einer vermeintlichen tödlichen Bedrohung durch Maos China, und sie suchten die stillschweigende Unterstützung der USA gegen "das gelbe Übel". Die Amerikaner waren mit dem Krieg in Vietnam beschäftigt; auch sie glaubten, China sei das hauptsächliche Hindernis des Friedens. Die Kuba-Krise hatte beide gelehrt, Konflikte in der Dritten Welt zu meiden, die außer Kontrolle geraten könnten. Die UNO hatte Mittel für das gemeinsame Management solcher Konflikte zur Verfügung. So stimulierte die Détente den Bedarf an der Art von Dienstleistungen, wie die neutralen Länder sie gern anboten. Als finnischer UNO-Botschafter von 1965 bis 1972 war es meine Aufgabe, darauf zu achten, daß Finnland seinen Teil an diesem Markt erhielt.

In der UNO arbeiteten die nordischen Länder eng zusammen. Diese privilegierte kleine Gruppe von politisch stabilen, sozial fortgeschrittenen, wohlhabenden Ländern, die keine großen internationalen Ansprüche durchzusetzen oder abzulehnen brauchen, die weder gegenwärtig noch in jüngerer Vergangenheit kolonial belastet sind und keine Rassenprobleme haben, repräsentiert Mäßigung und Rationalität in einer Organisation, die oft unter fanatischen oder neurotischen Kräften bebt: Modellmitglieder der UNO, wie Generalsekretär U Thant sie einmal genannt hat. Während des Kalten Kriegs steuerten die nordischen Länder zu fast jeder von der UNO unternommenen Friedensoperation militärisches Personal bei, und sie unterhalten immer noch permanente Ersatztruppen, um sofort einer Anforderung von Diensten zum Erhalt des Friedens folgen zu können. Aus ihren Reihen sind mehr Vermittler berufen worden als aus irgendeiner anderen vergleichbaren Staatengruppe.

Die nordische Verpflichtung zur UNO wird immer noch vom Dag-Hammarskjöld-Syndrom beeinflußt, wie man es nennen könnte. Der schwedische Diplomat Hammarskjöld, der von 1952 bis 1961 als UNO-Generalsekretär diente, personifizierte die nordische Vision einer rationalen Weltordnung. Obwohl man sich heute kaum noch an ihn erinnert, hält sein außergewöhnliches Bemühen, das Amt des Generalsekretärs in das eines autonomen Akteurs in der Weltpolitik zu verwandeln - ein Bemühen, das in politischem Scheitern und persönlicher Tragödie endete - eine immer noch relevante Lehre bereit.

Wie es dazu kam, daß Hammarskjöld 1952 zum Generalsekretär ernannt wurde, ist eine Geschichte reich an Ironie. Er hat das Amt nicht gesucht, und die ihn gewählt haben, hatten nicht die Absicht, ihn auf eine spektakuläre Karriere zu schicken. Die Großmächte waren damals der politischen Anmaßungen des ersten Generalsekretärs Tryggve Lie müde; sie wollten einen gesichtslosen Bürokraten, der das Sekretariat verwaltete, und Dag Hammarskjöld, ein neutraler Beamter aus dem neutralen Schweden, schien ihnen perfekt für die Rolle.

Eine Zeitlang konzentrierte sich Hammarskjöld, wie es von ihm erwartet wurde, auf seine administrativen Pflichten. Aber 1955 verlieh ihm seine erfolgreiche Initiative bei den Verhandlungen über die Freilassung von in China gefangengenommenen US-Piloten einen Geschmack der Unabhängigkeit in politischen Aktionen, und die Suez-Krise schleuderte ihn 1956 ins Zentrum der Weltbühne. Nach seiner Wiederernennung für eine zweite Amtszeit war Hammarskjöld 1957 bereit, ein revolutionäres Konzept der Rolle des Generalsekretärs vorzulegen. Nach seiner Auffassung sollte der Generalsekretär unabhängig handeln, um jedes "Vakuum" zu füllen, das die Mächte durch ihr Versagen geschaffen hatten, sich über Probleme zu einigen, die den Weltfrieden berührten. Da er keine Machtmittel zur Verfügung hatte, mußte er sich auf solch innovative Einfälle verlassen wie die UNO-Friedenstruppe im Suez, die Beobachter im Libanon und eine "Präsenz" in Laos.

Für wenige Momente in der Geschichte hatte der Generalsekretär tatsächlich einen autonomen Einfluß auf die Weltpolitik, indem er nach seinen eigenen Worten "das objektive Element im internationalen Leben" repräsentierte. Laut seinem Anspruch war die UNO "der hauptsächliche Wahrer der Interessen jener vielen Nationen, die sich als Mitglieder der internationalen Familie stark fühlen, die aber in der Isolation schwach sind". In seiner berühmten Zurückweisung von Chruschtschows Vorwürfen der Voreingenommenheit wies Hammarskjöld darauf hin, daß weder die Sowjetunion noch andere Großmächte die Vereinten Nationen zu ihrem Schutz brauchten, sondern "all die anderen". Den neuen Staaten, die aus der kolonialen Herrschaft hervortraten, bot Hammarskjöld die Dienste der UNO als Schild gegen räuberische Absichten der beiden rivalisierenden Blöcke an. (9)

Hammarskjölds letztes Jahr in der UNO kann man heute als eine Anstrengung betrachten, die Organisation von einem Organ der Zusammenarbeit zwischen souveränen Staaten in ein Instrument der kollektiven Verantwortlichkeit ihrer Mitglieder umzuformen - eine heroische Anstrengung, die zum Scheitern verurteilt war. Gewiß, man könnte überzeugend beweisen, daß Hammarskjöld unter dem Strich Neutralität zwischen dem Westen und Osten bewahrte. Aber es war ein Fehler zu glauben, daß die Regierungen der Großmächte ihn nach irgendwelchen abstrakten oder objektiven Kriterien beurteilen würden. Chruschtschow oder de Gaulle würden sich kaum sagen: "Diesmal war Hammarskjöld gegen uns, doch das ist nur fair, denn beim letztenmal war er auf unserer Seite." Sie beurteilten ihn in jedem konkreten Fall separat nach den politischen Konsequenzen seiner Aktionen. Als sich seine Aktionen im früheren belgischen Kongo (später Zaire, jetzt wieder Kongo) gegen die sowjetischen Interessen richteten, griff Moskau ihn an, und es half ihm nicht, daß Frankreich, Belgien und Britannien ebenfalls damit unzufrieden waren, was er dort tat. Die Großmächte waren nur bereit, ihn zu unterstützen, solange beide Seiten im Kalten Krieg von seinem Vorgehen profitieren konnten. Es war nie Sinn der Vereinten Nationen, die Handlungsfreiheit ihrer ursprünglichen Gründungsmitglieder einzuschränken.

Hammarskjölds Scheitern offenbarte die Grenzen der Nützlichkeit neutraler Vermittlungen in internationalen Konflikten. Sie nützen, wenn die Parteien eines Disputs den Willen haben, zu einer Regelung zu gelangen. Wenn es an solchem Willen mangelt, reicht die Art von Diensten, die die UNO bereitstellen kann, bestenfalls aus, zum Eindämmen des Konflikts beizutragen. Die UNO-Bemühungen im Nahen Osten sind ein Fallbeispiel dafür. Nach dem Sechs-Tage-Krieg 1967 wurde der schwedische Diplomat Gunnar Jarring zum Sonderrepräsentanten des Generalsekretärs ernannt - bezeichnenderweise lehnten die arabischen Staaten den Begriff Vermittler ab - , um den Parteien bei der Suche nach einer Regelung zu helfen. Er reiste geraume Zeit zwischen Jerusalem und den arabischen Hauptstädten hin und her, aber ohne Erfolg. Als Henry Kissinger jedoch auf der Szene erschien, begannen die Dinge sich zu bewegen. "Haben Sie keine Angst, daß Kissinger in Kairo das eine sagt und in Jerusalem das andere?" fragte ich meinen ägyptischen Kollegen. Er sah mich mitleidig an. "Natürlich tut er das", antwortete er. Kissinger war kein ehrlicher Makler. Er war ein Erzwinger der US-Politik, mit der Macht, entweder zu belohnen oder zu bestrafen. Ein jüngerer Fall ist natürlich Bosnien, wo schließlich die Anwendung von Gewalt notwendig war, um die Kämpfe zu beenden. In der Irak-Krise vom März 1998 schaffte es Generalsekretär Kofi Annan, eine Übereinkunft mit Saddam Hussein auszuhandeln, weil er durch die glaubwürdige Drohung von militärischen US-Aktionen unterstützt wurde.

Das sind Nachgedanken, die zur Zeit der Ost-West-Détente in den 1960ern nicht ausgesprochen wurden. Daß die neutralen Länder eine nützliche Rolle dabei spielten, die Konfrontation zwischen den beiden Militärblöcken zu mildern, war allgemein akzeptiert. Als die Kriegsgefahr nachließ, änderte sich das Meinungsklima in Europa. Da die Erinnerung an Stalins Terror verblaßte, erschien die Sowjetunion vielen Europäern nicht mehr als eine aggressive expansionistische Macht, sondern eher als ein Verteidiger der Stabilität; eine repressive Gesellschaft, aber weniger als zuvor; weniger entwickelt als der Westen, aber im Begriff, in den Bedingungen sozialer Sicherheit langsam ihren Lebensstandard zu erhöhen. Der Glaube an eine unvermeidliche Konvergenz der zwei Systeme gewann an Boden. Er wurde ermutigt durch die kommunistischen Parteien in Westeuropa, die anfingen, sich von der Stalinschen Gußform zu befreien.

Die kommunistische Spaltung

Auch in Finnland änderten sich die Haltungen. Nicht mehr alle Kommunisten wurden als Agenten einer fremden Macht oder als Advokaten einer gewaltsamen Revolution betrachtet. Eine Mehrheit unter den Kommunisten selbst trachtete verzweifelt danach, sich als gute Finnen und Demokraten zu beweisen.

Im Jahr 1966 beschloß Präsident Kekkonen, ihnen eine Chance zu geben. Nach achtzehn Jahren in der Opposition wurde die Kommunistische Partei als Partner in einer Koalitionsregierung mit der Sozialdemokratischen Partei und der Zentrumspartei (der früheren Agrarpartei) akzeptiert. In einer Rede im Februar 1967 erklärte Kekkonen, so wie die friedliche Zusammenarbeit in den internationalen Beziehungen eine wachsende Zusammenarbeit von Staaten mit unterschiedlichen gesellschaftlichen Systemen bedeute, so sollte es auch möglich sein, intern mit den Kommunisten im Geist eines friedlichen Wettstreits zwischen unterschiedlichen Ideologien zusammenzuarbeiten. Er wollte nicht die Ansicht akzeptieren, daß jeder fünfte Wähler als unpatriotisch zu betrachten sei. Die Kommunisten als Ausgestoßene zu behandeln könne sie nur in tiefere Feindseligkeit treiben. Die Zeit sei gekommen, sagte Kekkonen, die Kommunisten in die finnische Gesellschaft "zu integrieren". Dies sei nur zu erreichen, indem man ihnen erlaube, gleichberechtigt mit den anderen Parteien am politischen Leben teilzunehmen.

Kekkonen glaubte damals an die Konvergenz. Er schrieb 1963 in einem Brief: "Ich bin weder Hegelianer noch Marxist, aber ich glaube wirklich, daß der historische Trend zu einer Synthese geht, die den gegenwärtigen Kampf (zwischen den zwei Systemen) ersetzt." Seine Analyse sah den Aufstieg der Richtung innerhalb der kommunistischen Bewegung voraus, die später als "Eurokommunismus" bekannt wurde. Doch seine Öffnung zur Linken erregte in Finnland wie im Westen Argwohn. Nur wenige westliche Beobachter wollten Kekkonens Annahme teilen, daß die Kommunisten bereit wären, nationale Interessen an die erste Stelle zu setzen und die Regeln des parlamentarischen Spiels einzuhalten. Ominöserweise begrüßte Moskau den Eintritt der Kommunisten in die finnische Regierung. Die sowjetische Linie bestand zu der Zeit darin, daß sie die kommunistischen Parteien in Westeuropa ermunterte, aus ihrer Isolierung auszubrechen und sich in einer modernen Version der Volksfront zu anderen "friedensliebenden Kräften" zu gesellen. Das sah nach einem Manöver aus, um die westliche Einheit von innen zu unterhöhlen. Der Eurokommunismus war nach dieser Sicht ein Trojanisches Pferd, mit dem die Feinde der NATO in die Regierungen solcher Länder wie Italien und Frankreich geschmuggelt würden; seien sie erst einmal drinnen, würden sie sich mit allen Mitteln an die Macht klammern.

Was tatsächlich geschah, hatten weder Kekkonen noch seine Kritiker vorhergesehen. Der Eurokommunismus begann die rigide Struktur Europas zu unterhöhlen - aber auf der östlichen Seite der Trennlinie. Der Prager Frühling zeigte, was Konvergenz in der Praxis bedeutete: eine Bewegung in nur eine Richtung, fort vom sowjetischen Modell. Die Besetzung der Tschechoslowakei durch Truppen des Warschauer Pakts im Herbst 1968 beendete für beinahe zwanzig Jahre alle Bemühungen, das sowjetische System von innen zu reformieren. Sie deckte auch die tiefen Risse in den Fundamenten der internationalen kommunistischen Bewegung auf.

George Kennan war zufällig an dem Tag in Helsinki, als die sowjetischen Panzer in Prag einrollten. Am nächsten Morgen lud Präsident Kekkonen ihn und mich zu einem Gespräch ein. Kennans Kommentar lautete, dies sei der Anfang des Endes der internationalen kommunistischen Bewegung. "Aber Finnland ist sicher", bemerkte Kekkonen, "weil wir kein Teil des sozialistischen Systems sind." Beide Aussagen erwiesen sich als richtig.

Die Besetzung der Tschechoslowakei enthüllte endgültig den Irrtum von Spekulationen, die westliche Kommentatoren oft anstellten, daß Finnland nämlich als Modell für eine tolerantere sowjetische Politik gegenüber ihren Satelliten dienen könnte. Henry Kissinger fragte zum Beispiel, ob Stalins Rückhaltposition in Osteuropa ähnlich für Finnland gelte. (10) De facto gehörten Finnland und Polen sowie die anderen Satelliten aus Moskaus Sicht in verschiedene Kategorien - kapitalistisch und sozialistisch; es gab zwischen ihnen keine Haltestelle auf halbem Weg. Wenn Polen "mehr wie Finnland" geworden wäre, hätte das die gesamte Machtstruktur in Osteuropa unterminiert. Deshalb mußte die Reformbewegung in der Tschechoslowakei gestoppt werden, weil sie sich sonst in die anderen Satellitenländer und schließlich sogar in die Sowjetunion selbst verbreitet hätte und sowohl zu Hause wie im äußeren Imperium die zentralisierte politische Kontrolle gefährdet hätte. Der Prozess wurde zwanzig Jahre später umgekehrt. Nachdem Gorbatschow die Reform in der Sowjetunion eingeleitet hatte, blieb ihm keine andere Wahl, als die Satellitenländer ihren eigenen Weg einschlagen zu lassen. Die Anwendung von Gewalt hätte ein Ende der Reform in der Sowjetunion selbst bedeutet.

In Finnland bewirkten die Ereignisse in der Tschechoslowakei unmittelbar eine tiefe Spaltung der Kommunistischen Partei zwischen den Dogmatikern, die darauf beharrten, die Sowjetunion könne nichts Falsches tun, und den Reformern, die glaubten, daß jede kommunistische Partei das Recht habe, in Übereinstimmung mit den nationalen Erfordernissen ihren eigenen Weg zu verfolgen. Die letzteren waren deutlich in der Mehrheit, doch die Sowjetunion unterstützte den Minderheitsflügel: Keine Stimmenzahl konnte die Sünde der Häresie aufwiegen.

Das Problem für Präsident Kekkonen war nicht, wie er die Kommunisten aus der Regierung drängen, sondern wie er sie bei der Stange halten und veranlassen konnte, die Verantwortung für unpopuläre wirtschaftspolitische Maßnahmen mitzutragen. Die Teilnahme an einer Koalitionsregierung zwingt zu Kompromissen, und der Kompromiß ist einer revolutionären Partei fremd. Die Dogmatiker fürchteten, ganz zu Recht, daß die fortdauernde Zusammenarbeit mit den anderen Parteien am Schluß zum Identitätsverlust führen und die Kommunistische Partei zu einem bloßen Anhängsel der Sozialdemokratie machen würde. Aber als einzige Alternative konnten sie nur den Rückzug in eine sterile Opposition anbieten. Das Dilemma war unlösbar; auf beide Weisen war die Partei zum Verlust an Einfluß und Unterstützung verurteilt.

Die von den finnischen Kommunisten in den 1970ern verfolgte Politik der Selbstzerstörung wurde sorgfältig von dem französischen Sozialistenführer François Mitterand beobachtet, wie ich merkte, als ich ihm 1978 in Paris begegnete. Indem er alle anderen Themen verwarf, befragte er mich eingehend danach, was mit den finnischen Kommunisten geschehen sei. Nach seinem Sieg bei den Präsidentschaftswahlen 1979 benutzte Mitterand effektiv das finnische Rezept, um die französische Kommunistische Partei zu spalten und zu schwächen.

Die Europäische Sicherheitskonferenz

Finnland war sicher, wie Kekkonen gesagt hatte, sicher vor dem Kommunismus. Jedoch, auf Umwegen berührte die Besetzung der Tschechoslowakei die Position Finnlands. Der Prager Frühling hatte den sowjetischen Anführern gezeigt, welche Art von Kräften die Détente innerhalb des sowjetischen Blocks selbst auszulösen vermochte. Die Antwort des Kreml bestand darin, sämtliche Löcher zu schließen. Für Finnland bedeutete das eine Revision der Politik, die Chruschtschow Mitte der 1950er eingeschlagen hatte. Die finnische Neutralität schien jetzt den osteuropäischen Ländern eine gefährliche Versuchung anzubieten. Im Jahr 1969 lehnte es die sowjetische Regierung ab, Finnland in einem gemeinsamen Kommuniqué als neutrales Land zu bezeichnen, wobei sie auf die Priorität des finnisch-sowjetischen Vertrags von 1948 pochte. Es folgte eine lang hingezogene Wortschlacht, gleich einem mittelalterlichen scholastischen Disput, ausgefochten zwischen den Offiziellen, die die heiligen Texte der diplomatischen Erklärungen entwerfen. Schließlich erreichte man einen gewundenen Kompromiß: Sowohl der Vertrag von 1948 wie Finnlands Politik der Neutralität wurden in einem einzigen Absatz erwähnt - in dieser Reihenfolge. In der Praxis änderte sich nichts Wesentliches, aber die Implikationen waren ominös. Finnlands künftige Position im europäischen System stand auf dem Spiel.

Der 1969 unterbreitete sowjetische Vorschlag, eine europäische Sicherheitskonferenz einzuberufen, wurde zur Feuerprobe für Finnland. Das sowjetische Ziel war klar: Der Zweck der Konferenz bestand darin, die durch den Zweiten Weltkrieg bewirkten territorialen und politischen Veränderungen zu legitimieren. Der Westen wurde aufgefordert, die sowjetische Version der Monroe-Doktrin zu ratifizieren. In sowjetischer Sicht war die ausdrückliche Akzeptanz des Status quo unerläßlich für die Sicherung des Friedens in Europa. Mehrdeutigkeiten in der westlichen Haltung gegenüber den Grenzen der Regimes in Osteuropa hielten die Hoffnung auf Veränderungen am Leben, und das brütete Unsicherheit. Die gefährlichen Konsequenzen hatte man 1956 in Ungarn und 1968 in der Tschechoslowakei gesehen. Stabilität war Moskau zufolge ein Schlüssel zu Frieden und Sicherheit und eine Vorbedingung zur Zusammenarbeit zwischen Ost und West.

Auch Finnland war für eine auf dem Status quo basierende Stabilität - vorausgesetzt, daß Finnlands Status als neutrales Land klar als Bestandteil des europäischen Systems anerkannt wurde. Es lag daher in unserem Interesse, den sowjetischen Vorschlag zu unterstützen. Das Problem war sicherzustellen, daß alle Beteiligten unsere Bedingung verstanden. Ich kann behaupten, eine Rolle bei der Lösung dieses Problems gespielt zu haben, denn der Beschluß der finnischen Regierung, eine eigene Initiative zu ergreifen und vorzuschlagen, daß die Sicherheitskonferenz in Helsinki stattfinden sollte, der einzigen europäischen Hauptstadt, in der beide deutsche Staaten gleichberechtigt vertreten waren, ging auf meine Idee zurück. Der finnische Vorschlag hatte auch zum Inhalt, daß die Vereinigten Staaten und Kanada zu der Konferenz eingeladen werden sollten. Das hatten die Sowjets damals noch nicht öffentlich zugegeben.

Die finnische Initiative diente einem doppelten Zweck. Der eine war, Finnlands unabhängige Position zu plakatieren; der andere, die finnische Politk gegenüber Deutschland festzunageln, das unter ständigem Druck von der sowjetischen Seite stand. In sowjetischen Augen war der finnische Schachzug ein Vorwand, gleich einer Guerilla-Aktion hinter ihren eigenen Linien, aber sie konnten nichts dagegen unternehmen, ohne ihre eigene Werbung für die Konferenz zu unterminieren.

Im Juli/August 1975 adoptierte die Konferenz für Sicherheit und Zusammanarbeit in Europa (KSZE) in Helsinki ihre Schlußakte. In finnischen Augen bildete die

Versammlung von 35 Staats- oder Regierungschefs in der finnischen Hauptstadt das große Finale der langen Bemühungen Finnlands, die internationale Anerkennung seines Status als neutralen Landes zu erlangen. Die finnische Neutralität, notierte Präsident Kekkonen, war somit fest in die europäische Struktur eingebettet.

Die generelle Bedeutung der Helsinki-Konferenz ist immer noch umstritten. Realisten im Westen taten sie als eine Show ohne Substanz ab, als bloßen Eiskunstlauf auf der harten Oberfläche der Realität, geplant, um den Westen so einzulullen, daß er seinen Schutz vernachlässigte und damit die wirkliche Grundlage für Frieden und Sicherheit schwächte - das Gleichgewicht der militärischen Macht. Vor kurzem hat eine gnädigere Sichtweise an Boden gewonnen. Die Helsinki-Konferenz, sagt man, hat die Saat der Freiheit innerhalb des sowjetischen Imperiums gesät. Zweifellos ermutigte das Kapitel über die Menschenrechte in der in Helsinki unterzeichneten Schlußakte Dissidenten in den Satellitenländern und sogar in der Sowjetunion selbst, aber es scheint ein Wunschdenken zu glauben, sie hätten eine wesentliche Rolle beim Zusammenbruch des sowjetischen Systems gespielt.

Der unmittelbare Effekt der Helsinki-Konferenz war jedenfalls ganz anders. Angesichts des westdeutschen Kanzlers Helmut Schmidt und des ostdeutschen Kommunistenführers Erich Honecker, die Seite an Seite als Wächter des heiligen Status quo saßen, war die Konferenz ein großer Triumph für die sowjetische Politik. Die Existenz zweier deutscher Staaten war endlich von der ganzen Welt anerkannt worden. Wie Außenminister Andrej Gromyko erklärt hatte, konnte keine wichtige internationale Frage mehr ohne die Teilnahme der Sowjetunion geklärt werden. Die sowjetischen Anführer glaubten offensichtlich, "die Korrelation der Kräfte" in der Welt habe sich entscheidend zu ihren Gunsten verlagert - eine Einschätzung, die unter westlichen Analytikern weithin akzeptiert wurde. Der respektierte US-Gelehrte Adam Ulam schrieb zum Beispiel 1976, daß "die Sowjetunion unter Breschnew die führende, wenn auch noch nicht dominierende Position in der Weltpolitik erreicht hatte".

Das Selbstvertrauen des Westens war durch die Ölkrise von 1973 zerrüttet worden. Westliche Gesellschaften litten unter Selbstzweifeln, Schuldgefühlen über die Vergangenheit und Pessimismus gegenüber der Zukunft. Im Gegensatz dazu schien die Sowjetunion für Stabilität und Ordnung zu stehen, voll Vertrauen in ihre Fähigkeit, unter Bedingungen der sozialen Gleichheit und Sicherheit ihren Lebensstandard stetig zu erhöhen. Für die Anführer vieler Länder in der Dritten Welt bildete die Sowjetunion ein überlegenes Modell des wirtschaftlichen Fortschritts unter sozialer Kontrolle wie auch eine Quelle militärischer Hilfe. Das ominöse Wachstum der militärischen sowjetischen Macht warf immer weitere Schatten. Auf der Helsinki-Konferenz akzeptierte Westeuropa mit Erleichterung eine europäische Regelung zu sowjetischen Konditionen und überließ es den Vereinigten Staaten, sich der Expansion von Einfluß und Macht der Sowjetunion in der Dritten Welt zu stellen.

Die in Helsinki unterzeichnete KSZE-Schlußakte erkannte ausdrücklich das Recht von Staaten an, die Neutralität zu wählen. Jedoch, für Finnland war die Schlußakte nicht das letzte Wort. Im Juli 1978 alarmierte der sowjetische Verteidigungsminister Dimitrij Ustinow während eines offiziellen Besuchs in Finnland seine Gastgeber, indem er eine Frage zur Diskussion stellte, die wenige Tage vor seiner Ankunft in der Zeitung des stalinistischen Flügels der finnischen Kommunistischen Partei aufgeworfen worden war. Das Blatt hatte angedeutet, da der Vertrag von 1948 die Möglichkeit gemeinsamer Aktionen zur Verteidigung von finnischem Territorium vorsehe, sei es sinnvoll, gemeinsame finnisch-sowjetische Militärübungen zur Vorbereitung auf eine derartige Eventualität zu veranstalten.

Jeder, der die finnische Politik einigermaßen verstand, hätte Ustinov sagen können, daß dies für Finnland völlig unakzeptabel war, und in der Tat lehnte Präsident Kekkonen es ab, das Thema überhaupt zu erörtern. Wie der finnische Verteidigungsminister später in seiner Antwort auf eine parlamentarische Anfrage klarstellte, schloß Finnlands Politik der Neutralität die Teilnahme finnischer Truppen an gemeinsamen militärischen Übungen mit einer fremden Macht aus.

Die finnischen Behörden spielten die Episode herunter: Schließlich war kein formeller Vorschlag unterbreitet worden. Doch das Rätsel bleibt im Raum. Warum prellte Ustinow, damals einer der mächtigsten Männer im Kreml, derartig vor, ohne vorherige Erkundigungen und auf eine Weise, die ein Durchsickern an die Presse geradezu garantierte, womit er sich selbst in die peinliche Lage versetzte, eine öffentliche Zurechtweisung hinnehmen zu müssen?

Eine Erklärung läßt sich vielleicht durch eine Analyse der generellen Richtung der sowjetischen Politik in den späten 1970ern finden. Im November 1976, achtzehn Monate vor Ustinows Besuch in Finnland, besuchte Breschnew Jugoslawien und präsentierte Marschall Tito eine Reihe von Vorschlägen, die darauf abzielten, Jugoslawien in eine militärische Kooperation mit der Sowjetunion zu ziehen. Auch in diesem Fall hätte ihm jeder kompetente Beobachter internationaler Affären sagen können, daß seine Vorschläge als unvereinbar mit Jugoslawiens Politik der Blockfreiheit abgelehnt würden, und das geschah tatsächlich. Im folgenden Jahr begann die Sowjetunion mit der Aufstellung von SS20-Raketen, was ernste Konsequenzen für ihre Beziehungen zu Westeuropa hatte. Im Jahr 1978, als Ustinow Finnland besuchte, wurden auf drei Inseln vor der japanischen Küste, die Japan als sein eigenes Territorium betrachtet, sowjetische Garnisonen eingerichtet - ein Akt, der die sowjetisch-japanischen Beziehungen auf Jahre hin einfror. Und ein Jahr später, Ende 1979, befahl die sowjetische Regierung den Einmarsch ihrer Truppen in Afghanistan - ein Zug, der voraussagbar den politischen Beziehungen der Sowjetunion sowohl zum Westen wie zu führenden asiatischen Ländern schweren Schaden zufügte.

Das sichtbar werdende Muster ist enthüllend. Jede der Aktionen, die ich erwähnt habe, hatte natürlich einen lokalen Hintergrund und Zweck. Aber sie hatten einen gemeinsamen Nenner: den Primat militärischer Ziele vor politischen Erwägungen in der sowjetischen Beschlußfassung. In jedem Fall scheint Breschnew auf die Stimme Seines Marschalls gehört zu haben. Passenderweise wurde Breschnew selbst vor seinem Tod in den Ehrenrang eines sowjetischen Marschalls erhoben, eine Geste, die seine vollständige Identifizierung mit der Militarisierung der sowjetischen Außenpolitik symbolisiert.

In diesem Licht wird Ustinows Verhalten 1978 in Helsinki wie auch das Breschnews 1976 in Belgrad verständlich. Der Zweck scheint gewesen zu sein, ihren

Eifer in der Förderung der Bestrebungen der militärischen Führerschaft zu demonstrieren und so die Linie festzulegen, hinter welcher die Ziele der Militärpolitik nicht mehr gewinnbringend verfolgt werden konnten. In Finnland wie in Jugoslawien wurden die sowjetischen Anträge einer militärischen Kooperation, nachdem sie einmal abgelehnt waren, nicht wieder erwähnt.

In den finnisch-sowjetischen Beziehungen markierte 1978 das Ende einer ungefähr zehn Jahre langen Periode, während der die sowjetische Politik stärker als zuvor von dem Ehrgeiz beeinflußt schien, Finnland enger an das sowjetische Militärsystem zu binden. Zu keiner Zeit zeigte sich die drängendere Werbung um Finnland in dramatischen Forderungen oder offenem Druck; es war eher wie eine unterirdische Strömung unterhalb der Oberfläche der offiziellen Politik. Das Bekanntwerden der Ustinow-Affäre setzte dem ein Ende. Vielleicht gebot Breschnew seinen Leuten mit den Worten von Zar Nikolaus I., Finnland als einen Nachbarn, der keine Unruhe gestiftet hatte, in Ruhe zu lassen. Nach dem Besuch Ustinows spürte man nicht einmal den Hauch eines Wunsches mehr aus Moskau, die finnisch-sowjetischen Beziehungen zu ändern.

Finnlandisierung

Die Höhen und Tiefen der finnisch-sowjetischen Beziehungen wurden manchmal wie in einem Zerrspiegel durch Veränderungen im westlichen Verhalten gegenüber Finnland reflektiert. Nachdem die westliche Meinung Finnland nach dem Zweiten Weltkrieg als dem Kommunismus anheimgefallen abgeschrieben hatte, betrachtete sie den finnischen Anspruch auf Neutralität zunächst mit der verlegenen Ungläubigkeit, mit der manche Familien die Rückkehr eines Soldaten begrüßen, der als im Felde vermißt und vermutlich tot gemeldet worden war. Da die finnischen politischen Anführer alle Differenzen mit der Sowjetunion klug herunterspielten, hatte ihr Anspruch auf Unabhängigkeit Probleme, den oft von westlichen Kommentatoren angewandten Dezibel-Test zu bestehen: Je lauter ein Land die Sowjetunion verdammte, desto größer war seine Unabhängigkeit.

Als die Beziehungen zwischen Ost und West sich in den 1960ern zu verbessern begannen, hatte es kurzfristig den Anschein, daß beide Seiten endlich ihre Zweifel an der finnischen Politik überwinden würden. De facto jedoch wurde die Détente auf beiden Seiten als eine Bedrohung der Kohäsion in den jeweiligen Allianzen angesehen. So wie Moskau Unbehagen an den Implikationen der finnischen Neutralität für Osteuropa empfand, so fürchteten westliche Kritiker der Détente, das finnische Beispiel könne westeuropäische Nationen zu der Einbildung verführen, daß es möglich sei, ohne den Schutz einer starken militärischen Allianz mit der Sowjetunion in Frieden zu leben. In Westdeutschland verbreitete der bayrische Anführer Franz-Joseph Strauß bei seiner Kampagne gegen Willy Brandts Ostpolitik ein neues politisches Schlagwort: Finnlandisierung!

Der Begriff ist als ein Prozeß definiert worden, durch den eine im Schatten eines militärisch mächtigen totalitären Staats lebende demokratische Nation allmählich der politischen Dominanz ihres Nachbarn erliegt und am Ende ihre innere Freiheit verliert. Dies ist natürlich das genaue Gegenteil dessen, was Finnland tatsächlich widerfahren war, einem Land, das Ende der 1960er größere Handlungsfreiheit genoß, als irgendjemand am Ende des Zweiten Weltkriegs geahnt hatte. Aber Finnlandisierung bezog sich nicht auf Finnland selbst. Es war keine Beschreibung einer historischen Realität, sondern die Warnung vor einem schlimmeren Schicksal als der nukleare Tod, das die Nationen Westeuropas erwarte, wenn sie töricht genug seien, den Russen zu trauen und ihren Schutz zu vernachlässigen. So widmete zum Beispiel der französische Schriftsteller Alain Minc in seinem Buch *Le Syndrome Finlandais* (1986) Finnland nur einen kurzen Absatz (11). Der Rest der 235 Seiten handelte vom Zustand Westeuropas. Indem es schweigsam blieb, schrieb er, sei Finnland in der Lage gewesen, seine Freiheit zu bewahren, weil es sich an den Westen lehnen konnte, Westeuropa jedoch - wenn von den Vereinigten Staaten im Stich gelassen - keine Wahl hätte, als sich der sowjetischen Erpressung zu beugen. Nach seiner Ansicht würde den hedonistischen, überprotektionierten Gesellschaften Westeuropas trotz ihres großen Reichtums und ihrer potenziellen kollektiven Macht einfach der Wille fehlen, ihre Verteidigung in einem Maßstab zu organisieren, der das Gleichgewicht der Kräfte in Europa erhielte. So formuliert war Finnlandisierung ein weiteres Symptom des Minderwertigkeitkomplexes, der in den 1970ern gleich einem blutenden Geschwür das Selbstvertrauen Westeuropas auszehrte.

Man glaubte, Finnlands “Politik des Schweigens” offenbare eine Beschränkung seiner Souveränität, einen Abschied vom Verfolg des nationalen Interesses. Natürlich war sie das genaue Gegenteil: ein Ausdruck des “sacro egoismo” der kleinen Nation, eine Zurückweisung der Forderungen nach ideologischer Solidarität. Indem sie sich der offenen Kritik an sowjetischen Verletzungen internationaler Gesetze oder der Menschenrechte enthielt, suchte die finnische Regierung die Menschenrechte finnischer Bürger zu schützen und die Integrität des finnischen Staats zu verteidigen.

Es gibt zahlreiche historische Präzedenzfälle einer derartigen Politik. Henry Kissinger hat einen davon in seinem Buch *A World Restored* beschrieben, einer Studie über die Bedingungen in Europa nach der Französischen Revolution und Napoleon. Ein im Krieg besiegter Staat, schrieb Kissinger, “muß vielleicht danach trachten, seine nationale Substanz durch Anpassung an den Sieger zu retten. Das ist nicht notwendigerweise eine heroische Politik, obwohl sie unter bestimmten Umständen die heroischste von allen sein kann. Zu kooperieren, ohne seine Seele zu verlieren... welch schwerere Prüfung der moralischen Festigkeit gibt es?” Das war die Politik Österreichs nach 1809:

Es ist eine Politik, die den heimischen Prinzipien der Pflicht eine seltsame Last auferlegt, denn sie kann nie durch ihre wirklichen Motive legitimiert werden. Ihr Erfolg hängt von ihrem Anschein der Aufrichtigkeit ab, von der Fähigkeit, wie Metternich einmal sagte, als der Gefoppte zu erscheinen, ohne es zu sein... In solchen Perioden werden der Schurke und der Held, der Verräter und der Staatsmann nicht nach ihren Taten unterschieden, sondern nach ihren Motiven. Auf welcher Stufe Kollaboration die nationale Substanz beschädigt, an welchem Punkt sie zum Vor-

wand für einen leichten Ausweg wird, das sind Fragen, die nur von Menschen gelöst werden können, die die Prüfung durchlebt haben, nicht durch abstrakte Spekulation. Kollaboration kann erfolgreich nur durch einen sozialen Organismus von großem Zusammenhalt und hoher Moral ausgeführt werden... (12)

Diese Passage beschreibt akkurat die moralische Rechtfertigung der finnischen Politik nach dem Zweiten Weltkrieg wie ebenso die schwächende Wirkung, die sie langfristiger ausübte. Für die Generation von Finnen, die den Krieg erlebt hatte, meine Generation, war "der Anschein eines Gefoppten, ohne es zu sein" ein Weg, um die Verteidigung des Landes mit anderen Mitteln fortzusetzen. Wir wußten, ohne daß man es uns sagte, welcher Art von Gegner wir gegenüberstanden: einem bösen Imperium. Wir begriffen instinktiv mit Wittgenstein: „Wovon man nicht sprechen kann, darüber muß man schweigen." Doch was wir als selbstverständlich ansahen, wurde nicht automatisch an die nächste Generation weitergegeben. Im Lauf der Zeit wurden soziale Kohäsion und Moral unterhöhlt. Schurken und Gefoppte unter den Politikern begannen Präsident Kekkonens Nebenkanal-Diplomatie zu imitieren, wobei sie sowjetischen Repräsentanten einen ungebührlichen Einfluß auf die finnische Innenpolitik gestatteten. In den 1970ern adoptierten viele führende Politiker einen doppelten Standard bei der Beurteilung internationaler Ereignisse. Doch die Gültigkeit eines politischen Konzepts wird durch menschliches Versagen bei seiner Durchführung nicht annulliert.

Die von den finnischen Medien praktizierte Selbstzensur wurde von westlichen Kritikern als besonders anstößig ausgesondert, als ob sie eine in anderen Demokratien unbekannte finnische Erfindung sei. De facto natürlich wird Selbstzensur in jeder Gesellschaft praktiziert, in der es keinen offiziellen Zensor gibt, der den Redakteuren mitteilt, was veröffentlicht werden darf und was nicht. Die Pressefreiheit macht jeden Redakteur zu seinem eigenen Zensor: Er muß selbst entscheiden, was "zum Druck geeignet" ist. Die Kriterien variieren von Land zu Land und ändern sich mit der Zeit.

Was passiert zum Beispiel, wenn ein wichtiger Staatsbesuch durch die Sendung eines Fernsehprogramms, das den distinguierten Gast wahrscheinlich beleidigen würde, verdorben zu werden droht? Der Ministerpräsident ruft den Direktor der Fernsehgesellschaft an und bittet ihn, das Programm abzusetzen, und der Direktor stimmt dem als patriotischer Mann zu. Genau das passierte in Britannien, als die Ankunft des Königs von Saudiarabien bevorstand und Premierministerin Magaret Thatcher entdeckte, daß die BBC einen Dokumentarfilm über Verletzungen von Menschenrechten im Land des Besuchers ausstrahlen wollte. Hätte der finnische Ministerpräsident ähnlich gehandelt, um einen sowjetischen Besucher zu besänftigen, wäre das von der Weltpresse als ein Beispiel der Selbstzensur hervorgehoben worden.

In Finnland galt es als selbstverständlich, daß ein verantwortlicher Redakteur darauf verzichtete, Material zu veröffentlichen, das dem nationalen Interesse schaden könnte. Bis vor kurzem war das US-Konzept von der Rolle der Medien als eines permanenten Gegners der Autorität für Finnland fremd. Die finnische Presse wurde im neunzehnten Jahrhundert geboren, als Journalisten Wege finden mußten, um die von russischen Zensoren verhängten Restriktionen zu umgehen, und das finnische Volk zwischen den Zeilen zu lesen lernte. Nach der Befreiung von russischer Herrschaft wurde die Selbstzensur ein notwendiges Element zur Verteidigung der nationalen Unabhängigkeit. Während der 1930er und des Zweiten Weltkriegs wahrte die finnische Presse große Diskretion im Umgang mit Material, das sich auf Deutschland bezog, und nach dem Krieg unterstützte sie loyal Präsident Paasikivis Bemühungen, das Vertrauen der sowjetischen Führerschaft zu gewinnen. Die Redakteure achteten darauf, der Politik des Überlebens keinen Schaden zuzufügen. Das war sicherlich die richtige Handlungsweise. Aber in den 1970ern ergriff der allgemeine Verfall der politischen Moral auch die Medien, was zu übertriebener Vorsicht in redaktionellen Kommentaren zur sowjetischen Politik führte und manchmal sogar in Reportagen über Vorgänge in der Sowjetunion. Heute bildet das alles Thema einer intensiven nationalen Debatte: Selbstkritik hat die Selbstzensur ersetzt. Die finnischen Medien sind "amerikanisiert" worden, ob zum guten oder zum schlechten.

Anschein und Substanz

Nachdem ich Ende 1974 den auswärtigen Dienst verlassen hatte, kritisierten meine Bücher und Zeitungsartikel die "Finnlandisierung" des finnischen politischen Lebens, einschließlich der zu weit gegangenen Selbstzensur; gleichzeitig jedoch verteidigte ich die finnische Politik gegen ausländische Kritiker. Nach meiner Auffassung hatte der Westen, nachdem er versagt hatte, Finnlands Demokratie zu unterstützen, als sie bedroht war, das moralische Recht verwirkt, eine Politik zu kritisieren, die darauf abzielte, das Überleben Finnlands als eines demokratischen Staats zu sichern. Aber wichtiger noch neigten ausländische Kritiker dazu, ein eindimensionales Bild Finnlands zu projizieren, indem sie nicht zwischen Anschein und Substanz unterschieden.

Ein wichtiger Aspekt der finnischen Politik während des Kalten Kriegs, der in der Finnlandisierung-Debatte fast völlig ignoriert wurde, war die Verteidigung. Offiziell bestand das Ziel von Finnlands Sicherheitspolitik darin, bei einem Ost-West-Konflikt in Europa Neutralität zu bewahren, aber ein bodenständigeres, unausgesprochenes Ziel war, die Kontrolle über das zu allen Zeiten in finnischen Händen befindliche Territorium des Landes zu behalten.

Moskau mußte überzeugt werden, daß es im sowjetischen Interesse lag, die Aufgabe der Verteidigung Finnlands den Finnen selbst zu überlassen. Präsident Kekkonens "präventive Diplomatie" war ein Teil dieses Überzeugungsstrebens. Der andere Teil war, eine glaubwürdige Verteidigung gegen einen möglichen Versuch von NATO-Truppen, die Sowjetunion durch Finnland anzugreifen, aufrechtzuerhalten. Der finnischen Interpretation des Vertrags von 1948 mit der Sowjetunion zufolge kam eine militärische Kooperation nur für den Fall in Frage, daß die finnische Neutralität scheiterte und finnisches Territorium vom Westen angegriffen wurde. Sogar dann sollte die Verantwortung für die Verteidigung Finnlands vorwiegend bei den Finnen selbst liegen, und sowjetische Hilfe würde nur angenommen, wenn sie nötig sei.

Solche Erklärungen wurden von westlichen Kritikern gewöhnlich als Wunschdenken beiseitegewischt. Bestimmt, sagte man, würden die sowjetischen Anführer sich nicht durch legale Feinheiten fesseln lassen. In einer kritischen Situation würden sie tun, was sie für nötig hielten, ohne Rücksicht darauf, was in dem finnisch-sowjetischen Vertrag geschrieben stand.

Wie auch immer, der Westen interessierte sich mehr dafür, was Finnland im Fall einer aggressiven Bewegung sowjetischer Truppen über finnisches Territorium nach Schweden oder Norwegen unternehmen würde. Die Frage wurde von Präsident Kekkonen beantwortet, als er 1965 Finnlands Nachbarn, insbesondere Norwegen, versicherte, daß Finnland nicht vertraglich gebunden sei, einer Aggression beizutreten, und daß es keinem anderen Land gestatten würde, finnisches Territorium zu einem aggressiven Zweck zu benutzen.

Doch Zweifel blieben, und im Januar 1983 fragte General Bernard Rogers, damals Oberbefehlshaber der NATO-Truppen in Europa, nach der Bereitschaft des finnischen Volks, sein Land zu verteidigen. Seine Bemerkungen enthüllten eine verstörende Ignoranz nicht nur über Finnland, sondern auch über die nationalistischen Strömungen in Ländern unter sowjetischer Dominanz. Man nahm an, daß die Polen oder Ungarn sich in einer Aggression gegen den Westen gehorsam mit den sowjetischen Truppen vereinen würden, daß das Volk der Tschechoslowakei, das seit Jahrhunderten nicht die Waffen gegen irgendeine Nation erhoben hatte, gegen seine Nachbarn stürmen würde oder daß die Ostdeutschen anfangen würden, im Namen einer Ideologie, die ihre Anziehungskraft verloren hatte, Westdeutsche zu töten.

Die Sowjets selbst schätzten die wahre Natur des Warschauer Pakts realistischer ein. Ein prominenter sowjetischer Diplomat sagte einmal auf einer spätabendlichen Sitzung: "Eine amerikanische Division plus eine deutsche Division ergibt zwei NATO-Divisionen; eine sowjetische Division plus eine polnische Division ergibt null Warschauer-Pakt-Divisionen."

General Rogers´ Bemerkung bewirkte eine unwillige Reaktion in Finnland. Ahnungslos hatte der General den Finnen einen Gefallen getan. Die von seinem Kommentar ausgelöste Debatte klärte die Luft. Die Zweifel, die er an die Öffentlichkeit gebracht hatte, wurden weitgehend zerstreut.

Niemand, der Finnland kannte, konnte an dem Willen des Volks zweifeln, sein Land zu verteidigen. In internationalen Meinungserhebungen, die in mehreren westlichen Ländern durchgeführt wurden, stellte man jungen Männern im militärfähigen Alter zwei Fragen: Waren sie bereit, ihr Land zu verteidigen, wenn ein Krieg ausbrach, und glaubten sie an die Fähigkeit der bewaffneten Kräfte, ihr Land zu verteidigen? Bei beiden Fragen war der prozentuale Anteil der bejahenden Antworten in Finnland am höchsten.

Die Erwiderung auf Fragen dieser Art ist kein Produkt intellektueller Analyse: Sie ist eine Reaktion aus dem Bauch. Das Selbstbewußtsein junger finnischer Männer erwuchs aus der kollektiven Erinnerung an Finnlands Erfolg bei seiner Notwehr im Zweiten Weltkrieg. Wie Tony Judt in seinem Essay über Europa, *A Grand Illusion?*, feststellt, sind Großbritannien und Finnland die zwei einzigen westeuropäischen Staaten, die aus dem Zweiten Weltkrieg mit einem achtbaren militärischen Leumund hervorgingen, der Ruhm verdient. (13)

Die Botschaft der Umfragen wurde durch die finnische Zahl der Wehrpflichtigen bestätigt. Während der ganzen Ära des Kalten Kriegs erfüllten mehr als 90 Prozent der zum Militärdienst herangezogenen jungen Männer jedes Jahr ihr Übungsprogramm. Das war ein höherer Prozentsatz als in jedem anderen westlichen Land. Dadurch verfügte Finnland über mehr als eine halbe Million ausgebildeter Reservisten. Die Armee war und ist auf die sogenannte territoriale Verteidigung vorbereitet - ein höfliches Wort für den Guerilla-Krieg. Da sich niemand ernsthaft vorstellen konnte, daß eine NATO-Armee aus Norwegen durch Schweden und Finnland zu einer Invasion der Sowjetunion marschieren würde, lag die Implikation der finnischen Verteidigungshaltung auf der Hand. Sie sollte klarstellen, daß ein Versuch, dem Land sowjetische "Hilfe" aufzuzwingen, entschiedenem Widerstand begegnen würde. Die finnische Armee hätte die sowjetischen Truppen nicht an der Grenze aufhalten können, aber sie hätte den Aufenthalt unerwünschter Gäste höchst unbequem gestalten können. Das war die Substanz hinter dem politisch korrekten Anschein von "Freundschaft, Zusammenarbeit und gegenseitiger Hilfe", wie im Vertrag von 1948 vorgezeichnet.

In konkreteren Begriffen lieferte der Fortschritt der finnischen Wirtschaft die reale Substanz für die Unabhängigkeit des Landes und markierte eine effektive Verteidigungslinie gegen den sowjetischen Einfluß. Hinter einem Rauchschleier politischer Erklärungen, zur Beruhigung der sowjetischen Führer angelegt, wurde Finnland Schritt für Schritt in das westeuropäische Wirtschaftssystem integriert.

Am Endes des Kriegs hatte niemand geglaubt, daß Finnland in weniger als drei Jahrzehnten mit Westeuropa gleichziehen würde. Um die Bevölkerung der verlorenen Provinz Karelien umzusiedeln, erließ das Parlament 1945 ein Gesetz, das aus 2,8 Millionen Hektar Land rund 142 000 neue Höfe schuf, zumeist durch Zwangskäufe. Im Resultat war Finnland das einzige OECD-Land, in dem die bäuerliche Bevölkerung nach dem Zweiten Weltkrieg anstieg. Fast die Hälfte der Gesamtbevölkerung - 47 Prozent - wurde immer noch von der Farm- und Forstwirtschaft getragen, während die entsprechende Zahl in Schweden 20, in Dänemark 24 und in Norwegen 27 betrug. Die Forstindustrie bestritt vier Fünftel aller Exporte. Finnland war somit ein Monokultur-Land und jeder Verlagerung auf dem internationalen Markt für Holz, Pulpe und Papier ausgeliefert. Der einheimische Markt war zu klein, um eine industrielle Expansion zu stimulieren, während der Zugang zu Außenmärkten durch die vielen Handelsbarrieren, die das Nachkriegseuropa teilten, eingeschränkt wurde.

Die erste Öffnung kam überraschend durch die von der Sowjetunion geforderten Kriegsreparationen. Auf der Teheraner Konferenz hatte Churchill 1943 Stalin davon abzubringen versucht, hohe Reparationen von Finnland zu verlangen, wobei er allerdings zugab, "die Finnen könnten ein paar Bäume fällen". Doch Stalin interessierte sich nicht für Bäume, von denen die Sowjetunion selbst mehr als genug hatte. Er beharrte darauf, daß zwei Drittel der als Reparationen abzuliefernden Güter aus Schiffen, Maschinen und anderen mechanischen Produkten bestehen sollten, die Finnland selbst für den eigenen Bedarf noch nie in genügenden Mengen produziert hatte, und nur ein Drittel aus Holz- und Papierprodukten. Um diese Forderung zu erfüllen, mußte Finnland seine Kapazität im Schiffsbau und in den mechanischen Industrien im beschleunigten Tempo verdoppeln, eine Aufgabe, die das ökonomische Äquivalent des Kriegs selbst war. Eine Mischung aus öffentlichen und privaten Unternehmen wurde gebildet, um die nötige industrielle Kapazität aufzubauen.

Die Zahlung der Kriegsentschädigung bewirkte einen Wandel in der Struktur der Industrie und damit auch im Muster des Außenhandels. Nachdem 1952 die Entschädigung bezahlt war, begann die Sowjetunion die Güter von Finnland zu kaufen, die sie bis dahin umsonst erhalten hatte. Es sah damals wie ein Dreh aus, um Finnland durch ökonomische Mittel zu absorbieren, und das mag tatsächlich Moskaus Absicht gewesen sein; in der unmittelbaren Nachkriegsperiode erregten die politischen Konsequenzen des Handels mit der Sowjetunion großes Unbehagen in Finnland. Zwischen 1948 und 1950 und wieder 1958 wurden Verzögerungen bei den Handelsgesprächen in Moskau als politisches Druckmittel eingesetzt. Aber als Finnlands Wirtschaft sich erholte, kehrten die Rollen sich um. Statt in das sowjetische Wirtschaftssystem hineingezogen zu werden, nutzte Finnland den rückständigen sowjetischen Markt zu seinem eigenen Vorteil, genau wie es am Ende des neunzehnten Jahrhunderts geschehen war.

Finnische Exporte von Fabrikprodukten wurden mit sowjetischen Lieferungen von Öl und Gas sowie einigen Rohmaterialien bezahlt. Bemühungen, die sowjetischen Exporte nach Finnland zu diversifizieren, hatten wenig Erfolg. Die Sowjetunion war einfach unfähig, Güter herzustellen, die auf dem finnischen Markt erfolgreich konkurrieren konnten. Die finnische Industrie eroberte ihrerseits einen geschützten Winkel des riesigen sowjetischen Markts, vor allem rund zwanzig Prozent der sowjetischen Schiffsimporte. Im allgemeinen waren finnische Exporteure auch in der Lage, bei ihren Geschäften mit den Sowjets hohe Gewinne zu erzielen. Ein weiterer Vorteil war, daß der Handel mit der Sowjetunion Finnland weniger anfällig gegen Zyklen im Weltgeschäft machte. Die durch die Erhöhung der Ölpreise in den 1970ern und 1980ern bewirkten Rezessionen hatten in Finnland einen umgekehrten Effekt. Als der Wert von russischen Ölexporten nach Finnland stieg, konnte Finnland mehr Güter in die UdSSR exportieren. So war der Handel mit Rußland im Effekt antizyklisch zum westlichen Handel.

Während der sowjetische Anteil an Finnlands Gesamtexporten vier Jahrzehnte lang mit durchschnittlich zwanzig Prozent jährlich bemerkenswert konstant blieb, erfuhr die Struktur von Finnlands Wirtschaftsbeziehungen zu Westeuropa einen tiefen Wandel. Nachdem es nein zum Marshall-Plan gesagt hatte, fiel Finnland zunächst in der wirtschaftlichen Entwicklung hinter Westeuropa zurück. Finnland entging nicht nur die direkte Dollarhilfe, es wurde zudem aus der Organisation für Europäische Wirtschaftliche Zusammenarbeit (OEEC), dem Vorläufer der heutigen

OECD, ausgeschlossen. Die finnische Politik mußte eine Menge Scharfsinn aufbringen, um auf Umwegen an dem fortdauernden Prozeß der durch die OEEC initiierten Handelsliberalisierung teilnehmen zu können. Nachdem zum Beispiel die OEEC-Länder für den freien Währungsverkehr untereinander die Europäische Zahlungsunion gebildet hatten, gründete Finnland 1957 seine eigene Zahlungsunion, den "Helsinki-Klub", dem sich alle OEEC-Länder anschlossen.

Finnland stand vor einem komplexeren Problem, als die sieben westeuropäischen Staaten 1959 angeführt von Britannien die Europäische Freihandelszone (EFTA) gründeten, um Zölle auf Industriegüter abzuschaffen und andere Handelsbarrieren zwischen ihren Mitgliedern zu beseitigen. Da Britannien zu der Zeit Finnlands größter Kunde war und zu den anderen EFTA-Mitgliedern einige von Finnlands hauptsächlichen Rivalen auf dem britischen Markt zählten, war es lebenswichtig für Finnland, der Gruppe beizutreten. Aber die Sowjetunion war strikt gegen die EFTA und die Europäische Wirtschaftsgemeinschaft (EEC), da sie beide für feindselige Organisationen hielt, die sowjetische Exporte benachteiligten.

Präsident Kekkonen versprach der sowjetischen Regierung zunächst, daß Finnland nicht der EFTA beitreten werde, handelte dann jedoch unter intensivem einheimischen Druck eine Übereinkunft aus, nach der die EFTA sich in einer Parallelorganisation Finnland zugesellte, was den vollen finnischen Zugang zu dem Freihandelsgebiet gewährleistete. Danach besänftigte er die Sowjets durch ein Abkommen, das sowjetischen Produkten den Zugang zum finnischen Markt unter gleichen Bedingungen wie EFTA-Produkten garantierte - eine Konzession, die keine praktische Bedeutung hatte, aber gegen die Prinzipien von GATT verstieß, dem Finnland als Mitglied angehörte.

Kekkonen täuschte im Effekt beide Seiten. Er kam damit durch, weil die Briten mit Unterstützung der USA bereit waren, gegenüber dubiosen finnischen Manövern ein Auge zuzudrücken, um sicherzustellen, daß Finnland im westlichen Kreis blieb. Zur gleichen Zeit wollte Chruschtschow, da er merkte, daß Kekkonen ein EFTA-Abkommen brauchte, um 1962 die nächste Wahl zu gewinnen, Finnland unter Kekkonens Führung als Schaufenster seiner Politik der Koexistenz behalten. Das Timing war günstig für Finnland; als 1961 Finnlands Übereinkunft mit der EFTA abgeschlossen war, saß Chruschtschow noch fest im Sattel und konnte seine Gegner in Schach halten.

Die Assoziation mit der EFTA, der 1972 ein Freihandelsabkommen für Industriegüter mit der EEC folgte, formte die finnische Wirtschaft um. Die Industrialisierung wurde beschleunigt, und die Exporte wurden diversifiziert, was die Abhängigkeit von der Forstwirtschaft reduzierte. Bis 1980 war die bäuerliche Bevölkerung auf neun Prozent gesunken und ging weiter nach unten.

Ein solch radikaler struktureller Wandel konnte nicht schmerzlos bewältigt werden. Als die Forstwirtschaft mechanisiert wurde, verloren viele Kleinbauern ihr zweites Einkommen und mußten eine neue Beschäftigung finden. An diesem Punkt bewies der 1954 von den vier nordischen Ländern - Dänemark, Finnland, Norwegen und Schweden - etablierte gemeinsame Arbeitsmarkt seinen Wert. Finnland konnte seine Beschäftigungslosen zu den westlichen Nachbarn schicken, hauptsächlich nach Schweden. Von 1966 bis 1970 zogen 125 000 Finnen zur Arbeit nach Schweden, während nur 42 000 nach Finnland zurückkehrten. In der Periode von 1976 bis 1980 emigrierten 66 000 nach Schweden, und 31 000 kehrten zurück. Anfang der 1980er hatte die finnische Wirtschaft sich stabilisiert, und von 1980 bis 1985 kehrten mehr Menschen aus Schweden nach Finnland zurück, als in die umgekehrte Richtung zogen.

Der Wandel in der Struktur der finnischen Wirtschaft hatte auch politische Konsequenzen, unter denen der Niedergang des Kommunismus am wichtigsten war. Die Partei hatte einen Großteil ihrer Unterstützung von armen Bauern mit wenig Pachtland im östlichen und nördlichen Finnland bezogen, die eher aus Protest gegen ihre Lebensbedingungen als aus marxistischer Überzeugung kommunistisch wählten. Anfang der 1970er wurden die kommunistischen Bastionen in ländlichen Gegenden rapide entvölkert. Das in den 1960ern und 1970ern nach skandinavischem Muster aufgebaute Wohlfahrtssystem beseitigte viel von dem Gefühl der Unsicherheit und Unzufriedenheit, das die kommunistische Bewegung beflügelt hatte. In städtischen Gegenden zerfaserte die traditionelle Subkultur der Arbeiterklasse mit ihren eigenen Zeitungen und Klubs durch die Verbreitung von Werten der Mittelklasse und des vorstädtischen Lebens. Ideen wie der Klassenkampf oder die Diktatur des Proletariats verloren für alle außer einer Handvoll Gläubiger ihre Bedeutung. Die Zahl der von den Kommunisten und ihren Verbündeten gehaltenen Parlamentssitze sank von 40 der insgesamt 200 im Jahr 1975 auf 27 im Jahr 1984. In der Wahl vom März 1987 stellten zum erstenmal zwei rivalisierende kommunistische Parteien Kandidaten auf. Das Resultat war ein weiteres Sinken der kommunistischen Stärke. Die "eurokommunistische" Partei wurde auf 16 Sitze reduziert und die "Dogmatiker" auf vier.

Durch den wachsenden Wohlstand wurde die Lücke zwischen politischem Anschein und dem Leben der bürgerlichen Gesellschaft in Finnland noch breiter. Während die Politiker weiterhin ihre Wortspiele mit den Sowjets trieben, ging die bürgerliche Gesellschaft ihren eigenen Weg. In vieler Hinsicht - Lebensstil, Verbraucherverhalten, Mode, Fernsehunterhaltung, Urlaubsreisen - war Finnland von keinem anderen westlichen Land mehr zu unterscheiden. Ältere Finnen klagten, Finnland sei auf Kosten seiner traditionellen Verbindungen mit Deutschland und Frankreich "amerikanisiert" worden. In der Tat, dank großzügigen Stipendien-Programmen war der amerikanische Einfluß auf das finnische kulturelle Leben dominant geworden. Mehr als 90 Prozent der Schulkinder lernten Englisch als erste Fremdsprache. Deutsch und Französisch wurden vernachlässigt; Russischsprachige sind kaum zu finden.

Der politische Wandel hinkte hinterher. Obwohl seine Vitalität deutlich abnahm, ließ Kekkonen sich 1979 für eine weitere sechsjährige Periode wiederwählen. Aber im September 1981 ereilte ihn die Altersschwäche, und er mußte zurücktreten. Neuwahlen wurden für den Januar 1982 angesetzt. Das politische Establishment war tief besorgt: Wer konnte den Unersetzlichen ersetzen? Manche Politiker blickten nach Moskau um Anleitung, und Moskau hatte auch seinen bevorzugten Kandidaten. Doch die Wähler wollten keinen zweiten Kekkonen. Mauno Koivisto, der Kandidat der Sozialdemokratischen Partei, erhielt quer durch die Parteien starke Unterstützung. Er gewann eher durch seine Persönlichkeit als aus politischen Gründen.

Moskau nahm den Wechsel hin. Wieder einmal war das Timing richtig. Die Sowjetunion befand sich in der Defensive. Die Invasion Afghanistans war schiefgelaufen, und Präsident Ronald Reagans Politik der Wiederaufrüstung stellte eine wirtschaftliche und technologische Herausforderung dar, der das sowjetische System unmöglich begegnen konnte. Stagnation war das Wort, das immer häufiger benutzt wurde, um den sowjetischen Zustand zu kennzeichnen. Die beste Hoffnung Moskaus war, seine Beziehungen zu Finnland auf einem stabilen Kurs zu halten. Das paßte den Finnen gut. Stagnation in der Sowjetunion bedeutete Frieden und Wohlstand für Finnland.

Der andere Nachbar

Die einseitige Beschäftigung mit den finnisch-sowjetischen Beziehungen drohte die profunde Wichtigkeit Schwedens für Entwicklungen in Finnland zu verdunkeln. Anders als die politisch motivierten sowjetischen Bemühungen war und ist der Einfluß Schwedens Teil der Interaktion zwischen zwei offenen Gesellschaften, die durch zahllose Bindungen und Interessen miteinander verflochten sind. Wie zwei nach langer Ehe geschiedene und von Kräften jenseits ihrer Kontrolle auseinandergerissene Völker haben Finnen und Schweden ein komplexes Verhältnis von gemeinsamen Werten und scharf unterschiedlichen Erfahrungen. Sie sind eng verbunden durch ihr gemeinsames rechtliches, religiöses und kulturelles Erbe: durch unzählige Familienbande; durch wachsende wirtschaftliche Unabhängigkeit; durch den Gebrauch des Schwedischen als Sprache der Kommunikation zwischen Finnen und Schweden; und durch die gegenwärtige Existenz einer großen finnischsprachigen Minorität in Schweden. Doch die geopolitische Teilung zwischen Finnland und Schweden und die dadurch verursachten zwei Jahrhunderte der Trennung haben in beiden Ländern tiefe Spuren hinterlassen.

Am Ende des Zweiten Weltkriegs fühlte sich ein Finne auf Besuch in Schweden verlegen und gereizt wie ein verarmter und schäbiger Vetter vom Land, den man in das Haus eines reichen und vornehmen Verwandten eingeladen hat; aber gleichzeitig blickte er mit dem seltsamen Gefühl der Überlegenheit, das diejenigen gegenüber ihren glücklicheren Nachbarn empfinden, die gelitten und überlebt haben, auf seinen Gastgeber herab. Nach finnischer Auffassung hatte Schweden Finnland im Stich gelassen und sich selbst bereichert, während Finnland gegen den gemeinsamen Feind kämpfte. In den entscheidenden Wochen vor dem Winterkrieg hatte das Schlagwort "Finnlands Sache ist unsere" lauten Widerhall in Schweden gefunden, und Manifestationen der Solidarität und Unterstützung hatten den Eindruck erweckt, Schweden würde Finnland zu Hilfe kommen. Aber in vertraulichen Gesprächen zwischen den beiden Regierungen wurde unmißverständlich klargestellt, daß Schweden nicht in den Krieg ginge, wenn Finnland angegriffen würde. Nach

Begriffen des internationalen Rechts war Schweden während des Winterkriegs nicht neutral; es ließ eine Truppe von 8000 Freiwilligen an der Ostfront kämpfen und leistete Finnland materielle Hilfe. Doch diese Art Unterstützung, obgleich wertvoll, wog wenig auf der emotionalen Waage.

Die allgemeine finnische Überzeugung war, daß Finnlands erfolgreicher Widerstand auch Schweden rettete. Wäre Finnland 1940 von der Sowjetunion erobert worden, hätte Schweden 1941 kaum seine Neutralität wahren können - nicht wegen einer sowjetischen Absicht, weiter vorzurücken, sondern weil Hitler Schweden statt Finnland als Aufmarschgebiet für seine Invasion der Sowjetunion gebraucht hätte.

Nach dem Krieg unterstützte die schwedische Politik Finnlands Unabhängigkeit, aber auf taktvolle Weise, um Finnlands Schwierigkeiten im Umgang mit der Sowjetunion nicht noch zu mehren. Als die Amerikaner behaupteten, es sei unmoralisch für Schweden, sich von der gemeinsamen Verteidigung der freien Welt auszuschließen, spielten die Schweden ihre "finnische Karte": Sie argumentierten, indem Schweden neutral bleibe, helfe es Finnland, die Sowjets draußen zu halten. Man vermutete, daß die Sowjetunion ihre militärischen Positionen auf Finnland ausgeweitet hätte, wäre Schweden der NATO beigetreten. Sollte die Sowjetunion Finnland zu einer engeren militärischen Kooperation zwingen, deutete man weiter an, werde Schweden seine Politik der Neutralität überprüfen. Ob so oder so, wir werden es nie wissen. Die "finnische Karte" war eigentlich eher ein Alibi für die schwedische Neutralität als eine glaubwürdige Abschreckung vor einem möglichen sowjetischen Marsch gegen Finnland.

Als Finnlands Position sich stabilisierte und die finnische Neutralität immer weiter akzeptiert wurde, pflegte man allmählich die finnische und die schwedische Außenpolitik als parallel oder sogar identisch zu bezeichnen. Doch die geopolitische, obwohl verschwommene Teilungslinie wurde nicht ausradiert. In der Praxis unterschied sich Schwedens Neutralitätspolitik von der Finnlands. Ein maliziöser finnischer Diplomat definierte einmal den Unterschied so, daß Finnland im Kalten Krieg gute Beziehungen zu beiden Seiten zu unterhalten versuchte, während Schweden beide gleichmäßig beleidigte. Darin liegt etwas Wahres. Obwohl Finnland in Streitfragen zwischen dem Westen und der Sowjetunion ein niedriges Profil wahrte, zögerte Schweden nicht, beide Seiten zu kritisieren. Die Angriffe der schwedischen Regierung auf die US-Politik in Vietnam wurden so heftig, daß Washington für mehrere Jahre den US-Botschafter aus Stockholm abzog. In aller Fairneß sollte man darauf hinweisen, daß Schweden auch die sowjetische Besetzung der Tschechoslowakei schärfer als andere westliche Regierungen einschließlich der Vereinigten Staaten verurteilte.

Finnland war dieser schwedische Aktivismus manchmal unbequem. Sowjetische Diplomaten fragten etwa, warum Finnland nicht so energisch wie Schweden "für die Sache des Friedens kämpft". Aber in Washington sammelte man Punkte. Henry Kissinger pries unablässig Finnlands Zurückhaltung.

Das waren indes bloße Falten auf der Oberfläche der Dinge. Die reale Wirkung, die Schweden in den 1960ern und 1970ern auf das finnische Leben ausübte, lag im

Bereich der Sozialpolitik. Mit Schweden gleichzuziehen wurde zu einem nationalen Ziel, in dessen Verfolg alle Finnen ihre Kräfte vereinen konnten. Aber das hieß, nicht nur in der Schaffung von Reichtum mit Schweden gleichzuziehen, sondern auch in seiner Verwendung. In der zweiten Hälfte der 1960er fand unter Führung der Sozialdemokratischen Partei eine rapide Expansion des öffentlichen Sektors in Finnland statt. Man sagte, nur halb im Scherz, die schwedische Sozialgesetzgebung werde unverändert ins Finnische übersetzt und vom Parlament ratifiziert. Das Wachstum der öffentlichen Ausgaben dauerte im Tandem mit Schweden während der 1970er an und erreichte 1979 rund 40 Prozent des Bruttosozialprodukts. An diesem Punkt allerdings wurde der Trend in Finnland gestoppt, wiederum unter Führung der Sozialdemokraten, während er in Schweden weiterging und 60 Prozent des Bruttosozialprodukts erreichte. Die finnische Partei kehrte rechtzeitig um, ein Vierteljahrhundert vor Tony Blair.

Es existiert de facto ein fundamentaler Unterschied zwischen den Sozialdemokratischen Parteien in Finnland und Schweden, trotz ihrer engen Verbindungen. Abgesehen von kurzen Unterbrechungen waren die schwedischen Sozialdemokraten mehr als 60 Jahre an der Macht. Sie sind fest in den Gewerkschaften sowie in der zentralen Administration und der Kommunalverwaltung verankert. Als Resultat haben sie ein starkes Gefühl der politischen Unabhängigkeit entwickelt, wobei sie praktische Kompetenz in der Leitung der Staatsmaschinerie mit einer ideologischen Verpflichtung auf das Konzept des demokratischen Sozialismus oder der sozialistischen Demokratie vereinen - auf den "dritten Weg". Die finnische Partei hat bei Parlamentswahlen nach dem Zweiten Weltkrieg nie mehr 28 Prozent der Stimmen gewonnen, und sie mußte einen harten Strauß gegen die Kommunisten auf der Linken ausfechten. Die finnischen Sozialdemokraten mußten immer zu gleichen Bedingungen mit anderen Parteien kooperieren, was den Sieg des Pragmatismus über die Ideologie sichergestellt hat.

Es gab noch andere wichtige Unterschiede zwischen den beiden Ländern. Schweden lag bei der Internationalisierung von Industrie und Handel weit vor Finnland. Der industrielle Boom in den 1960ern schwemmte eine Flut von Fremdarbeitern ins Land. Schweden stand der Immigration weit offen: Heute besteht ein Achtel der schwedischen Bevölkerung, mehr als eine Million Menschen, entweder aus Immigranten oder Kindern von Immigranten. Im Gegensatz dazu bewahrt Finnland seine im neunzehnten Jahrhundert entstandene restriktive Haltung gegenüber der Einwanderung. Finnland bleibt geschlossen, gleich einem Igel.

Als Resultat sind Finnland und Schweden in vieler Hinsicht auseinandergewachsen. Die Schweden nennen sich stolz die Nummer eins der Welt im sozialen Liberalimus, was Fragen wie Abtreibung, Frauenrechte und die Einstellung zu sexuellen Minderheiten betrifft. Schweden war ebenfalls Vorreiter in der Förderung des Umweltschutzes, sowohl national wie international. Die finnische Gesellschaft war und ist konservativer, obgleich von dem schwedischen Beispiel beeinflußt.

Das schwedische Paradox der sozialen Utopie, kombiniert mit einem nüchternen Realismus in Handel und Industrie, wurde von Olof Palme verkörpert, dem

Führer der Sozialdemokratischen Partei und Ministerpräsident von 1969 bis 1976 und von 1982 bis 1986. Ich lernte ihn in den späten 1950ern kennen, als er Hauptassistent von Ministerpräsident Tage Erlander war. Erlander war ziemlich einmalig unter Politikern; indem er freiwillig zurücktrat, gab er Palme eine Chance. So war Palme Ministerpräsident, als ich 1972 zum Botschafter in Stockholm ernannt wurde.

Auch Palme war einmalig unter der gewöhnlichen Sorte von Politikern in den skandinavischen Ländern, aber in einem anderen Sinn. Er war in einer akademischen Familie der oberen Mittelklasse aufgewachsen und hatte eine kosmopolitische Erziehung genossen. Er sprach daher fließend Englisch, Deutsch und Französisch und interessierte sich intensiv für internationale Affären. Im Gegensatz zu seinen eher bodenständigen Kollegen in der Parteiführung empfand Palme eine leidenschaftliche Verpflichtung auf die sozialistische Ideologie und erlangte trotz seiner Herkunft eine dominierende Position in der sozialdemokratischen Bewegung, während Konservative ihn als Verräter seiner Klasse beschimpften.

In privaten Gesprächen lernte ich Palme als einen brillanten und realistischen Analytiker der Politik kennen - besonders internationaler Affären. Doch wenn er sich erhob, um im Parlament oder auf einer politischen Konferenz eine Rede zu halten, verwandelte er sich in einen Demagogen. Seine Vorliebe für Polemik verführte ihn oft zu Exzessen - zum Beispiel als er die US-Politik in Vietnam mit Nazi-Greueln verglich, was ihn eine Einladung nach Washington kostete. Er wurde als antiamerikanisch abgestempelt, doch de facto war sein politischer Stil eher amerikanisch als skandinavisch. Er hatte ein Jahr in den Vereinigten Staaten studiert, und in seiner Kampagne gegen den Vietnam-Krieg verwendete er Argumente und Schlagwörter, die er vom US-Campus mitgebracht hatte.

Eine traditionelle Politik der Neutralität genügte Palme nicht. Sein Ehrgeiz war, der Welt seinen Stempel als Anwalt der universalen Menschenrechte und der sozialen Gerechtigkeit in internationalen Beziehungen aufzudrücken: der auf die Weltszene transportierte dritte Weg. Aber wenn es um Schwedens nationale Sicherheit oder lebenswichtige wirtschaftliche Interessen ging, war Palme keine naive Taube. Wie wir heute wissen, arbeitete Schweden unter seiner Führung heimlich mit der NATO zusammen, um sicherzustellen, daß sein Land im Fall eines sowjetischen Angriffs auf den Empfang militärischer Hilfe vorbereitet war.

Wie Urho Kekkonen in Finnland rechtfertigte Palme seine offensichtliche Machtliebe mit idealistischen Gründen: Er brauchte Macht, um seine Mission zu vollenden. Doch um an der Macht zu bleiben, mußte er Abstriche an seinen ideologischen Überzeugungen machen. Darauf verurteilten ihn seine Kritiker doppelt: erstens, weil er ein Utopist sei, und dann, weil er ein Opportunist sei.

In seinem persönlichen Leben war Palme ein Vorbild der Bescheidenheit, fast asketisch. Ich lief ihm einmal am Stockholmer Flughafen über den Weg, wo er geduldig in einer langen Reihe von Passagieren stand, die auf ihr Check-in warteten. Er bestand darauf, mit seiner Frau und seiner Familie ein normales Privatleben zu führen. Keine Sicherheitsbeamten folgten ihm auf Schritt und Tritt: Wer brauchte sie denn im friedlichen Stockholm? Und so wurde Olof Palme am 28. Februar 1986 auf dem Heimweg mit seiner Frau von einem Kino im Zentrum der Stadt erschossen, und der Mörder entfloh in die Nacht. Dieses unerklärliche Verbrechen fügt einer Reihe von ungelösten Rätseln in der schwedischen Geschichte ein weiteres hinzu: Wer tötete Karl II? War der Tod des "Streichholzkönigs" Ivar Kreuger wirklich Selbstmord? Was ist die Wahrheit über Raoul Wallenbergs Tod? Wie starb Dag Hammarskjöld? Der Mord an Palme wird immer noch untersucht, aber inzwischen ist die Spur kalt.

Fünf Monate nach dem Mord starb der ehemalige Präsident Urho Kekkonen im Ruhestand. Die beiden Begräbnisse illustrierten die tiefe Kluft, die Finnland und Schweden trennt.

Die Beisetzung Olof Palmes wurde von der Sozialdemokratischen Partei, nicht vom schwedischen Staat organisiert. Das Rathaus von Stockholm, wo die Zeremonie stattfand, und die gesamte Route des Leichenzugs waren in rote Farbe getränkt - die Fahnen der Arbeiterbewegung. Die hauptsächliche Grabrede hielt der neue Parteiführer Ingvar Carlsson, und den zivilen Begräbnisakt vollzog der frühere Parteisekretär, Außenminister Sten Andersson. Der König von Schweden, der ganz hinten in der Reihe der geladenen Gäste saß, mußte warten, bis er als dritter Redner an die Reihe kam. Das Emblem der Vereinten Nationen bildete den Hintergrund des Sargs, und die UNO-Fahne wurde neben zwei roten Parteifahnen an der Spitze der Prozession getragen, seitlich davon nur eine einsame blau-gelbe schwedische Fahne. Zu den Rednern gehörte der UNO-Generalsekretär, gefolgt von dem indischen Premierminister Rajiv Gandhi und dem Vorsitzenden der Sozialistischen Internationale, Willy Brandt aus Deutschland. Die Symbolik war offensichtlich: Der ermordete Ministerpräsident wurde von der Partei, der Sozialistischen Internationale, den Vereinten Nationen und der Dritten Welt zum Grabe geleitet. Das Königreich Schweden, die Nation, der Staat spielten eine untergeordnete Rolle.

Auch Urho Kekkonen war auf manche Weise ein Radikaler gewesen, der Konventionen mißachtete, kein Kirchengänger. Aber als ehemaliger Präsident wurde er mit allen traditionellen Ehren beigesetzt. Das Beerdigungsamt wurde unter der Leitung des Erzbischofs in der lutheranischen Kathedrale von Helsinki gefeiert. Die Grabrede hielt der Präsident der Republik, und der Sarg wurde von acht ordengeschmückten Generälen getragen. Auch hier war die Botschaft klar: Die Republik, die Nation, das Vaterland werden weiterleben.

4 Integration

Im Jahr 1991 brach der östliche Koloß, wie 1917, auseinander. Haben wir das in Finnland kommen sehen? Von den Finnen glaubte man weithin, sie besäßen den Schlüssel zu dem, was Winston Churchill einmal das "in einen Schleier innerhalb eines Geheimnisses gehüllte Rätsel" nannte. Bezeichnenderweise schrieb der frühere deutsche Kanzler Helmut Schmidt in seinen Memoiren von 1990, die Finnen seien in ihrer Kenntnis der Vorgänge bei ihrem östlichen Nachbarn Westeuropa weit voraus gewesen. Als Beweis wählte er eine Analyse des Zustands der Sowjetunion aus, die ich 1984 geschrieben hatte. (1) Es wäre nun eine Genugtuung, Passagen aus meinem Text zu zitieren, die den Niedergang und Sturz des sowjetischen Imperiums voraussagten. Aber ich kann nicht einmal eine Spur davon finden. Ich kennzeichnete die Sowjetunion als einen Staat in der Stagnation, entschlossen, den Status quo zu bewahren. Ich schätze, Helmut Schmidt gefiel meine Analyse, weil sie damals mit seiner eigenen übereinstimmte. In einem Vortrag sagte er 1988 in Helsinki, die deutsche Einigung sei unvermeidbar - in 50 Jahren. Für Menschen, die jetzt leben, sind 50 Jahre ein Synonym für nie.

Keiner von uns Diplomten, Gelehrten, Journalisten oder Spionen kann behaupten, den plötzlichen Zusammenbruch der Sowjetmacht vorhergesehen zu haben. Wir zählten die Raketen und Gefechtsköpfe ohne angemessene Berücksichtigung des wirtschaftlichen und sozialen Kontexts der sowjetischen Militärmacht; wir beobachteten die Vorgänge im Kreml und ignorierten die Risse an der Basis der sowjetischen Machtstruktur.

Eine ehrliche Bewertung der Gründe für dieses massive Versagen der Aufklärung könnte uns für das nächstemal etwas lehren. Ein Grund, oder vielleicht eine Entschuldigung, ist der, daß in der Praxis Forschung und Aufklärung in den politischen Entscheidungsprozeß einfließen, während in der Theorie die Analyse eine unabhängige Funktion hat. Einschätzungen werden im Rahmen etablierter Konzepte oder Paradigmen getroffen, und im Lauf der Zeit bilden sich starke Interessen zur Verteidigung der Kontinuität. Wer etablierte Konzepte herausfordert, läuft Gefahr, als Spinner oder Utopist abgetan zu werden.

Als Ethnograph hatte Estlands Präsident Lennart Meri während der sowjetischen Periode das riesige Innere Rußlands kreuz und quer durchreist, um die überlebenden Reste der finno-ugrischen Gemeinschaften zu erforschen. In einem Interview sagte er 1996, er habe in den frühen 1980ern verstanden, was "40 000 gut bezahlte amerikanische Sowjetologen verkannten" - daß nämlich das sowjetische System in einem Teufelskreis, der unweigerlich zur Katastrophe führen mußte, Schulden auf Schulden häufte. Hatten die Finnen verstanden? fragte er. Als Antwort erzählte er von seinem ersten Besuch in Finnland 1974. Als erstes sah er von seinem Hotelfenster an die Wand gegenüber gesprühte Graffiti mit dem Aufruf: "Yankees, raus aus Angola!" Nein, sagte Meri, die Finnen hatten auch nicht verstanden. (2)

Er argumentierte, die westlichen Intellektuellen hätten sich vor der Erkenntnis geweigert, daß die Sowjetunion eine ausgedehnte Kolonialmacht war, dazu verurteilt, das Schicksal all solcher Imperien zu teilen. Darin liegt einige Wahrheit. Die amerikanische Meinung begriff nur langsam, daß die vom Kalten Krieg genährte Weltsicht eine irreführende Beschreibung der Realität war. Washington glaubte noch weiterhin an die Existenz eines chinesisch-sowjetischen Blocks, lange nachdem die Differenzen zwischen nationalen Interessen der Sowjetunion und Chinas einen unwiderruflichen Riß zwischen ihnen verursacht hatten. Von ihrer eigenen Ideologie der Einen Welt inspiriert, überschätzten die Amerikaner die Stärke der gegnerischen Ideologie des Kommunismus. Ja, Präsident George Bush half Mikhail Gorbatschow eifrig dabei, der steigenden Flut des Nationalismus innerhalb der Sowjetunion zu widerstehen. Auch die Westdeutschen machten den Fehler zu glauben, Ostdeutschland, die Deutsche Demokratische Republik (DDR), sei die stärkste Bastion der sowjetischen Macht in Europa. Ich schrieb im Dezember 1988, daß die Schwächung der kommunistischen Ideologie fatale Konsequenzen für die DDR haben werde: "Polen wird immer Polen sein, Ungarn immer Ungarn, ohne Rücksicht auf das Regierungssystem in diesen Ländern. Aber die DDR wird den eigentlichen Grund ihrer Existenz verlieren, wenn sie nicht mehr sozialistisch ist." (3) Es war kein Zufall, daß die Auflösung des äußeren sowjetischen Imperiums mit dem spontanen Massenexodus von Bürgern der DDR begann.

Es gab einen Mann, der den Sturz der Sowjetunion voraussagte - Präsident Ronald Reagan. In einer Ansprache vor beiden Häusern des britischen Parlaments erklärte er 1982 überzeugt, das Ende des sowjetischen Staats sei in Sicht: "An das kommunistische System wird man sich als eine kurze Parenthese in der menschlichen Geschichte erinnern." Wir Experten gingen mit einem ironischen Lächeln darüber hinweg: Was wußte ein kalifornischer Schauspieler schon über solche Dinge? Doch natürlich basierte Reagans Voraussage nicht auf höherem Wissen: Sie war ein Ausdruck des Glaubens.

US-Präsident Reagan war zudem in der Lage, zur Verwirklichung seiner Voraussage beizutragen. Offensichtlich war Reagans Politik der Wiederaufrüstung nicht der einzige Faktor, der das sowjetische Imperium zu Fall brachte. Ich glaube jedoch, daß sie das Ende beschleunigte. Ich konnte ihren Effekt auf die sowjetischen Repräsentanten spüren, mit denen ich in den 1980ern in Helsinki zusammentraf. Manche waren einfach erschreckt: Glauben Sie, daß er wirklich meint, was er sagt? Andere trotzig: Wir werden mit jeder neuen Waffe gleichziehen, die die Amerikaner produzieren, koste es, was es wolle. Aber alle waren vorsichtig geworden. Sie spürten den Wandel in "der Korrelation der Kräfte".

Der Grund, warum wir in Finnland trotzdem nicht sahen, was kam, war simpel. Das finnische Volk "hatte es noch nie so gut gehabt" wie zur Zeit der sowjetischen Stagnation. Die Beziehungen zu Moskau waren stabil und vorhersehbar; der Handel blühte. In der Innenpolitik hatte sich ein breiter Konsens über die Trennungslinie zwischen Rechts und Links hinweg herausgebildet. Der militante Kommunismus war auf eine Randgruppe geschrumpft. Internationale Bankiers zeichneten die Kreditwürdigkeit des Landes mit einem dreifachen A aus. Die Finnen fühlten sich nicht mehr vom Osten bedroht und vom Westen im Stich gelassen, auf einem Drahtseil ohne Sicherheitsnetz wandernd. Vielmehr hatten die Finnen Dag Hammarskjölds Diktum als ihr neues nationales Motto verinnerlicht, daß es ein Gewinnlos in der Lebenslotterie bedeute, wenn man als Skandinavier geboren sei. In einer Mitte der 1980er durchgeführten Meinungsumfrage bekräftigten mehr als acht von zehn Interviewten das Statement, es sei "ein Glück und Privileg", Finne zu sein. Mit dem herrschenden Zustand der Dinge zufriedene Menschen erwarten oder prognostizieren keine Veränderung, weil sie nicht glauben, daß es eine Änderung zum besseren sein könne.

Natürlich weckte Mikhail Gorbatschows Perestroika in Finnland wie überall in der westlichen Welt große Hoffnungen, aber die Finnen neigten im allgemeinen weniger zu dem Glauben, das sowjetische System lasse sich wirklich reformieren. Die Skeptiker hatten recht, doch sie hatten unrecht, was die Folgen von Gorbatschows Scheitern betraf. Sie hielten für selbstverständlich, daß es die Hardliner wieder an die Macht bringen werde. Die erste Nachricht über den versuchten Coup d´état am 19. August 1991 wurde von vielen Finnen mit den Worten kommentiert: Ich hab´s doch gesagt. Manche mögen immer noch insistieren, daß Rußland früher oder später "zur Normalität zurückkehrt" - zu autoritärer Herrschaft.

Im Gegensatz dazu erwarteten und prognostizierten die Esten jenseits des Golfs von Finnland den Zusammenbruch der Sowjetunion, weil sie unter unerträglichen Bedingungen lebten. Während Finnland wie der Westen generell Gorbatschow mit der Begründung unterstützte, jede Alternative sei wahrscheinlich schlechter, hatten die Esten und die anderen baltischen Völker kein Vertrauen in die Perestroika und setzten auf Boris Jelzin, den der Westen als Störenfried betrachtete. Wie George Bush riet Präsident Mauno Koivisto den baltischen Anführern, das Boot nicht zum Schwanken zu bringen und das Beste aus den durch Gorbatschows Reformen angebotenen Vorteilen zu machen, aber die Balten waren entschlossen, die Gelegenheit zu ergreifen, um die Unabhängigkeit ihrer Länder wiederherzustellen.

Wir wissen jetzt, daß die Balten recht hatten: Boris Jelzin brachte gleich Samson das gesamte Gebäude des sowjetischen Imperiums über Gorbatschows Kopf zum Einsturz und entließ die baltischen Völker in die Freiheit. Sie hatten zum Teil deswegen recht, weil sie ein Insider-Wissen über den morschen Zustand der Sowjetunion besaßen. Doch der Unterschied zwischen westlichen und baltischen Vorstellungen hatte tiefere Wurzeln. Westliche Regierungen schätzten die sowjetische Situation falsch ein, weil der Status quo ihnen paßte; die Möglichkeit einer revolutionären Wende war zu verstörend, um sie in Betracht zu ziehen. Als früherer Botschafter in Moskau hat Jack Matlock darauf verwiesen, die US-Politik habe das Ziel der Förderung der Demokratie in der Sowjetunion vor die Befreiung der "gefangenen Nationen" gestellt. Aber der Nationalismus war die stärkere Kraft. (4) Auch die baltischen Völker wollten Demokratie, doch sie waren überzeugt, daß nur die Unabhängigkeit sie in die Lage versetzen könne, ein echtes demokratisches System zu schaffen. "Demokratie wurde aus dem Geist der Nationalität geboren: Die beiden sind inhärent miteinander verbunden." (5)

Präsident Koivistos kaltblütige Haltung gegenüber den baltischen Unabhängigkeitsbewegungen beleidigte viele Finnen. De facto verfolgte er voll den Kurs der westlichen Politik, nur war er weniger heuchlerisch in ihrer Formulierung. Später erklärte er, daß er unter den baltischen Völkern keine falschen Hoffnungen auf westliche Unterstützung gegen einen eventuellen Einsatz von Gewalt durch die Sowjets wecken wollte. Er hatte die Lehre Ungarns von 1956 nicht vergessen.

Als die sowjetische Macht schwand, begann Finnland sich auf die volle Teilnahme an westlichen Institutionen zuzubewegen, aber behutsam gleich einem Jäger, der einen Bären geschossen hat und nicht genau weiß, ob das Biest tot ist. Im Januar 1986 wurde Finnland schließlich Vollmitglied der Europäischen Freihandelszone, und im Frühjahr 1989 trat Finnland dem Europarat bei. Im September 1990 widerrief Finnland einseitig die Klauseln im Friedensvertrag von 1947, die Finnlands bewaffneten Truppen Beschränkungen auferlegten, und erklärte, daß die Bezüge auf Deutschland als einen potenziellen Gegner im finnisch-sowjetischen Vertrag von 1948 ihre Gültigkeit verloren hatten. Aber es wartete bis zum Oktober 1991, ehe es erneut über den Vertrag selbst verhandelte, und die um jeglichen Bezug auf eine mögliche militärische Kooperation gekappte neue Version blieb ununterzeichnet, da die Sowjetunion aufhörte zu existieren und den alten Vertrag mit ins Grab nahm.

Schon davor hatte Finnlands 40jähriges Streben nach internationaler Anerkennung seiner Neutralität endlich sein Ziel erreicht. Im Mai 1988 landete Präsident Reagan auf dem Weg nach Moskau in Helsinki zwischen und erklärte: "Amerika respektiert Finnlands Neutralität. Wir unterstützen Finnlands Unabhängigkeit." Fünf Monate später besuchte Mikhail Gorbatschow Finnland und erkannte die finnische Neutralität vorbehaltlos an mit dem Versprechen, sie zu respektieren. Doch sehr bald sah sich Finnland in der Position eines Freiers, der so lange auf seine Braut hatte warten müssen, daß er zu alt war, um die Ehe zu vollziehen. Neutralität, wie sie im Kalten Krieg praktiziert wurde, war durch das schnelle Tempo des Wandels in Europa obsolet geworden - Integration im Westen und Desintegration im Osten.

Finnland tritt der Union bei

Das Auseinanderbrechen des sowjetischen Imperiums wurde in Finnland mit tiefer Erleichterung begrüßt, jedoch gemäßigt durch besorgte Mahnungen, man dürfe nicht vergessen, daß Rußland immer eine große Macht bleibe. Präsident Jelzins erster Besuch in Finnland 1991 war voller Symbole eines neuen Anfangs zwischen den beiden Ländern. Er zollte am Denkmal für die in der Verteidigung ihres Landes gegen die sowjetische Invasion gefallenen Soldaten seinen Respekt - eine Geste, die keiner der sowjetischen Anführer, nicht einmal Gorbatschow, gemacht hatte. Der russische Präsident nannte auch den finnisch-sowjetischen Vertrag von 1948 ein "ungerechtes Dokument" und entschuldigte sich für sowjetische Einmischungen in Finnlands innere Angelegenheiten. Er versprach, die Beziehungen zu

Finnland ohne "die Heucheleien und Vorwände" der sowjetischen Ära zu gestalten. Und Patriarch Aleksei, das Oberhaupt der russisch-orthodoxen Kirche, ging noch weiter: Er bat um Vergebung für die sowjetische Invasion Finnlands 1939.

Rußlands anscheinende Bereitschaft zur Wiedergutmachung belebte bei manchen Finnen wieder die lange schlummernde Hoffnung, Rußland werde vielleicht der Rückgabe des Landes zustimmen, das die Sowjets im Krieg erobert hatten. Die Organisation der Karelen, die ihre Heimat verloren hatten, bat die Regierung, die Frage mit den Russen zu erörtern. Das geschah nicht. Die Regierung wußte, daß die Russen wie früher die Sowjetunion gegen eine Revision von Grenzen waren und daß ein finnischer Anspruch keine Unterstützung vom Westen erhalten würde. Besonders Deutschland war darauf bedacht, territoriale Fragen auszuklammern.

Es gab auch handfestere Gründe dafür, die Rückgabe Kareliens nicht anzustreben. Das Territorium ist in miserabler Verfassung. Im Jahr 1994 besuchte ich mit einer Gruppe anderer Veteranen die Orte, an denen wir zwischen 1941 und 1944 gekämpft hatten. Es war ein deprimierendes Erlebnis: Überall Vernachlässigung und Verfall, Armut und Rückständigkeit. Immense Anstrengungen des Wiederaufbaus wären nötig, um das Gebiet wieder für Finnen bewohnbar zu machen. Es existiert kein wirtschaftlicher Anreiz für ein solches Unterfangen. Finnland braucht nicht noch mehr Ackerland, und die Waldressourcen Kareliens sind von der finnischen Industrie über die Grenze hinweg bereits erschöpft. Eine zusätzliche Bürde wäre die jetzige Bevölkerung von etwa 300 000 Menschen, vornehmlich aus Rußland, Belarus und der Ukraine. Für die meisten ist Karelien nun ihre Heimat; man könnte sie nicht in einem Akt der ethnischen Säuberung vertreiben.

Insgesamt überwiegen die Gründe gegen eine Beanspruchung des verlorenen Territoriums, und Meinungsumfragen deuten an, daß die große Mehrheit des finnischen Volks dem zustimmt, was nach meiner Meinung einen Sieg der Vernunft über die nostalgische und romantische Idee bedeutet, es sei die Pflicht der Nation, jeden Zentimeter Boden zurückzufordern, den sie einst besaß. Blut kommt vor dem Boden. Die Karelen hatten das 1944 bewiesen, indem sie ihr Land lieber verließen, als unter sowjetischer Herrschaft zu leben. Wäre eine beträchtliche Zahl dortgeblieben, hätte sich die territoriale Frage zu einer offenen Wunde in den finnisch-sowjetischen Beziehungen entwickelt, und keine finnische Regierung hätte der Forderung nach einer Grenzrevision widerstehen können.

Trotz der finnischen Zurückhaltung konnte aber der Status quo nicht beibehalten werden. Anfang der 1990er ging Moskau zum freien Handel über, was das bilaterale Handelssystem mit Finnland beendete. Als Ergebnis sank der Handel mit Rußland von mehr als 20 Prozent des finnischen Außenhandels in den 1980ern auf weniger als drei Prozent im Jahr 1992, und die Zahl der Arbeitskräfte, die von Exporten in die Sowjetunion existiert hatten, stürzte von 230 000 im Jahr 1981 auf weniger als 50 000 im Jahr 1992. Die nach vierzig Jahren des "geplanten Handels" mit der Sowjetunion verweichlichten Industrieunternehmen reagierten nur langsam. Ein wichtiger Teil der finnischen Industrie war von ineffizienten Kostenstrukturen geprägt, besonders im Hinblick auf das Personalwesen, und von einem generellen Mangel an Wettbewerbsfähigkeit auf westlichem Niveau.

Der Zusammenbruch des Handels mit der Sowjetunion fiel mit einer Rezession auf Finnlands westlichen Exportmärkten zusammen. Die 1986 initiierte Liberalisierung von Kapitalbewegungen führte zu exzessiven Bankanleihen und finanzieller Spekulation. Die Blase zerplatzte Anfang der 1990er. Das Bankensystem mußte von der Regierung saniert werden. Die finnische Währung, die Markka, seit dem Juni 1991 in den europäischen Wechselmechanismus eingebunden, mußte knapp sechs Monate später abgewertet werden, und im September 1992 zwangen Spekulanten die Bank von Finnland, die Markka floaten zu lassen, was eine Abwertung von 17 Prozent gegenüber der D-Mark verursachte. Finnlands Bruttosozialprodukt sank um fast 15 Prozent, eine in jedem anderen OECD-Land beispiellose Schrumpfung, und die Arbeitslosenquote erreichte 1993 rund 20 Prozent.

Inmitten der schlimmsten Baisse seit den frühen 1930ern stand Finnland vor einer neuen Herausforderung aus Westeuropa. Die Europäische Gemeinschaft (bald darauf die Europäische Union) war unter der Führung von Jacques Delors, dem Präsidenten der Europakommission, damit beschäftigt, einen gemeinsamen Markt mit freiem Austausch von Gütern, Kapital, Dienstleistungen und Arbeitskräften aufzubauen. Die EFTA-Länder (Österreich, Finnland, Norwegen, Schweden und die Schweiz) hingen in ihrem Außenhandel alle stark von der Europäischen Gemeinschaft ab: Sie wollten unbedingt sicherstellen, daß ihre Unternehmen Zugang zu dem gemeinsamen Markt hatten. Als Antwort schlug Jacques Delors im Januar 1989 die Schaffung einer Europäischen Wirtschaftszone (EEA) vor, die sowohl die Europäische Gemeinschaft wie die EFTA umfaßte, in der Absicht, die letztere ohne Mitgliedschaft in der Gemeinschaft selbst zum Teil des gemeinsamen Markts zu machen. Das war ein defensiver Zug von Delors, der den politischen Zusammenhalt der EG schützen wollte, indem er die neutralen Länder ausschloß.

Das Delors-Modell - wirtschaftlicher Zugang ohne politische Verpflichtung - schien maßgeschneidert für Finnland. Die Ausklammerung der Agrarwirtschaft von der EEA war aus finnischer Sicht ebenfalls eine große Erleichterung. Die EEA-Verhandlungen begannen Anfang der 1990er und wurden im Oktober 1991 abgeschlossen, doch als die Schweiz sich zurückzog, wurde eine neue Verhandlungsrunde notwendig, und der Vertrag wurde erst im März 1993 unterzeichnet. Aber inzwischen war die EFTA-Front zerbröckelt. Als erstes Land verabschiedete sich Österreich, das Ende 1989 verkündete, es werde um volle Mitgliedschaft in der Europäischen Gemeinschaft nachsuchen; im Oktober 1990 zog die schwedische Regierung nach: Neutralität galt nicht mehr als Hindernis für die Mitgliedschaft in der EG.

In Finnland beeilte sich jeder Politiker zu erklären, die schwedische Entscheidung werde absolut keinen Einfluß auf die finnische Politik haben. Aber jedermann wußte, daß Finnland nach Schwedens Schritt nicht draußen bleiben konnte. Die Frage lautete nicht mehr, ob Finnland den Antrag stellen sollte oder nicht; sie lautete, wie und wann man zu der Entscheidung gelangte.

Das Problem war, daß in Finnland wie anderswo in Europa die durch die wachsende Integration aufgeworfenen Probleme über traditionelle Parteigrenzen hinausreichten und das parlamentarische System außer Gang setzten. Parlamente drehen sich um die Achse Rechts-Links, die ihre Relevanz verliert, da die dringenderen Fragen der Integration über eine andere Trennungslinie hinweg ausgefochten werden.

Im finnischen Fall hatte die Wahl vom März 1991 eine Koalition aus der Zentrumspartei (der früheren Agrarpartei) und der Konservativen Partei an die Macht gebracht, verstärkt durch zwei kleine Gruppen, während die Sozialdemokraten in der Opposition blieben. Diese Rechts-Mitte-Koalition konnte sich in der Wirtschafts- und Sozialpolitik verständigen, war aber gegenüber der Europäischen Gemeinschaft gespalten. Die Zentrumspartei, die traditionell die bäuerliche Gemeinschaft und die weniger entwickelten Regionen im Osten und Norden Finnlands repräsentiert, war gegen einen Antrag auf Mitgliedschaft, während die Konservativen ebenso wie die hauptsächliche Oppositionspartei, die Sozialdemokraten, dafür waren.

Die verwickelten Drähte zu entwirren kostete einige Zeit. Die finnischen Anführer schauten auch ständig über ihre Schulter auf die wachsende Spannung mit der Sowjetunion. Das Scheitern des Coup im August 1991 war ein Wendepunkt. Bald darauf wies Präsident Koivisto, der seine Karten eng an der Brust hielt, die Regierung an, eine umfassende Studie der möglichen Mitgliedschaft in der EG zu erstellen, und im Januar 1992 gab er seine eigene Ansicht bekannt. In einer simplen, aber enthüllenden Redewendung sagte der Präsident, es liege im finnischen Interesse, "an dem Tisch vertreten zu sein, wo Entscheidungen fallen". Mit dem Rückhalt des Präsidenten konnte Ministerpräsident Esko Aho, Führer der Zentrumspartei, genügend viele Mitglieder seiner eigenen Partei überreden, im Parlament für einen Antrag auf Mitgliedschaft in der EU zu stimmen. Es half natürlich, daß mit den Stimmen der Sozialdemokraten eine Mehrheit für den Beitritt auf jeden Fall gesichert war. Schließlich stimmten 133 von 200 Mitgliedern für den Antrag auf Mitgliedschaft.

Brüssel begann im Februar 1993 Gespräche mit Österreich, Finnland und Schweden und zwei Monate später mit Norwegen; die Gespräche wurden im März 1994 abgeschlossen. Mittlerweile hatte die Europäische Gemeinschaft den Maastricht-Vertrag verabschiedet und sich in die Europäische Union umgewandelt. Verglichen mit der sieben Jahre dauernden Mühe, Spanien, Portugal und Griechenland in die EU zu bringen, verliefen die Beitrittsgespräche mit den nordischen Ländern und Österreich relativ schmerzlos. Der Maastricht-Vertrag mußte von den antragstellenden Länder ohne Vorbehalte unterzeichnet werden, und ökonomische Fragen waren weitgehend in den Gesprächen über die Europäische Wirtschaftszone gelöst worden. Darüber hinaus hatten alle Antragsteller ein nationales Einkommen über dem EU-Durchschnitt, und sie wurden als Nettozahler in den gemeinsamen Etat willkommen geheißen. In dieser Hinsicht wird die nächste Runde der Erweiterung ganz anders sein: Die früheren kommunistischen Länder werden alle hohe Subventionen von den existierenden Mitgliedstaaten brauchen.

Im Fall Finnlands war das Hauptproblem bei den Beitrittsverhandlungen die Landwirtschaft, ein Wirtschaftszweig, der damals weniger als drei Prozent des

Bruttosozialprodukts ausmachte und sieben Prozent aller Arbeitskräfte beschäftigte. Doch in Finnland kann wie in Frankreich die Bedeutung der Farmindustrie nicht nach Prozenten bemessen werden. Die ländliche Gegend, wie Dichter und Künstler sie im neunzehnten Jahrhundert besungen haben, bildete die ursprüngliche Inspiration des Patriotismus. Sie ist immer noch ein wesentliches Element des finnischen Selbstverständnisses. Die Mehrheit der städtischen Bevölkerung ist nur eine Generation oder zwei von den Bauernhöfen entfernt, und mehr als 400 000 Ferienhäuser von ausgestatteten Villen bis zu primitiven Blockhütten oder Katen zeugen von der finnischen Leidenschaft für das ländliche Leben.

Bei den Brüsseler Gesprächen war mehr als Nostalgie im Spiel. Da mehr als 60 Prozent der finnischen Wälder in Besitz und Hege der Farmer sind, gab es eine direkte Verbindung zu den Interessen der mächtigen Forstindustrie. Eine andere Dimension war die nationale Verteidigung. Wenn große Teile des östlichen und nördlichen Finnland entvölkert werden sollten, könnte das gegenwärtige System der Territorialverteidigung unterhöhlt werden.

Die Verhandlungen über die Agrarwirtschaft berührten somit das fundamentale dem Prozeß der Integration innewohnende Dilemma: Wie vereinte man wirtschaftliche und kommerzielle Vernunft mit den immateriellen Werten und Interessen, die in die traditionellen Strukturen der Gesellschaft eingebettet sind?

Die Vernunft gebot klar eine drastische Reduzierung der finnischen Agrarwirtschaft. Zwei Landreformen, die erste in den frühen 1920ern und die zweite im Zug der Umsiedlung der Karelen, hatten eine große Zahl von Farmen geschaffen, die zu klein waren, um sich selbst zu tragen. Das nördliche Klima erhöht die durchschnittlichen Produktionskosten in Finnland weit über die in Ländern wie Dänemark oder Holland. Die Notwendigkeit der Rationalisierung war deshalb seit geraumer Zeit deutlich. In Brüssel war das Problem, in welchem Tempo die Rationalisierung durchzuführen sei und wie Subventionen zwischen der EU und Finnland selbst aufzuteilen seien. Natürlich waren die finnischen Bauern mit dem Ergebnis unzufrieden. Objektiv jedoch erging es den finnischen Unterhändlern recht gut. Aber der künftige Trend ist unausweichlich: Im Jahr 1994 betrug die Zahl der Gehöfte um die 121 000, bis 1996 war sie auf 92 000 gesunken, und man schätzt, daß sie sich auf 65 000 einpendeln wird. Die übriggebliebenen Farmen werden größer und vermutlich profitabler sein.

Nach dem Abschluß des Beitrittsvertrags mit den Regierungen der Europäischen Union war der nächste Schritt für Finnland und die anderen Antragsteller, ihre Wähler in Referenden zu befragen. Das finnische Volk war an ein solches Procedere nicht gewöhnt. Das letzte und einzige in Finnland veranstaltete Referendum hatte 1931 stattgefunden, als es um die Frage ging, ob die Prohibition nach dem Muster der USA fortgesetzt werden sollte. Bei diesem Thema konnte niemand das Expertenwissen des finnischen Volks bezweifeln, und es traf prompt die richtige Entscheidung: Die Prohibition war beendet. Aber der Beitritt zur Europäischen Union war eine komplexe Frage, in der nur wenige Bürger sich als gut informiert bezeichnen konnten; sicherlich überließ man sie am besten der Entscheidung der gewählten Volksvertreter im Parlament. Doch die finnische Regierung reichte den

Schwarzen Peter an die Wähler weiter. Am 16. Oktober 1994 wurde ein Referendum abgehalten.

Der Grund bestand zum Teil darin, daß die anderen antragstellenden Länder - Österreich, Norwegen und Schweden - beschlossen hatten, die Frage einem Referendum zu unterwerfen, und daß die finnischen Politiker das gleiche Vertrauen in das Urteil ihres Volks beweisen mußten. Es gab jedoch noch ein anderes, weniger idealistisches Motiv für ihre Entscheidung. Eine Abstimmung im Parlament hätte jede Partei gespalten - ein Alptraum für die Parteimanager. Das Referendum war ein Ausweg. Obwohl es nur konsultativ war und damit dem Parlament die endgültige Entscheidung vorbehielt, verpflichteten sich alle Parteien im vorhinein, das Ergebnis zu respektieren. Das versetzte manche Parlamentsmitglieder in die Lage, ihren Kuchen zu behalten und auch zu essen - gegen die Mitgliedschaft zu sein und dann dafür zu stimmen.

Der Einsatz von Referenden wird mit der Begründung verteidigt, er verleihe den Entscheidungen der Union demokratische Legitimität, indem die Kluft zwischen Brüssel und den Völkern überbrückt werde. Sogar in Britannien, dem Mutterland des parlamentarischen Systems, haben sich die beiden großen Parteien darauf festgelegt, ein Referendum über die Wirtschafts- und Währungsunion (WWU) abzuhalten, womit sie stillschweigend zugeben, daß das traditionelle Parteiensystem das Problem nicht bewältigen kann.

Dem Volk zu gestatten, daß es durch direkte Abstimmung entscheidet, ob es den Beitritt seines Landes zur Europäischen Union oder zu solchen Projekten wie der WWU wünscht, mag eine gesteigerte Form der demokratischen Entscheidungsfindung scheinen, aber es hat ernsthafte Nachteile. Das finnische Referendum ist ein Beispiel dafür. Die Opposition gegen die EU-Mitgliedschaft brachte eine bizarre Koalition zusammen. Rechtsgerichtete Nationalisten und frühere Kommunisten standen Seite an Seite zur Verteidigung der Souveränität; konservative Bauern vereinten sich mit liberalen Intellektuellen, um die Union als zu marktorientiert anzugreifen; Feministinnen glaubten, die Stellung von Frauen würde unter einer Assoziation mit Ländern wie Spanien oder Griechenland leiden; Umweltschützer waren überzeugt, die finnischen Standards seien höher als in den meisten EU-Ländern; und lutheranische Fundamentalisten betrachteten Brüssel als ein Anhängsel des Vatikans. Als einziges verband sie alle eine leidenschaftliche Opposition gegen Finnlands Beitritt zur Europäischen Union. Das Referendum verschaffte ihnen die Gelegenheit, mit Nein zu stimmen, ohne die Verantwortung für die Folgen ihres Handelns übernehmen zu müssen. Der Glaube, alles werde beim alten bleiben, wenn man Finnland aus der Union halte, war natürlich eine Illusion. Hätte die Opposition obsiegt, wäre Finnland in eine Lähmung geraten, ohne eine kohärente alternative Politik gegenüber dem gnadenlosen Vormarsch der Integration in Europa. Wenn das Parlament eine Entscheidung gegen die Mitgliedschaft getroffen hätte, wäre die Opposition gezwungen gewesen, eine neue Regierung zu bilden und eine solche Alternative vorzulegen.

Referenden sind auch unvorhersehbarer als Parlamentswahlen. Ihr Ergebnis wird oft von Faktoren beeinflußt, die mit der aktuellen Frage nichts zu tun haben.

Die Einberufung eines Referendums ist immer ein Glücksspiel, wie wenn man sein Geld auf Schwarz oder Rot setzt. Das gilt besonders, wenn Wähler aufgefordert werden zu entscheiden, ob man ein solch komplexes Dokument wie den Maastricht-Vertrag übernehmen soll. Multilaterale Vereinbarungen enthalten gewöhnlich Klauseln, die mit stillschweigender Zustimmung aller Parteien auf verschiedene Weise interpretiert werden können. Solche Mehrdeutigkeiten gehören zum internationalen Leben, aber in einem Referendum heißt es ohne Abstriche Ja oder Nein. Das Geschick des Maastricht-Vertrags in Dänemark ist ein Beispiel dafür. Er wurde zunächst vom dänischen Volk abgelehnt, dann aber nach kosmetischen Veränderungen in einer zweiten Runde akzeptiert.

Während die Dänen für oder gegen eine "immer engere Union" stimmten, wie im Maastricht-Vertrag definiert, hatten die Finnen andere Dinge in ihren Köpfen. Wie aus Meinungsumfragen hervorgeht, war das Referendum für viele von ihnen eine Wahl zwischen zwei Übeln. Unter vielen derjenigen, die mit Ja stimmten, herrschte wenig Begeisterung für die Union als eine Institution, doch die Alternative des Außenvorbleibens schien schlimmer. Es hätte Finnland isoliert, Tür an Tür mit einer ehemaligen Supermacht, die sich im Zustand inneren Aufruhrs befand. Die Mehrheit von 57 Prozent, die ja zur Mitgliedschaft in der Union sagte, wollte Finnlands westliche Identität bekräftigen und dadurch die Sicherheit des Landes stärken. Die entschiedensten Befürworter des Beitritts waren die jüngeren, gebildeteren Leute in städtischen Gegenden - diejenigen im Einklang mit dem Wandel der Zeiten.

Im Gegensatz dazu konnten es die Norweger unter dem Dach der NATO als selbstverständlich betrachten, daß ihr Land zum Westen gehörte; sie konnten es sich leisten, nein zur Europäischen Union zu sagen, um ihre separate Identität zu betonen. In Schweden opponierten viele Wähler auf der Linken gegen die EU-Mitgliedschaft aus dem Grund, sie könne das schwedische Sozialmodell gefährden, das sie als allem auf dem Kontinent Vorhandenen überlegen erachteten. Für jedes der drei nordischen Länder bedeutete und bedeutet "Europa" etwas anderes. In jedem Fall sind die Einstellungen durch geographische und historische Erfahrung, nicht durch abstrakte Konzepte geformt worden.

Die finnische Konzentration auf Sicherheitsfragen wurde von Präsident Koivisto in den Memoiren unterstrichen, die er nach Finnlands Eintritt in die Europäische Union verfaßte. Er schrieb, seine Entscheidung, die Mitgliedschaft zu befürworten, habe vornehmlich auf Erwägungen der nationalen Sicherheit beruht statt auf ökonomischen Interessen, er habe jedoch vermieden, das öffentlich zu sagen, bevor Finnland tatsächlich als Mitglied akzeptiert war. Wäre etwas schiefgelaufen und Finnlands Ersuchen um Eintritt in die Union gescheitert, hätte man sagen können, das Land sei nun weniger sicher als zuvor. Manche Kritiker beschuldigten ihn, die Wähler irregeführt zu haben, indem er über seine Motive schwieg, aber ich würde es ein Exempel staatsmännischer Kunst nennen.

Auf dem Weg zur Einheitswährung

Einmal drinnen, steht Finnland vor der Frage, was die "immer engere Union" bedeutet. Ein in der gegenwärtigen Debatte oft benutztes Klischee besagt, daß vom technologischen Fortschritt beflügelte, mächtige transnationale Kräfte den Nationenstaat verdrängt haben. Da keine Regierung diese Kräfte mit rein nationalen Mitteln zügeln kann, könnte man die Europäische Union als einen Versuch ihrer Mitgliedsstaaten bezeichnen, kollektiv einen Teil der Souveränität wiederzugewinnen, die alle individuell an die Union abtreten mußten. Entsprechend wird argumentiert, die Union müsse jetzt vom einheitlichen Markt zur WWU mit einer Einheitswährung und einer gemeinsamen Zentralbank voranschreiten. Dieser Übergang wiederum wird die Gründung eines Stabilisierungspakts erfordern, um sicherzustellen, daß kein Mitglied der WWU von dem schmalen Pfad abweicht, der durch die Notwendigkeit vorgezeichnet ist, die Einheitswährung, den Euro, stabil und stark zu halten.

Die für das WWU-Projekt vorgebrachten Argumente sind gut bekannt: Der einheitliche Markt wird ohne eine Einheitswährung nicht richtig funktionieren, das Ende der Währungsfluktuationen wird ein stabiles Umfeld für Investitionen und stetiges Wachstum garantieren, und die Einheitswährung ist notwendig, um Europa vom Auf und Ab des US-Dollars und den Drehungen und Windungen der amerikanischen Wirtschaftspolitik zu befreien. Auf der Gegenseite argumentieren viele Wirtschaftswissenschaftler, die Europäische Union habe noch nicht den für das Funktionieren einer Einheitswährung notwendigen Grad der wirtschaftlichen Konvergenz erreicht. Der einheitliche Markt, merken sie an, hat Brüche, weil die Bewegungsfreiheit der Arbeitskräfte in einem kulturell geteilten Europa weitgehend theoretisch ist.

Wenn man unter den Wirtschaftswissenschaftlern der Welt ein Referendum zur WWU durchführte, würde die Mehrheit wahrscheinlich mit Nein stimmen. Besonders US-Ökonomen haben das WWU-Projekt kritisiert, vermutlich vielleicht deshalb, weil sie unbewußt den Aufstieg eines Rivalen für den allmächtigen Dollar verhindern wollen.

Befürworter der WWU entgegnen mit einer Versetzung der Torpfosten. Es gehe schließlich nicht um die Wirtschaft, sagen sie: Die WWU ist im Kern ein politisches, oder genauer ein ideologisches Projekt. Dahinter lauern die Dämonen der Vergangenheit. Sowohl die Deutschen wie die Franzosen werden von Alpträumen heimgesucht. Die Einheitswährung zielt darauf ab, die deutsche Verpflichtung auf die europäische Einheit unumkehrbar festzunageln. Jetzt ist die letzte Gelegenheit, Deutschlands Macht innerhalb der Europäischen Union zu institutionalisieren, denn die Nachfolger von Kanzler Helmut Kohl sind vielleicht nicht in der Lage oder willens, die Flut des "D-Mark-Nationalismus" zu dämmen - eine vom früheren Kanzler Helmut Schmidt benutzte Phrase.

In diesem Geist handelten die Anführer der Europäischen Union 1991 in Maastricht. Da sie weder einander noch sich selbst trauten, steckten sie ihre Regierungen in eine Zwangsjacke von starren Konvergenzkriterien und einem unveränderlichen Zeitplan, um sicherzustellen, daß alle rechtlich verpflichtet wären, sich an eine strikte finanzielle Diät zu halten, damit sie 1999 für die monetäre Union gerüstet seien. Das hat insofern funktioniert, als es die Regierungen in die Lage versetzte, unpopuläre Etatkürzungen zu rechtfertigen, die sie ohnehin hätten vornehmen müssen, ob mit der WWU oder ohne sie, die öffentlichen Schulden zu reduzieren und die Inflations- und Zinsraten zu senken.

Für ein kleines Land wie Finnland ist die Debatte über das Für und Wider der WWU akademisch. Die finnische Regierung konnte die Entscheidung, die WWU planmäßig 1999 einzuführen, nicht beeinflussen. Das hing in erster Linie von Deutschland und Frankreich ab. Der finnischen Regierung blieb nur zu entscheiden, ob sie der WWU als Gründungsmitglied beitreten oder draußen abwarten und zuschauen sollte, wie sie sich entwickelt. Die gegenwärtige Regierung unter der Führung von Ministerpräsident Paavo Lipponen, dem Vorsitzenden der Sozialdemokratischen Partei, war entschlossen, mit der ersten Gruppe beizutreten.

Die nach den Wahlen vom April 1995 gebildete "Regenbogen-Koalition" aus fünf Parteien, den Sozialdemokraten, der Konservativen Partei, der Linken Allianz, den Grünen und der minderheitlichen Schwedischen Volkspartei, unternahm stetige Anstrengungen, um sicherzustellen, daß Finnland rechtzeitig zum Mai 1998, als die Oberhäupter der EU-Regierungen ihre endgültige Entscheidung trafen, den Kriterien für die Mitgliedschaft genügte. Die öffentlichen Ausgaben sind seit 1992 um das Äquivalent von zehn Prozent des Bruttosozialprodukts gekürzt worden. Nach der Entwertung der Markka holte ein vom Export angeheizter Boom das Land aus der traumatischen Baisse der Jahre 1991 bis 1993. Anfang 1997 übertraf das Nationalprodukt zum erstenmal das zum Beginn der Dekade erreichte Niveau. Jetzt beginnt eine Wiederbelebung der einheimischen Nachfrage und Bautätigkeit. Das Wachstum betrug 5, 9 Prozent in 1997 und soll 1998 nach den Erwartungen knapp darunter liegen. Die Inflationsrate beträgt weniger als zwei Prozent, und die Zinssätze liegen nah bei den deutschen Eckwerten. Die Markka ist seit 1995 stabil geblieben, wodurch sich Finnland im Oktober 1996 dem Europäischen Wechselmechanismus (ERM) anschließen konnte. Die öffentliche Verschuldung verläuft nach unten auf das Niveau von 60 Prozent des Bruttosozialprodukts, und das Etatdefizit liegt gut unter dem dreiprozentigen Maastricht-Limit.

Nach einer im März 1997 vom schweizerischen Internationalen Institut für Management-Entwicklung (IMD) veröffentlichten Studie ist Finnland im Vergleich der Wettbewerbsfähigkeit an die vierte Stelle aufgestiegen, hinter den USA, Singapur und Hongkong und vor den Niederlanden, Norwegen und Dänemark (6). Besonders gut bewertet das IMD den hohen Standard der Wissenschaft und Technologie und das Erziehungsniveau und die Ausbildung der Arbeitskräfte in Finnland. Obwohl die Forstindustrie immer noch 25 Prozent des Mehrwerts in der herstellenden Industrie ausmacht (und elf Prozent der Papier- und Pappeproduktion im gesamten EU-Gebiet), ist der Anteil von High-Tech-Exporten auf 16 Prozent der Gesamtexporte gestiegen, ein Niveau, das unter den EU-Mitgliedern nur von Frankreich übertroffen wird. Die Finnen haben einen Sinn für Technologie, laut einer Reportage der *New York Times* sind sie "das am meisten vernetzte Land in der

Welt". (7) Fast ein Drittel der fünf Millionen Menschen Finnlands tragen Mobiltelefone mit sich, und die Zahl steigt um 27 Prozent im Jahr. Einem US-Forschungsdienst zufolge hat Finnland 62 ans Internet angeschlossene Computer pro tausend Einwohner, doppelt soviel wie Amerika. Bis zum Jahr 2000 sollen alle 5000 Schulen des Landes ans Internet gekoppelt sein. Die Ausgaben der Regierung und der Privatindustrie für Forschung und Entwicklung im Computerwesen betragen 2, 9 Prozent des Bruttosozialprodukts, und die Technologie hat eine starke Position in der höheren Bildung.

Die Schattenseite dieser Erfolgsgeschichte ist die Arbeitslosigkeit. Die Quote der Beschäftigungslosen sinkt zwar, aber in quälend langsamem Tempo. Im Frühjahr 1998 betrug sie 13, 7 Prozent; wenn das Wachstum wie erwartet andauert, könnte sie 1999 auf 12 Prozent fallen, was immer noch über dem EU-Durchschnitt läge. Ein Grund dafür ist der Kollaps des sowjetischen Handels; generell jedoch haben Bürger eines kleinen Landes, die als Resultat von Verkleinerungen und Zusammenschlüssen in der Industrie und im Bankwesen ihren Job verlieren, weniger Alternativen zur Verfügung: Nur ganz wenige können die Bewegungsfreiheit innerhalb der EU nutzen.

Im Grunde jedoch unterscheidet sich die Jobkrise in Finnland nicht von der generellen Krise des europäischen Wohlfahrtsstaats. Das während der Boom-Jahrzehnte nach dem Zweiten Weltkrieg errichtete sozialdemokratische System der Wohlfahrt formte den Kapitalismus von innen um, hing aber für die Arbeitsplatzbeschaffung und das Steueraufkommen vom Kapitalismus ab: Vollbeschäftigung war der Eckstein des Wohlfahrtsstaats. Von den Fesseln das Nationenstaats befreit, schafft der Kapitalismus jetzt Arbeitsplätze, wo es profitabel ist. Europäische Länder mit hohen Einkommen und hohen Steuern und straff regulierten Arbeitsmärkten erleiden Einbußen. Der Ruf von der Linken lautet: "Keine Unterwerfung unter die Marktkräfte." Doch angesichts einer öffentlichen Verschuldung, die 14 Prozent des Steueraufkommens verschlingt, wie es in Finnland der Fall ist, haben die Regierungen keine andere Wahl, als den öffentlichen Sektor zu verschlanken. Andernfalls würden die Zinssätze steigen, die Investitionen sinken, und die Wettbewerbsfähigkeit würde geschwächt - und mehr Menschen wären ohne Beschäftigung.

Die transatlantische Debatte über Arbeitsplätze dauert auch in Finnland an. Ja, sagen wir, die Vereinigten Staaten schaffen mehr Jobs, aber sie schaffen auch eine breiter werdende Kluft zwischen arm und reich, mehr Verbrechen und Drogen und mehr Aussteiger aus der Gesellschaft. Somit wird das US-Modell als sozial unakzeptabel abgelehnt. Doch dann führt das europäische System eingestandenermaßen ebenfalls zu sozialer Ungerechtigkeit. Die regulierten Arbeitsmärkte teilen die Arbeiter in Insider und Outsider. Die Insider haben feste Jobs und werden von mächtigen Gewerkschaften und Regierungsregelungen geschützt, die Entlassungen beschränken. Outsider hängen von Gelegenheits- oder Teilzeitjobs ab oder von Arbeitslosengeldern und letztendlich von Wohlfahrtsleistungen; immer mehr verlassen ganz den Arbeitsbereich, entweder weil sie die Hoffnung auf einen Arbeitsplatz aufgeben oder weil sie durch Frühpensionierung oder Invaliditätsleistungen dazu verlockt werden.

Frankreichs Präsident Jacques Chirac hat angeregt, es müsse ein "dritter Weg" zwischen den USA und den europäischen Modellen gefunden werden. Eigentlich stolpert Europa bereits auf einen dritten Weg zu. Das bedeutet, daß Arbeitsmarktregulierungen, die Unternehmen von mehr Einstellungen abhalten, sowie Arbeitslosen- und andere Wohlfahrtsleistungen, die eher von der Arbeitsuche abschrecken, durch Verhandlungen zwischen Regierungen, Gewerkschaften und Arbeitgebern langsam reduziert werden, während das existierende System gleichzeitig unterhöhlt oder umgangen wird, je mehr Menschen in ungeschützten Teilzeit- oder Gelegenheitsjobs arbeiten. Einkommensunterschiede und Ungleichheiten steigen unausweichlich. Der Wohlfahrtsstaat wird nicht demontiert, aber er schrumpft, teilweise durch bewußtes Handeln von oben, teilweise durch Erosion von unten.

Ganz abgesehen von ideologischen Bedenken verhindern die politischen Realitäten jeden drastischen Politikwechsel in Finnland. Eine dieser Realitäten ist die Macht der Gewerkschaften. Finnlands Grad der Gewerkschaftszugehörigkeit liegt immer noch bei etwa 80 Prozent, nur in Schweden ist er höher. Es ist keine vorstellbare politische Koalition in Sicht, die bereit wäre, einen frontalen Zusammenstoß mit den Gewerkschaften zu riskieren. Das politische Feld wird von drei Parteien beherrscht, die zusammen über zwei Drittel der Gesamtstimmen bei Parlamentswahlen verfügen: den Sozialdemokraten (28 Prozent bei der Wahl von 1995), der Zentrumspartei (20 Prozent) und der Konservativen Partei (18 Prozent). Den Rest der Stimmen teilen sich sechs Gruppen - Komparsen auf der parlamentarischen Bühne. Zwei der drei führenden Parteien müssen zu einer Zusammenarbeit finden, um eine Mehrheitskoalition bilden zu können. Nach der Wahl von 1987 wurde die Regierung von den Sozialdemokraten und den Konservativen gebildet; 1991 von der Zentrumspartei und den Konservativen; 1995 wieder von den Sozialdemokraten und den Konservativen. Daraus folgert, daß weder eine radikale linksgerichtete noch eine thatcherische rechtsgerichtete Politik möglich ist. Der in das finnische System eingebaute Konsens macht die Politik zu einem frustrierenden Geschäft. Politische Stabilität war jedoch Finnlands große Stärke in Zeiten äußerer Gefahr, und sie ist auch eine gegenwärtige Stärke, weil sie sozialen Spannungen und potenziellen Konflikten entgegenwirkt.

Der Beitritt mit der ersten Gruppe bedeutet eine lebenslange Verpflichtung auf deutsche Disziplin in der Verwaltung öffentlicher Finanzen: eine erschreckende Aussicht für Gewerkschaftsführer, die glauben, in einer Rezession sei es weniger schmerzhaft, durch die Abwertung der Markka die Reallöhne zu senken, als die Nominallöhne zu senken. Aber es ist eine Illusion zu glauben, Finnland hätte, indem es draußen blieb, Vorteile auf Kosten der Insider erlangen können. Es würde von Währungsspekulationen und hohen Zinsraten getroffen, während jeder Versuch, die alte Trickkarte der Abwertung auszuspielen, die Insider zu scharfer Vergeltung einladen würde.

Abgesehen von wirtschaftlichen Argumenten jedoch ist Sicherheit im weiten Sinn des Begriffs wiederum das treibende Motiv hinter der Entscheidung der finnischen Regierung, der WWU beizutreten. Mit dem Eintritt in das innere Sanktum der Europäischen Union wird Finnland sicherstellen, daß es in einer künftigen Krise nicht an den Rand gedrängt wird. In dieser Sicht wird die Einheitswährung als Ersatz für die Sicherheitsgarantien dienen, die die Union nicht geboten hat: Geld als cin Band, das dickcr ist als Blut.

In dieser Beziehung unterscheidet sich Finnlands Position fundamental von der Schwedens und Dänemarks, die beide nicht auf die EU als eine Quelle der Sicherheit blickten. Dänemark ist Mitglied der NATO; Schweden bewahrt seinen Glauben an die Neutralität. Der Kurs Finnlands hat seine Partner überrascht. Man hatte weithin erwartet, Finnland werde der "nordischen" Linie folgen. Vor allem britische Diplomaten haben ihre Enttäuschung darüber ausgedrückt, daß Finnland sich in Fragen, die den Charakter der Union berührten, nicht deutlich mit Britannien verbündet hätte. De facto teilen die Finnen im großen und ganzen die britische Einschätzung der Union als einer Vereinigung von unabhängigen Nationalstaaten statt einer Gemeinschaft auf dem Weg zur Föderation. Aber die Tatsachen der Geopolitik sind eben, wie sie sind. Wenn es um Sicherheit geht, reichen die britischen Interessen nicht bis in die baltische Region. Hier dominiert Deutschland. Zyniker mögen sagen, Finnland brauche keine Angst vor deutsch-französischen Vorschlägen zu haben, die Integration "zu vertiefen", weil es sich darauf verlassen könne, daß Britannien sie blockieren werde.

Es gibt somit einen Widerspruch in der finnischen Haltung: Finnland will zum Kern der Union gehören, hält aber seine Optionen für die Zukunft offen. Es möchte die Vorteile der Mitgliedschaft mit einem Minimum an Souveränitätseinbuße maximieren, aber das tun alle Mitgliedstaaten. Der Widerspruch beschränkt sich nicht auf Finnland: Er steckt im Herzen der Union selbst.

Die Föderalismusdebatte tendiert die zugrundeliegende Realität zu verdunkeln, statt sie zu erhellen. Die föderalistische Idee wurde in den Nachwehen des Zweiten Weltkriegs in einem Europa geboren, das unter der Drohung der sowjetischen Macht lebte - zu einer Zeit, als man die westliche Hälfte Deutschlands als politischen Zwerg bezeichnen konnte, während die französische Führerschaft innerhalb der Europäischen Gemeinschaft unumstritten war. Es war auch eine Zeit, da der Glaube an die Macht der Regierungen, die Zukunft zu gestalten, noch stark war. Aber dieses Europa existiert nicht mehr. Das vereinte Deutschland ist kein westeuropäischer Staat mehr: Es ist wieder die Zentralmacht auf dem europäischen Kontinent, mit weitreichenden strategischen und wirtschaftlichen Interessen in Mittel- und Osteuropa und in der baltischen Region. Der Beschluß, die Hauptstadt nach Berlin zu verlegen, unterstreicht die Verlagerung der deutschen Prioritäten. Die deutsche Regierung hat sich angestrengt, um Österreich, Finnland und Schweden die Aufnahme in die Europäische Union zu erleichtern; Polen, die Tschechische Republik, Ungarn und Slowenien stehen als nächste auf der deutschen Liste. Das Modell ist nicht mehr das Reich Karls des Großen, sondern eher das der Habsburger - mit Berlin statt Wien als Zentrum. Die Fackel des Föderalismus wird jetzt von Deutschland getragen, das auf einer "Vertiefung" der Union als notwendiger Präambel zu ihrer "Erweiterung" beharrt.

Ich bezweifle nicht die ehrliche Verpflichtung der deutschen Elite auf die europäische Idee. Sie handeln im Geist von Thomas Manns berühmtem Ausspruch:

kein deutsches Europa, sondern ein europäisches Deutschland. Jedoch, als Bürger eines kleinen Staats drängt sich mir der Gedanke auf, daß ein Deutscher sich den Luxus leisten kann, die idealistische Vision eines föderalen Europa zu unterstützen, weil er sich darauf verlassen kann, daß seine Nation immer stark genug sein wird, ihre eigenen Interessen in einer wie immer gearteten föderalen Struktur zu wahren. Aber eine kleine Nation wie Finnland kann sich nicht ihrer Fähigkeit sicher sein, ihre vitalen nationalen Interessen innerhalb einer europäischen Föderation zu wahren. Bezeichnenderweise befürwortete Jean Monnet, der Vater der westeuropäischen Einheit, Entscheidungen durch ein Direktorat der Großmächte. Ihn machten "kleine Länder ungeduldig", wie es kürzlich ein Biograph formulierte. "Er pflegte mit fröhlicher Beipflichtung einen anonymen Amerikaner aus der Zeit vor dem Krieg zu zitieren, der sich darüber beklagte, daß die norwegische Delegation bei internationalen Konferenzen ohne Rücksicht auf die Tagesordnung immer aufstand, um über Fische zu reden." (8)

(Fische waren damals zufällig von vitalem Interesse für die Norweger. Heute sind es Öl und Gas, kein Anlaß zum Lachen mehr für die Diplomaten der Großmächte.)

Ein aufschlußreiches Argument gegen eine europäische Föderation hat unabsichtlich der französische Diplomat Jean-Marie Guehenno geliefert, dessen Buch *La Fin de la Démocratie* kürzlich auf englisch unter dem Titel *The End of the Nation-State* ohne Änderungen im Text veröffentlicht wurde. In Europa zumindest würde das Ende des Nationalstaats tatsächlich das Ende der Demokratie bedeuten, wie wir sie kennen. Es gibt keinen Ersatz für den Nationalstaat als Rahmen für eine demokratische Gesellschaft. Die europäische Idee ist zu entfernt und abstrakt, um die Nation als den Brennpunkt der Loyalität und Solidarität des Volks abzulösen. Dem Nationalstaat seine Vitalität zu entziehen hieße, daß große Teile der Bevölkerung Europas wurzel- und orientierungslos zurückblieben. Europas Nationalstaaten brauchen die Union, um Aufgaben zu erfüllen, die keiner von ihnen allein schafft. Doch die Union ihrerseits braucht gut funktionierende Staaten als Mitglieder, die in der Lage sind, die gemeinsam vereinbarte Politik durchzusetzen.

Der Nationalstaat wird nicht ausgezehrt. Solange die Mitgliedstaaten der EU ungefähr die Hälfte des Bruttosozialprodukts als Steuern einnehmen und nur 1, 25 Prozent an die Union überweisen, kann man sie nicht machtlos nennen. Das wirkliche Problem in Europa ist die Unfähigkeit der Union, genügend populäre Unterstützung für effektive kollektive Aktionen zu wecken. Das Heilmittel ist nicht der Föderalismus, der ein intellektuelles oder philosophisches Konzept und kein politisches Programm ist. Die Klugheit gebietet, "diese großen Worte zu fürchten, die uns so unglücklich machen". Die Zukunft Europas liegt nicht in der Wahl zwischen einem föderalen Staat und einer "glorifizierten Freihandelszone", die Britannien angeblich bevorzugt. Die Union, wie sie sich heute darstellt, ist weit über eine Freihandelszone hinausgelangt. Die Europäische Kommission hat ebenso wie der Europäische Gerichtshof bestimmte supranationale Befugnisse. Die Kommission kann Mitgliedsregierungen vor Gericht zitieren, wenn sie Entscheidungen der Union mißachten, und die Urteile des Gerichtshofs sind bindend. Die Kommission hat das alleinige Initiativrecht, dem Ministerrat, der die Mitgliedsregierungen repräsentiert, Vorschläge zu unterbreiten, und sie hat die alleinige Kompetenz in solchen Bereichen wie der Außenhandels- und Wettbewerbspolitik. Sie steht im Begriff, mehr Befugnisse im Umgang mit internationaler Kriminalität und Problemen der Immigration zu erwerben. Immer mehr Entscheidungen werden durch Mehrheitsbeschluß gefällt, und "Flexibilität" wird es Gruppen von Mitgliedstaaten ermöglichen, die Integration untereinander zu vertiefen, ohne auf die Zustimmung aller anderen zu warten. Die WWU wird eine praktische Anwendung der Prinzipien der Flexibilität sein: Nicht alle Mitglieder werden ihr von Beginn an beitreten. Solche Reformen summieren sich nicht zum Föderalismus, aber sie werden den Mitgliedstaaten gestatten, die vorhandene Maschinerie effektiver zu nutzen.

Sobald die Einheitswährung eingeführt ist, wird eine engere Koordinierung der Wirtschaftspolitik erforderlich. Zu diesem Punkt äußern sich Befürworter der WWU eher vage oder ausweichend, um die Wähler nicht mit dem Gespenst eines Souveränitätsverlusts zu erschrecken. Doch es leuchtet ein, daß die von einer "total unabhängigen" europäischen Zentralbank zu bestimmende Geldpolitik nicht von der Steuerpolitik getrennt werden kann, über die jede Mitgliedsregierung unabhängig entscheidet. Wie unabhängig wird die "total unabhängige" Zentralbank wirklich sein? Und wie unabhängig werden die Mitgliedsregierungen ihre Wirtschaftspolitik innerhalb der WWU gestalten können? Präzise Antworten sind unmöglich, bevor das neue System tatsächlich angefangen hat zu funktionieren. In diesem Sinn ist die WWU ein Sprung ins Unbekannte - eine Feuerprobe für die Zukunft der Europäischen Union selbst.

5 Sicherheit

Die Vorstellungen eines Volks von nationaler Sicherheit werden weniger durch das rationale Kalkül künftiger Risiken als durch Lehren aus der Vergangenheit geformt. Die Geschichte beeinflußt die finnische Einstellung zur nationalen Sicherheit auf zwei scheinbar widersprüchliche Weisen. Einerseits möchten die Finnen sicherstellen, daß ihr Land bei einem Wiederaufleben des russischen Imperialismus nicht erneut im Stich gelassen wird; andererseits sind sie skeptisch gegenüber der Bereitschaft und Fähigkeit des Westens, ihnen zu Hilfe zu kommen, und sie wollen jede fremde Einmischung vermeiden, die das Land in einen Konflikt mit Rußland treiben könnte über Streitfragen, die mit seinen vitalen Interessen nichts zu tun haben. Die finnische Politik nach dem Ende des Kalten Kriegs hat angestrebt, diese zwei Ziele zu vereinen. Durch den Beitritt zur Europäischen Union stellt Finnland sicher, daß es in einer internationalen Krise nicht isoliert wird; durch den Verzicht auf ein Ersuchen um Mitgliedschaft in der NATO hat es seine Risiken begrenzt und vermieden, Rußland gegen sich aufzubringen.

Diese Politik macht Finnland einzigartig im heutigen Europa. Es ist das einzige Mitglied der Europäischen Union, das eine gemeinsame Grenze mit Rußland hat, und der einzige Nachbar der ehemaligen Sowjetunion, der nicht die Mitgliedschaft in der NATO beantragt hat. Diese zwei Unterscheidungen hängen natürlich zusammen: Weil Finnland EU-Mitglied ist, braucht es nicht unbedingt den Beitritt zur NATO.

Die EU-Mitgliedschaft, so ein Statement der finnischen Regierung, "erhöht die Schwelle, die man überschreiten müßte, um Druck auf Finnland auszuüben". Wie Henry Kissinger angemerkt hat, "ist es unvorstellbar, daß sie (die EU-Mitgliedstaaten) Angriffe auf eines ihrer Mitglieder ignorieren würden". (1) Doch weil Finnland derart auf die Bande der Solidarität vertraut, die alle EU-Mitglieder einen, könnte Finnland selbst in einem Konflikt zwischen einem EU-Mitglied und einer dritten Partei nicht neutral bleiben. Solidarität gilt in beide Richtungen.

Aber die EU-Solidarität ist deutlich begrenzt, wie aus Finnlands Beziehung zur Westeuropäischen Union (WEU) hervorgeht, dem Verteidigungsbündnis der westeuropäischen Länder. Wie Österreich und Schweden hat Finnland den Beobachterstatus statt Mitgliedschaft in der WEU gewählt. Die offizielle Erklärung lautet, Finnland ziehe es vor, außerhalb von militärischen Allianzen zu bleiben. Fakt ist hingegen, daß es keine Wahl hatte. Die WEU ist nicht bereit, neue Mitglieder aufzunehmen, ohne daß sie gleichzeitig der NATO beitreten. Das heißt im Klartext, daß die führenden Militärmächte in Westeuropa - Britannien, Frankreich und Deutschland - sich nicht auf die Verteidigung Finnlands verpflichten wollen, ohne daß die Vereinigten Staaten durch die NATO ihre Garantie unterschreiben. Während sich also Finnland auf die EU verläßt, verläßt sich die EU auf die NATO.

Das Leben in einem Grenzland brütet Mehrdeutigkeiten. Finnland ist heute weder neutral noch alliiert. Finnlands Sicherheitspolitik erhält eine zusätzliche Dimension durch die mittlerweile so genannte "NATO-Option". Wie Präsident Martti Ahtisaari Präsident Bill Clinton bei dem amerikanisch-russischen Gipfeltreffen im März 1997 in Helsinki sagte, schließe die finnische Regierung nicht die Möglichkeit aus, die Mitgliedschaft in der NATO zu beantragen, falls die Umstände sich änderten.

Finnland steht somit am Scheideweg von zwei Sicherheitskonzepten, die sich zum Teil überlappen und ergänzen und zum Teil im Europa nach dem Kalten Krieg miteinander wetteifern: das "weiche" Sicherheitskonzept durch Integration innerhalb der EU und die "harte" Sicherheit, die auf der militärischen Macht der NATO unter Führung der USA basiert.

Der große Entwurf

Die erste Freudenwelle nach dem Fall der Berliner Mauer schien eine allgemeine Einigung über den richtigen Weg zu Frieden und Sicherheit heranzuschwemmen. Ein großer Entwurf für ein auf der Basis gemeinsamer Werte vereintes Europa wurde in der Charta von Paris umrissen, die im November 1990 beim Gipfeltreffen der Konferenz für Sicherheit und Zusammenarbeit in Europa verkündet wurde. Der Charta von Paris zufolge wären Frieden und Sicherheit garantiert, sobald alle europäischen Nationen das westliche System der Demokratie und Marktwirtschaft übernähmen. Das gemeinsame Ziel war die Ausweitung des von der Europäischen Gemeinschaft repräsentierten Sicherheitskonzepts in die östliche Hälfte Europas, um politische Stabilität und wirtschaftlichen Wohlstand zu fördern und damit eine verläßliche und dauerhafte Basis für die Sicherheit beider Hälften zu schaffen. Die Gemeinschaft hatte immer beansprucht, "Europa" zu sein. Während des Kalten Kriegs hatte sie keine andere Wahl gehabt, als eine exklusiv westeuropäische Institution zu bleiben. Jetzt hatte sie endlich die Gelegenheit, ihren Anspruch auf die Repräsentation ganz Europas zu beweisen. Niemand sprach in diesem Zusammenhang von einer neuen Rolle für die NATO.

Diese Vision von der Zukunft Europas offenbart den fortdauernden Einfluß der deutschen Philosophie auf das politische Denken im achtzehnten und neunzehnten Jahrhundert. Um John Maynard Keynes zu paraphrasieren, merken Politiker oft nicht, daß die Meinung, die sie ausdrücken, zu Büchern zurückverfolgt werden kann, verfaßt von Professoren, von denen sie noch nie gehört haben. Die Idee, daß Demokratien keinen Krieg gegeneinander führen, stammt von Immanuel Kant, der vor 200 Jahren schrieb, daß "ewiger Friede" herrsche, wenn in jedem Staat die Entscheidungen über Krieg und Frieden von den Bürgern statt eines einzigen Herrschers getroffen würden. Die Behauptung, das westliche Regierungssystem besitze universale Gültigkeit, echot Hegels These vom "Ende der Geschichte". Und der heutige Glaube an das Vermögen des Markts, die früheren sozialistischen Gesellschaften zu transformieren, erinnert an Karl Marxs Voraussage, das kapitalistische

System werde alle Nationen zwingen, die gleichen Produktionsmethoden anzuwenden, und so “eine Welt nach seinem eigenen Bild schaffen”.

Hätten die in Paris versammelten Anführer Historiker statt Philosophen konsultiert, wären sie vielleicht vorsichtiger gewesen. Die aus den Ruinen der Sowjetmacht aufsteigenden Nationen hatten wenig gemeinsam außer ihrem Schicksal als Opfer des Konflikts zwischen dem deutschen und russischen Imperialismus, gefolgt von erzwungener Integration in das sowjetische System. In diesem Jahrhundert ist jedes Land im sogenannten Mittel- und Osteuropa vom Krieg verwüstet worden, besetzt, befreit und wieder besetzt, jedesmal mit einer Änderung des politischen Systems und in vielen Fällen auch der Grenzen. Nach dem Auseinanderfallen der Sowjetunion und Jugoslawiens ist die Zahl der souveränen Mitgliedstaaten der Vereinten Nationen, die jetzt den Raum zwischen Triest und dem Ural füllen, auf 23 gestiegen. Nur sechs davon existierten vor 1918: Rußland, Rumänien, Bulgarien, Albanien, Griechenland und die Türkei. Manche wurden nach dem Ersten Weltkrieg geboren, andere nach 1989, darunter mehrere Länder, die nie in der Geschichte den Status unabhängiger Staatlichkeit im modernen Sinn hatten oder die ihn nur kurzfristig besaßen - ein Jahr oder zwei, eine Dekade oder zwei - und ihn dann verloren, obwohl manche ihn seitdem wiedererlangt haben: die drei baltischen Staaten, Belarus, die Ukraine, die Slowakei, Moldawien, Slowenien, Kroatien, Mazedonien. Parlamentarische Demokratie und Marktwirtschaft hatten nie eine feste Dauer in diesen Ländern. Vor dem Zweiten Weltkrieg waren die Tschechoslowakei und Österreich die einzigen Demokratien und Industriestaaten unter ihnen. Alle anderen waren überwiegend von autoritären Regimes beherrschte Agrarländer. Sobald die sowjetische Macht abzog und die von Moskau auferlegte Uniformität zerbrach, lebten die alten Differenzen, Rivalitäten und Fehden wieder auf. Die von der Vergangenheit geprägte Mentalität der Menschen läßt sich nicht einfach umformen, wie man in Ostdeutschland, der ehemaligen Deutschen Demokratischen Republik, gesehen hat, die trotz großzügiger Subventionen von Westdeutschland immer noch hinterherhinkt.

Nachdem sich das volle Ausmaß der von sowjetischer Herrschaft angerichteten physischen und moralischen Verwüstung entfaltet hatte, schien die Vision eines vereinten Europa weit von den brutalen Realitäten entfernt, die in der östlichen Hälfte des Kontinents herrschten. Als die Pariser Charta veröffentlicht wurde, mochte man glauben, daß eine dynamische, selbstbewußte westliche Gemeinschaft auf zahllosen verschiedenen Wegen einen starken Einfluß auf die Entwicklungen im ganzen früheren Sowjetimperium ausüben werde. Aber heute steckt Westeuropa selbst in der Krise. Der Sieg im ideologischen Kampf des Kalten Kriegs hat westliche Nationen paradoxerweise ihrem eigenen System gegenüber kritischer gemacht. Nach dem Kollaps des rivalisierenden Systems können sie sich nicht mehr mit Winston Churchills berühmtem Diktum trösten - daß die Demokratie eine mangelhafte Regierungsform sei, aber besser als jede bekannte Alternative. Von Selbstzweifel und Pessimismus gepeinigt, ging der Westen nur langsam die Aufgabe an, seine Reichweite nach Osten auszudehnen.

Bevor die Erweiterung stattfinden kann, muß die EU "vertieft" werden: Die Entscheidungsprozesse müssen den Bedürfnissen einer größeren Zahl von Teilnehmern angepaßt werden. Im Juni 1997 wurde ein bescheidener Fortschritt erzielt, indem fünf der zwölf Länder, die einen Antrag auf Mitgliedschaft gestellt hatten, die Beitrittsverhandlungen aufnehmen durften. (Zusätzlich sollen auch Gespräche mit Zypern beginnen, doch das ist ein Sonderfall, dessen Lösung von einer Einigung zwischen der Türkei und Griechenland über die Zukunft des Inselstaats abhängt.) Die fünf von der Europäischen Kommission für die erste Runde ausgewählten Länder sind die Tschechische Republik, Estland, Ungarn, Polen und Slowenien. Aber die Kluft zwischen den 5 und den gegenwärtigen 15 Mitgliedern der EU bleibt breit. Der wohlhabendste der Antragsteller ist Slowenien, mit einem Pro-Kopf-Einkommen von 59 Prozent des EU-Durchschnitts; der ärmste ist Estland mit 22 Prozent. Wieviel Geld die EU zur Verfügung haben wird, um den Antragstellern zu helfen, weiß man erst, wenn die Budget-Kriterien der Union 1999 revidiert worden sind. Die Beitrittsprozedur wird offensichtlich viele Jahre erfordern. In der Zwischenzeit werden die übrigen Antragsteller (Bulgarien, Lettland, Litauen, Rumänien und die Slowakei) zur Vorbereitung auf die Mitgliedschaft weitere Unterweisung von der Europäischen Kommission erhalten. Aber wie weit kann die EU sich nach Osten ausdehnen? General de Gaulle sah Europa vom "Atlantik bis zum Ural" - eine kalkuliert mehrdeutige Wendung. Auch heute reden politische Anführer in mehrdeutigen Begriffen, obgleich weniger aus Kalkül als aus Unentschlossenheit. Die östliche Grenze Europas als einer Gemeinschaft gemeinsamer Werte - Immanuel Kants Europa - bleibt von Unsicherheit bewölkt.

Der Balkankrieg

Mittlerweile war die Vision der Pariser Charta durch das Auseinanderbrechen der jugoslawischen Föderation und den grausamen Krieg zwischen ihren Völkern vernichtet. Als Folge mußte Europas "Sicherheitsarchitektur" nach dem Kalten Krieg revidiert werden.

Zunächst neigten die westlichen Regierungen dazu, die Kämpfe im früheren Jugoslawien als ein weiteres Kapitel in der langen Geschichte des gnadenlosen Haders der Balkan-Völker zu betrachten - einen internen, äußeren Einflüssen entzogenen Krieg. Die historischen Wurzeln des Konflikts sind in der Tat bemerkenswert; das enthüllt die Wiederauflage des Berichts einer internationalen Erforschung des Balkan-Kriegs 1912/ 1913, in Auftrag gegeben von der Carnegie-Stiftung für Internationalen Frieden. Die bewußte Anwendung militärischer Aktionen für die Ausrottung von zivilen Bevölkerungen, die Zerstörung von Städten und Dörfern, die von allen Seiten verübten Greuel an Frauen und Kindern, das totale Fehlen von Kompromißwillen: in all diesen Beziehungen war der Balkan-Krieg 1993/ 1997 eine Wiederholung des Kriegs von 1912/ 1913.

In seiner Einleitung zu der Neuauflage des Carnegie-Berichts folgert George Kennan, daß *wir vor der traurigen Tatsache stehen, daß die Entwicklungen jener früheren Jahre... eine Auswirkung hatten, durch die in die südöstlichen Bereiche des europäischen Kontinents ein Winkel nicht-europäischer Zivilisation vorgetrieben wurde, der bis zum heutigen Tag viele seiner nicht-europäischen Eigenschaften bewahrt hat, darunter manche, die noch weniger in die Welt von heute passen als in die Welt vor achtzig Jahren.* (2)

Dies ist eine unmodische Meinung in unserem Zeitalter der Integration, das ethnische oder kulturelle Unterschiede zwischen Völkern gern übertüncht, aber sie ist als solche ein nützliches Gegenmittel gegen die Tendenz von politischen Analytikern und Kommentatoren, von einem Einzelereignis gleich zu einer allgemeinen Theorie zu springen. Die Balkan-Völker sind natürlich nicht die einzigen des aggressiven Verhaltens fähigen Europäer. Wie Kennan herausstellt, haben wir es mit relativen Unterschieden zu tun. Aber es gibt nirgendwo in Europa eine Verkettung historischer, ethnischer und religiöser Konflikte, die dem Schlangennest im Balkan vergleichbar wäre.

Wenig schien sich in Europa seit den Tagen von Otto von Bismarck geändert zu haben, dem Kanzler des frisch vereinten Deutschland, der im Dezember 1876 seinen berühmten Ausspruch tat, Deutschland habe kein Interesse an der Ostfrage, wie man den Balkan-Konflikt damals nannte: "Der ganze Balkan ist nicht die gesunden Knochen eines einzigen pommerschen Musketiers wert." (3) In einem Moment der Unachtsamkeit formulierte es Präsident Bill Clinton weniger eloquent: "Bis diese Leute müde werden, einander dort unten zu töten, werden weiter schlimme Dinge passieren." (4)

Doch die von den Medien bedrängten westlichen Regierungen schafften es nicht, sich herauszuhalten. Die Anerkennung der Unabhängigkeit von Slowenien und Kroatien war der erste Schritt auf dem glatten Abhang. Wir werden nie wissen, was man hätte erreichen können, wenn die Großmächte die Anerkennung davon abhängig gemacht hätten, daß zuvor eine friedliche Regelung von Grenzen, Minderheitsrechten und anderen umstrittenen Fragen unter internationaler Aufsicht erreicht werden müsse. Wir wissen hingegen, daß die reflexive Anwendung des Prinzips der nationalen Selbstbestimmung die moslemische Bevölkerung von Bosnien-Herzegovina - eher eine religiöse als eine nationale oder ethnische Gemeinschaft, die nie einen Nationalstaat angestrebt hatte - praktisch dazu zwang, die Unabhängigkeit zu suchen, um nicht hilflos den Ambitionen der Serben ausgeliefert zu sein. Der Kampf zwischen den Völkern der früheren Föderation Jugoslawien wurde so in einen Krieg zwischen souveränen Staaten verwandelt: Die UNO konnte sich nicht mehr abwenden.

Was folgte, ist eine vertraute Geschichte. Die UNO-Intervention entwickelte sich von der Vermittlung zum Waffen-Embargo, zu wirtschaftlichen Sanktionen, humanitären Missionen, um die Zivilbevölkerung zu schützen, und schließlich zu selektiven Luftangriffen von NATO-Flugzeugen - zu allem außer der Art von Aktionen, mit denen man schwere Verluste riskiert hätte.

Was die gegenwärtige Balkankrise von früheren unterscheidet, ist die Rolle der Medien. Doch der Druck der öffentlichen Meinung war mehrdeutig. Die Menschen empörten sich über die in Fernsehberichten gezeigten Greuel und forderten Maßnahmen, um sie zu beenden. Aber in keinem europäischen Land drängten die Menschen ihre Regierung, ihre eigenen Soldaten zu entsenden, um die Aufgabe zu erledigen. Sie sagten: Soll die UNO oder die NATO etwas unternehmen. Das ist eine Methode, jemanden um etwas zu bitten, was man selbst nicht tun will. Die Initialen der internationalen Organisationen bleiben Abstraktionen, wenn man sie nicht durch den nationalen Willen der Mitgliedstaaten zum Leben weckt. Dieser Wille hat gefehlt.

Es war wieder Bismarck, der sagte, er habe immer das Wort Europa auf den Lippen der Politiker gefunden, die etwas von anderen Mächten wollten, was sie im eigenen Namen nicht zu verlangen wagten. (5)

Auf der intellektuellen Ebene bauten die Kritiker der westlichen Politik eine überzeugende Position auf, indem sie argumentierten, daß nicht nur humanitäre Erwägungen, sondern auch fundamentale europäische Interessen im Balkan auf dem Spiel ständen und daß der Verzicht auf nachdrückliches Handeln Europas Glaubwürdigkeit in ganz Mittel- und Osteuropa einschließlich Rußlands untergraben habe. Aber diese Einschätzung der langfristigen Interessen Europas brachte nicht die emotionalen Saiten von Menschen zum Schwingen, die unter Bedingungen von Sicherheit und relativem Wohlstand leben.

Die europäischen Gesellschaften haben heute einfach nicht den Mut zu der Art von ausladenden militärischen Interventionen, die man im ehemaligen Jugoslawien hätte unternehmen müssen. Ob das an einer generellen Schwächung der Staatsloyalität liegt, an hedonistischem Individualismus oder bloß an den immer kleineren Familien, wie Edward Luttwack behauptet hat, sollen die Soziologen analysieren. (6) Die politischen Konsequenzen sind schon sichtbar. Politiker fühlen sich von dem Gespenst der Leichensäcke verfolgt, die von fernen Schlachtfeldern zu trauernden Angehörigen heimgeflogen werden. In einer erinnerungswerten Szene im britischen Fernsehen sagte die weinende Mutter eines in Bosnien getöteten Soldaten den Reportern: "Und ich war so glücklich, als er in die Armee eintrat - wir dachten, es sei ein sicherer Job." Der Geist ist nicht mehr wie in den Tagen von Tennyson: "Theirs not to reason why/ Theirs but do to and die". *(Der Angriff der Leichten Brigade).* "Sie sollen niemals fragen/ Nur tun und ihr Leben wagen."

Zu Beginn der Kämpfe hatte der Präsident der Europäischen Union die Gelegenheit, die Kriege der jugoslawischen Auflösung zu beenden, als "die Stunde Europas" bezeichnet. Die Vereinigten Staaten standen abseits; es war ein europäisches Problem. Doch Washington blieb kein gleichgültiger Zuschauer. Obwohl die Vereinigten Staaten es ablehnten, direkt einzugreifen, unterminierten sie die von europäischen Vermittlern angebotenen Kompromisse. Aber als sie endlich merkten, daß der Einsatz von Gewalt notwendig war, damit die Diplomatie funktionierte, spielten die Vereinigten Staaten eine entscheidende Rolle dabei, die Kämpfe zu beenden und die Kriegsparteien so einzuschüchtern, daß sie am 21. November 1995 die Übereinkunft von Dayton akzeptierten. Und der US-Militärbeitrag war und ist instrumental bei der Überwachung und Durchführung der Übereinkunft von

Dayton sowie bei den internationalen Bemühungen, zum Aufbau des Friedens in dem verwüsteten Land beizutragen.

Die Botschaft der jugoslawischen Tragödie für die Nationen Mittel- und Osteuropas war arg. "Die Stunde Europas" hatte die Grenzen der Bereitschaft und Fähigkeit der westeuropäischen Länder offenbart, zur Verteidigung von gemeinsamen Werten und der kollektiven Sicherheit außerhalb des Gebiets, zu dessen Verteidigung sie vertraglich verpflichtet sind, Gewalt anzuwenden. Die Macht der Vereinigten Staaten wurde immer noch in Europa gebraucht. Deshalb streben Rußlands Nachbarn heute die Aufnahme in die NATO an. Sie wünschen verzweifelt, akzeptiert zu werden, dazuzugehören. Sie können nicht die Möglichkeit ausschließen, wie der Präsident der Tschechischen Republik Vaclav Havel es ausgedrückt hat, "daß immer noch in den imperialen Ehrgeiz der ehemaligen Sowjetunion verliebte Kräfte in Rußland temporär die Oberhand gewinnen: Chauvinisten, Großrussen, Kryptokommunisten und kryptototalitäre Kräfte". Da der Zulaß zur Europäischen Union offensichtlich noch viele Jahre erfordern wird, offeriert der Beitritt zur NATO eine Abkürzung auf dem Weg in die westliche Herde.

Westliche Kritiker der NATO-Erweiterung argumentieren, die Furcht vor einem Wiederaufflammen der russischen Aggressivität sei übertrieben. Daß Rußland heute zu schwach ist, liegt auf der Hand, und es ist ein Irrtum zu glauben, daß Rußland wieder stark werden könnte, indem es zu einer geschlossenen Kommandowirtschaft und einer militarisierten Außenpolitik zurückkehrt - mit anderen Worten durch Methoden, die zum Sturz der Sowjetunion geführt haben. Die aus Moskau dringende imperialistische Rhetorik zeigt nur, daß russische Politiker gelernt haben zu schreien, wenn sie über einen Schwachpunkt debattieren. Noch auf lange Zeit wird Rußland die Stärke fehlen, eine wichtige Rolle in den Weltgeschehnissen zu spielen.

Die schwache Leistung der russischen Armee im tschetschenischen Krieg wird oft als Beweis für Rußlands Unfähigkeit angeführt, wieder seine imperiale Rolle zu übernehmen. Aber der Krieg in Tschetschenien enthüllte auch, daß Rußland immer noch zur Anwendung von Gewalt bereit ist, um die Unabhängigkeit eines kleineren Volks zu ersticken; das aus früheren Zeiten bekannte brutale Verhalten hat sich nicht geändert. Für jemanden wie mich, der auf der Opferseite eines russischen Überfalls stand, klangen die Berichte aus Tschetschenien deprimierend vertraut. Das wurde vielleicht von denen, die in sicherer Distanz lebten, übersehen. Ja, der russische Angriff auf Tschetschenien wurde von westlichen Regierungen als interne Angelegenheit entschuldigt, als erlaubter Akt, um eine sezessionistische Rebellion zu unterdrücken, oder sogar als eine rechterzwingende Operation gegen Schmuggler und Schwarzmarkthändler. Aber für Menschen, die in der Nachbarschaft wohnen, dient Tschetschenien als sinistre Warnung. Denn als Regionalmacht behält Rußland ein massives Übergewicht gegen seine europäischen Nachbarn, und Rußlands Schwäche im globalen Kontext hat den paradoxen Effekt, daß sie die Sicherheitsbesorgnisse in diesen Ländern schärft, weil sie tendenziell das westliche Interesse an dieser Region mindert. Sie haben nicht alles vergessen, wofür Jalta steht.

Was tatsächlich auf der Jalta-Konferenz geschehen ist, sei dahingestellt. Der Name des Orts ist in das kollektive Gedächtnis der Völker Mittel- und Osteuropas als Symbol der westlichen Bereitschaft eingegraben, am Ende des Zweiten Weltkriegs die sowjetische Dominanz in diesem Teil Europas zu akzeptieren, weil man glaubte, wie Präsident Franklin Roosevelt einmal schrieb, daß Stalins frühe Erziehung zum Priestertum "seiner Natur etwas von der Art eingegeben hatte, nach der ein christlicher Gentleman sich benehmen sollte". (7)

Während seines Besuchs in Prag im Januar 1994 wurde Präsident Bill Clinton von einem tschechischen Reporter gefragt, ob es angesichts der geschichtlichen Lehren vorstellbar sei, daß die NATO einem osteuropäischen Land nicht zu Hilfe eilen würde, wenn es besetzt oder militärisch angegriffen werde. Agenturberichten zufolge erwiderte Clinton, es sei nach seiner Meinung "zu bezweifeln", daß keine Hilfe kommen würde. "Ich denke, Ihre Lesart unserer Geschichte ist richtig", sagte er. (8)

Man wundert sich, was die Geschichte im Sinn hatte. Die Geschichte in der Erinnerung der Menschen von Prag ist die der westlichen Indifferenz gegenüber ihrem Schicksal. Am Ende des Zweiten Weltkriegs nahm der Westen die sowjetische Hegemonie über Mittel- und Osteuropa hin. Der Kalte Krieg wurde nicht durch Ereignisse östlich der Linie verursacht, die Deutschland durchschnitt, sondern durch die Furcht, daß die sowjetische Militärmacht im Verein mit der kommunistischen Subversion bis 1963 eine direkte Bedrohung der westlichen Gesellschaften darstellte. Der ehemalige französische Präsident Valéry Giscard d'Estaing schrieb kürzlich: "Wir lebten immer noch in der Angst vor einer sowjetischen Invasion, und das ganze politische Vokabular deutete an, wir könnten eines Morgens unter der Besetzung von sowjetischen Rudeln aufwachen." (9) Die sowjetische Domäne wurde vom Westen nie ernsthaft in Frage gestellt. Selbst in den Sterbetagen des sowjetischen Imperiums zogen Präsident Bush und andere westliche Anführer die Stabilität vor, was Hilfe für Mikhail Gorbatschow bedeutete, damit er an der Macht blieb: Sie ermutigten die Osteuropäer nicht, ihre Freiheit zu suchen. Nachdem nun der ideologische Wettstreit vorbei und Rußland schwach ist, könnte der Westen den Geschehnissen in diesen "entlegenen Ländern" den Rücken kehren. Die Polen und die anderen wollten nicht nur deshalb der NATO beitreten, weil sie eine mögliche Wiederbelebung der russischen Macht fürchteten, sondern weil sie dem Westen ohne eiserne schriftliche Garantien nicht trauten.

Anfangs begegnete der Wunsch der früheren Mitglieder des Warschauer Pakts um Aufnahme in die NATO sowohl in den Vereinigten Staaten wie in Westeuropa einiger Verlegenheit. Die allgemeine Ansicht besagte, daß die NATO ihre Aufgabe, die Machtbalance zu erhalten und so eine sowjetische Aggression zu verhindern, erfüllt habe. Die NATO könne sich nun also als letzte Reserve gegen die unwahrscheinliche Eventualität einer Erneuerung der sowjetischen Bedrohung in den Hintergrund zurückziehen. Eine Erweiterung der militärischen Allianz wäre aus dieser Sicht irrelevant für die realen Probleme der nach Aufnahme rufenden Länder. Sie standen vor keiner militärischen Herausforderung, sondern eher vor der Gefahr, in den durch das Erbe von 50 Jahren sowjetischer Herrschaft verursachten Strudel wirtschaftlicher Rückständigkeit und sozialer Instabilität gesogen zu werden. Dagegen hatte die NATO keine Verteidigung. Sicherlich war eine Erweiterung der Europäischen Union die richtige Antwort. Es gab außerdem das Problem, zwei miteinander unvereinbare Politiken zu versöhnen: Rußland als friedlichen Partner zu behandeln und Polen und andere Länder gegen eine mögliche russische Aggression zu schützen.

Der erste Versuch, das Dilemma zu lösen, war das Partnerschaft für den Frieden (PfP) genannte Schema, das es der NATO ermöglichte, militärische Kooperationen mit Nichtmitgliedsstaaten einzuleiten, vorgeblich um ein gemeinsames Krisenmanagement und friedenserhaltende Fähigkeiten zu entwickeln. Seine Akzeptanz wechselte je nach dem Grad der Erwartungen in den betroffenen Ländern. Wer befürchtete, auf der falschen Seite der neuen Linie zu landen, befürwortete die PfP als besser denn nichts - eine halb volle Tasse. Aber wer hoffte, die Mitgliedschaft zu erlangen, wurde enttäuscht - eine halb leere Tasse. Besonders die Polen fühlten sich im Stich gelassen, gleich einem Freier, der um die Ehe bittet und dem man statt dessen platonische Freundschaft anbietet. Der Grund, warum sie der NATO beitreten wollten, war kein brennendes Interesse am Erhalt des Friedens; es war der Wunsch, die in Artikel 5 der Nordatlantischen Verteidigungsallianz verbürgte Sicherheitsgarantie zu erhalten.

Der neue Feind

Inmitten all der Zweifel und Zögerlichkeiten stieß plötzlich Präsident Clinton vor: Es gehe nicht darum, erklärte er, ob die NATO neue Mitglieder aufnehme, sondern wann und wo. Das sagte er am 12. Januar 1994 in Prag. War das eine spontane Reaktion darauf, was sein Auditorium so fieberhaft hören wollte? Was immer seine Motive waren, dies bedeutete den entscheidenden Schritt. Ein Rückzug wäre ein erneuter Verrat an den Nationen gewesen, die sich mühten, in dem von der Sowjetmacht verlassenen Raum einen sicheren Ort zu finden.

Clintons Wann und Wo stellte sich als "eine extensive Studie" aller Aspekte einer möglichen Erweiterung heraus. Doch wie gewöhnlich zwangen unvorhergesehene Ereignisse die Politiker zum Handeln. Die NATO-Operationen in Bosnien wurden zu einem Katalysator des Wandels, der ganz Europa erschütterte.

Bis dahin hatten Zweifel an der Relevanz der NATO für die Sicherheitsbedürfnisse Europas nach dem Kalten Krieg bestanden. Als der sowjetische Anführer Mikhail Gorbatschow begonnen hatte, sein "neues Denken" anzuwenden, veröffentlichte Georgi Arbatow, der "Medien-Guru" des Kreml, in den späten 1980ern seine berühmte Drohung an die NATO: "Wir werden euch etwas Schreckliches antun - wir werden euch eures Feindes berauben." Der Verlust eines Feindes ist gewöhnlich fatal für eine militärische Allianz; sie zerbricht entweder oder erschlafft einfach. Aber die bosnische Tragödie half der NATO, einen neuen Feind zu entdecken. Keinen, der sich durch seine Fahne oder die Form seiner Helme identifizierte, den aber jede Regierung in Europa erkannte: Der neue Feind heißt Instabilität. Wie eine moderne Version der Heiligen Allianz bemüht sich die NATO, zum Hüter der Ordnung in einem Europa zu werden, das durch gemeinsame Werte vereint ist, in dem Demokratie und Marktwirtschaft als das einzig legitime System für europäische Staaten anerkannt sind. So konnten die Behandlung Rußlands als Partner und die Aufnahme neuer Mitglieder in die NATO miteinander vereint werden; gewiß würde auch Rußland von Ordnung und Stabilität an seinen westlichen Grenzen profitieren.

Der Schritt der USA hatte einen Mitläufer-Effekt, den niemand vorhersehen konnte. Sobald US-Truppen in Bosnien einzumarschieren begannen, wollten alle anderen Länder in Europa - und manche außerhalb - beitreten. Zum ersten Mal in der Geschichte waren Truppen aus neutralen und blockfreien Ländern bereit, unter dem Kommando der NATO zu dienen. Sogar Rußland konnte nicht beiseitestehen.

Die neue NATO-Mission ist von US-Offiziellen in wahrhaft missionarischen Tönen beschrieben worden. Dem nationalen Sicherheitsberater Sandy Berger zufolge "ist das Ziel zu bekräftigen, daß Amerika eine europäische Macht ist, mit Plänen, ein ungeteiltes, friedliches, demokratisches Europa aufzubauen". Und mit den Worten des ehemaligen amerikanischen NATO-Botschafters Robert Hunter:

Die Europäische Union und die NATO versuchen in Mitteleuropa nichts weniger, als das Versprechen des Marshall-Plans zu erfüllen, das vor rund fünfzig Jahren von Joseph Stalin vereitelt wurde und am Eisernen Vorhang abprallte. Wir haben jetzt endlich eine Chance, dieses großartige Bemühen zu vollenden. Wie selten ist es in der Geschichte - vielleicht einmalig - , daß wir die Chance bekommen, zum zweitenmal in den Apfel der Geschichte zu beißen... (10)

Mit Sicht auf Europa benutzte der frühere Außenminister Warren Christopher in seiner Abschiedsrede am 15. Januar 1997 ein Schlüsselwort, als er von den Vereinigten Staaten als "der unverzichtbaren Nation" im einundzwanzigsten Jahrhundert sprach. (11) Sie seien unersetzlich, weil die europäischen Nationen nicht den gemeinsamen Willen gefunden hätten, ihre großen Ressourcen zur eigenen Verteidigung zu verwenden und in der militärischen Technologie weit hinter den Vereinigten Staaten herhinkten. Gleich einem Patienten, der noch nicht ohne Krücken zu gehen wagt, obwohl er längst geheilt ist, hängt die Europäische Union in der Sicherheit immer noch von den Vereinigten Staaten ab, nun zwar erleichtert durch die Wiederbestätigung der amerikanischen Verpflichtung auf Europa, doch wie stets ihrem Beschützer grollend.

Ein weiteres Zeichen des Wandels in Europa war der Beschluß des neogaullistischen französischen Präsidenten Jacques Chirac, die Wehrpflicht als obsolet zu erklären: ein dramatischer Bruch mit der Tradition in einem Land, das als erstes vor 200 Jahren die Wehrpflicht eingeführt hatte. Das offenbarte die geopolitische Trennung, die Europa durchschneidet. Die im Rücken des vereinten Deutschland lebenden Nationen brauchen nicht mehr gerüstet zu sein, ihre Grenzen gegen eine Invasionsarmee zu verteidigen. Die Furcht, sie "könnten eines Morgens von sowjetischen Rudeln besetzt aufwachen", ist verklungen. Für sie erfordert die Sicherheit jetzt die

Kapazität, Kräfte an Krisenherde außerhalb ihres eigenen Landes zu entsenden, und dafür brauchen sie professionelle Soldaten, keine Wehrpflichtigen. Aber die zwischen Deutschland und Rußland lebenden Nationen - Finnland zum Beispiel - können es sich noch nicht leisten, die revolutionäre französische Idee des *lever en masse* zu verwerfen. Was Napoleon vor 200 Jahren sagte, stimmt immer noch: Die Geographie bestimmt die Außenpolitik eines Landes.

Präsident Chirac verleugnete dann sogar Charles de Gaulle, indem er wieder den politischen Organen der NATO beitrat: ein Schritt, der auf einer realistischen Analyse des Zustands der Europäischen Union beruhte. Wie Außenminister Hervé de Charette bemerkt hat, "ist Europa weit davon entfernt, seine Stärke an der Verteidigungsfront bewiesen zu haben". Seine eigene Verteidigungsallianz, die Westeuropäische Union, "hat Verantwortungen, aber keine Kapazitäten". Die logische Schlußfolgerung lautete, in der NATO mitzuarbeiten, um zu gewährleisten, daß die gewaltigen Fähigkeiten der Allianz zum Schutz europäischer Interessen selbst in Situationen genutzt werden konnten, in denen die Vereinigten Staaten möglicherweise nicht bereit waren, direkt einzugreifen. Zur Zeit dieser Niederschrift ist noch keine Einigung über die Modalitäten einer französischen Rückkehr in das militärische System der NATO erreicht worden, doch das ist weniger wichtig als der Umstand, daß Frankreich jetzt an der politischen Kooperation innerhalb der Allianz teilnimmt. (12)

Während die Franzosen mehr daran interessiert sind, die NATO zu reformieren oder zu "europäisieren", als sie zu erweitern, ist Deutschland Amerikas hauptsächlicher Partner bei dem Bemühen, die drei mitteleuropäischen Länder - die Tschechische Republik, Ungarn und Polen - in die Allianz zu bringen. Nach einem halben Jahrhundert Frontdienst möchten die Deutschen verständlicherweise abgelöst werden. In den schlechten alten Zeiten hätte man gesagt, Deutschland wolle einen Gürtel von Pufferstaaten zwischen sich und Rußland schaffen. Heute ist es politisch korrekt, die Erweiterung als eine östliche Ergänzung von Deutschlands westlicher Integration zu bezeichnen.

Deutsche Investitionen in Polen, Ungarn und der Tschechischen Republik sind seit 1990 so dramatisch gestiegen, daß die drei Länder jetzt kollektiv als "Deutschlands Hinterhof" bekannt sind. Außer privaten Investitionen haben sie seit dem Sinken des Eisernen Vorhangs 1989 mehr als 100 Milliarden Dollar Hilfe von Bonn kassiert und den ganzen Focus ihrer Wirtschaft auf den Westen gerichtet. Deutsches Kapital beschäftigt jetzt mehrere Millionen Arbeiter in diesem Hinterhof. Die Invasion deutscher Privatfirmen schafft Arbeitsplätze und Wohlstand und mindert die alte Furcht vor deutscher Dominanz. Großdeutschland erscheint so in der Gestalt eines gütigen Riesen. Als ein semipazifistisches Land, in dem die Hälfte der Wehrpflichtigen das Tragen von Waffen ablehnt und statt dessen den Zivildienst wählt, ist Deutschland bedacht, das Evangelium der politischen Stabilität und des wirtschaftlichen Fortschritts nach Osten zu verbreiten, und es unternimmt jegliche Mühe, um Rußland des friedlichen Charakters der Neuen NATO zu versichern.

Das russische politische Establishment läßt sich nicht leicht beruhigen. Da die Russen immer von politischer Paranoia und Verschwörungstheorien bewegt waren, glauben manche von ihnen vielleicht wirklich, was sie über die durch die NATO-Erweiterung entstehende Bedrohung sagen. Die russische Haltung ist oft in psychologischen Begriffen als verletzter Stolz erklärt worden, den man mit diplomatischer Therapie behandeln müsse, etwa mit geeigneten Gesten, um zu beweisen, daß der Westen Rußland immer noch als eine Supermacht betrachtet. Verletzter Stolz spielt wahrscheinlich eine Rolle, aber es gibt eine handfestere Erklärung. Die NATO-Erweiterung wird das Ausmaß von Moskaus Einfluß in seinem ehemaligen "äußeren Imperium" unwiderruflich schrumpfen lassen und den reduzierten Status Rußlands bestätigen. Polen, das entscheidende Land, wird endlich Moskaus Zugriff entzogen sein: eine historische Verlagerung in Europas geopolitischer Struktur. Wieviel die Anführer der NATO auch über ihren Wunsch nach Partnerschaft mit Rußland zur Verteidigung der Demokratie reden, die Tatsache bleibt, daß die NATO-Erweiterung die Bilanz des Kalten Kriegs zieht. So sieht es auch die Mehrheit des russischen Establishment.

Die russische Opposition gegen die NATO-Erweiterung hat das gesamte politische Spektrum vereint, von extremen Nationalisten bis zu reformistischen Liberalen, was zeigt, daß Rußland sich nicht so sehr geändert hat. Nicht zum erstenmal hat die russische Diplomatie es geschafft, Schwäche in einen Vorteil zu verkehren. Indem es den Westen warnte, die Erweiterung werde das Schlimmste in Rußland hervorbringen, wandte Moskau eine alte Taktik an. Sogar Stalin pflegte den Westen zu warnen, daß irgendwo im Hintergrund lauernde dunkle Kräfte entfesselt und dem Westen das Leben noch schwerer machen würden, wenn man seine Vorschläge ablehne. Wie sich herausgestellt hat, ist es den Russen de facto gelungen, ein Maximum an Konzessionen zu erreichen für etwas, das sie ohnehin nicht hätten verhindern können.

Neue NATO und Neues Rußland

Der am 21. März 1997 auf dem Gipfeltreffen der Präsidenten Clinton und Jelzin in Helsinki abgeschlossene Handel wurde als eine historische Regelung begrüßt. Rußland erhielt die Versicherung, daß keine Atomwaffen oder alliierte Truppen in den Territorien der neuen NATO-Mitgliedstaaten stationiert werden, und der neue NATO-Rußland-Rat wurde zum Zweck der Konsultation und Koordination und wenn möglich der gemeinsamen Entscheidung beim Vorgehen in Sicherheitsfragen gegründet. Doch die Statements der zwei Präsidenten enthüllten fundamentale Unterschiede in ihrer Einstellung.

Clinton zufolge bestand die hauptsächliche Herausforderung an das Gipfeltreffen darin, "zum ersten Mal in der Geschichte ein ungeteiltes, demokratisches und friedliches Europa aufzubauen". Er fügte hinzu, daß die NATO - die "Neue NATO" - der Felsen der europäischen Sicherheit sei und daß Rußland ihr respektierter Partner dabei werde, "die Zukunft für ganz Europa friedlich und sicher zu gestalten". Aber Jelzin sagte nichts über ein ungeteiltes demokratisches Europa. Für ihn demonstrierte der Gipfel, daß "unsere Länder (die Vereinigten Staaten und Rußland) eine solche Position in der Welt einnehmen, daß globale Probleme das Thema unserer Diskussionen sind". Er bezog sich auf die Vereinbarungen zur Waffenkontrolle auf der Tagesordnung des Gipfels. Jelzin zufolge "eröffnete" das Helsinki-Treffen "eine neue Phase in den russisch-amerikanischen Beziehungen". Er sprach so im Geist einer neuen Gemeinschaftsherrschaft der Supermächte über Europa. Bezeichnenderweise erwähnte keiner der Präsidenten die Europäische Union. Europa fehlte, als die künftige Sicherheitsordnung Europas von den Anführern der Vereinigten Staaten und Rußlands diskutiert und im wesentlichen geregelt wurde.

Wie der Gemeinsame NATO-Rußland-Rat es schaffen wird, die Differenzen in der Einstellung zu versöhnen, muß man abwarten. Laut Clinton wird Rußland eine Stimme haben, aber kein Veto-Recht; laut Jelzin werden die Entscheidungen im Konsens getroffen. Während im Westen die Sicherheit zum Krisenmanagement und Friedenschaffen und Friedenbewahren sublimiert worden ist, reden die Russen immer noch in den traditionellen Begriffen von harter Verteidigung, militärischen Blöcken und Einflußsphären.

Dem amerikanisch-russischen Gipfel folgten im Juni der NATO-russische Gipfel in Paris und im Juli das große Finale in Madrid, wo der Beschluß gefaßt wurde, die Aufnahmeverhandlungen mit der Tschechischen Republik, Ungarn und Polen aufzunehmen. Der Euro-Atlantische Partnerschaftsrat (EAPC) wurde gegründet, der alle 43 Staaten umfaßt, mit denen die NATO ein Abkommen der Partnerschaft für den Frieden hat.

So hat eine neue europäische "Sicherheitsarchitektur" Gestalt angenommen, obgleich nicht als Resultat der überlegten Umsetzung einer kohärenten Strategie, sondern eher durch eine Reihe improvisierter Reaktionen auf unvorhergesehene Ereignisse. Kein Wunder, daß sie sich als etwas ganz anderes herausgestellt hat, als alle ursprünglich im Sinn hatten. Es ist eine von den USA entworfene, nicht begrenzte, doppelstöckige Struktur, deren obere Etage für Konsultationen zwischen der Neuen NATO und dem Neuen Rußland reserviert ist, während unten die Alte NATO aufpaßt, falls das Alte Rußland wieder sein Haupt erhebt. Oben regiert der Geist von Woodrow Wilson. Aber diesmal setzen die Vereinigten Staaten auf den Triumph der Demokratie, indem sie ihre militärische Allianz als Garantie der Machtbalance intakt halten. Eine Ehe zwischen den beiden Sicherheitskonzepten - dem weichen und dem harten - ist vollzogen worden.

Aber das wäre nicht das Ende der Affäre. Die eigentliche Schlacht wird über die nächste Frage ausgefochten: Werden noch mehr Nationen innerhalb eines vernünftigen Zeitraums der NATO beitreten? Wird die nächste Runde endlos oder so lange verschoben, daß der politische Effekt einem Schließen der Tür gleichkäme?

Die Offene Tür

Die Haltung der US-Administration ist eindeutig. Präsident Clinton hat wiederholt festgestellt, daß die Tür der NATO geöffnet bleiben muß. Außenministerin Madeleine Albright hat gesagt, daß jedes Land in Betracht komme, "wo immer es auf der Landkarte Europas liegt". Diese Position entspricht der idealistischen Tradition einer missionarischen Außenpolitik, die sich verpflichtet fühlt, amerikanische Werte in der ganzen Welt zu verbreiten. Die Tür muß geöffnet bleiben, weil ihre Schließung den Effekt hätte, Europa in Einflußsphären aufzuteilen - ein für die Wilson-Anhänger schreckliches Resultat - und weil sie als ein Sieg für Rußland betrachtet würde, der auch für Anhänger der realistischen Schule der Außenpolitik unakzeptabel wäre.

Diese in die Politik der NATO-Erweiterung eingebaute Dynamik bleibt eine potenzielle Ursache der Reibung in den Beziehungen zu Rußland. Moskau hat bereits einen Strich in den Sand gezogen: Rußland wird unter keinen Umständen den Einschluß früherer Sowjetrepubliken in die NATO akzeptieren. Das ist eine neue Version der Breschnew-Doktrin, obwohl Außenminister Jewgenij Primakow erklärt hat, man würde sie nicht auf die gleiche Weise wie 1968 durchsetzen, als die Tschechoslowakei besetzt wurde.

Die wichtigste ehemalige Sowjetrepublik ist natürlich die Ukraine, eine Nation von 52 Millionen Menschen im Herzen Europas und Nachbar Polens, das bald NATO-Mitglied wird. Aus dem Westen haben besonders die Vereinigten Staaten und Deutschland sowohl wirtschaftlich wie politisch erheblich in die Ukraine investiert. Die NATO hat der Ukraine einen Sonderstatus unter ihren "Partnern für den Frieden" verliehen, und die Ukraine ist jetzt nach Israel und Ägypten der drittgrößte Empfänger von amerikanischer Hilfe. Doch ihr Lebensstandard ist abgestürzt, während ranghohe Offizielle zu Multimillionären geworden sind. Die Korruption soll selbst nach einheimischen Begriffen außerordentlich sein. Aber die Probleme des Landes reichen tiefer. Außer daß es eine russische Minderheit von zehn Millionen Menschen hat, ist das ukrainische Volk selbst durch Sprache und Religion gespalten, zwischen der Lockung der glitzernden Lichter Europas und dem Sog der slawischen Einheit hin- und hergerissen. Die Beziehungen der Ukraine zu Rußland werden weiter durch den Krim-Disput kompliziert. Die Vorstellung, daß die Ukraine, die Wiege des orthodoxen Glaubens, in das westliche Lager überlaufen könnte, wird von den Russen als undenkbar verworfen, und zur Erleichterung sowohl Moskaus wie der NATO hat die ukrainische Führung darauf verzichtet, um Mitgliedschaft in der NATO oder der Europäischen Union nachzusuchen.

Aber die drei baltischen Staaten - Estland, Lettland und Litauen - wollen Mitglieder in der NATO und in der EU werden, und das wird in den kommenden Jahren eine ernste Belastung der NATO-russischen Beziehungen sein. Für Finnland wie auch für Schweden ist es von vitalem Interesse, den Anspruch der drei baltischen Staaten auf einen Platz in den westlichen Strukturen zu unterstützen. Solange sie draußen sind, bleibt die baltische Region als ganze unruhig, und die Rolle Finnlands und Schwedens in der europäischen Sicherheitsordnung wird Spekulationen unterliegen.

Manche US-Offizielle, die sich mit der baltischen Frage befassen, scheinen zu glauben, daß im Lauf der Zeit "der Wolf sich neben das Lamm legen wird" - daß Rußland seinen Argwohn gegen die Neue NATO überwinden und ihre Ausweitung auf die baltischen Staaten nicht mehr bekämpfen wird. Wie der stellvertretende

Außenminister Steve Talbott es formuliert hat, solle man die Russen überreden, auf den Hanse-Bund des dreizehnten Jahrhunderts als Modell für die Zukunft der baltischen Region zu blicken, wonach die baltischen Staaten keine Invasionsroute nach innen, sondern ein Tor nach draußen seien. (13) Gegenwärtig gibt es allerdings wenig Grund für solchen Optimismus. Gewiß, aus russischer Sicht lassen sich die baltischen Länder nicht mit der Ukraine vergleichen. Sie sind nicht durch Blut und Glauben an Rußland gebunden; in Rußland leben Geschichte und imperiale Vergangenheit fort. Nach Meinungsumfragen betrachten die Russen Peter den Großen, den Eroberer der baltischen Küste, immer noch als den populärsten Anführer aller Zeiten. Selbst Mikhail Gorbatschow teilte den Glauben an den einzigartigen organischen Charakter des russischen Imperiums, in dem kleinere Nationen wie die baltischen von ihrem großen Bruder, dem russischen Volk, beschützt und nicht unterdrückt wurden. (14)

Die gegenwärtige Führung in Moskau scheint sich mit der Unabhängigkeit der baltischen Staaten abgefunden zu haben, und es gibt keinen Grund zu dem Verdacht, daß sie Gewalt gegen sie anwenden wird. Aber sie sträubt sich gegen den Beitritt der baltischen Staaten zur NATO, weil das den "legitimen russischen Sicherheitsinteressen" zuwiderlaufen würde. Der wahre Grund mag eher psychologisch als militärisch sein. Die NATO-Präsenz in den baltischen Staaten würde effektiv die Glaubwürdigkeit des russischen Ehrgeizes vernichten, den Status einer Großmacht wiederzugewinnen - eine endgültige Demütigung.

In der US-baltischen "Charta der Zusammenarbeit", die am 16. Januar 1998 in Washington bestätigt wurde, verpflichteten sich die Vereinigten Staaten, die Aufnahme der drei baltischen Staaten in die NATO zu unterstützen. Angesichts der russischen Haltung jedoch scheint dieses Versprechen hohl. In der Theorie hätte Rußland kein Veto, aber in der Praxis könnte Rußlands Stimme im NATO-Russischen Rat durchaus stark genug sein, die NATO von einem weiteren Fortschreiten abzuhalten, besonders da es nicht genügend Druck innerhalb der NATO selbst geben wird, noch mehr Mitglieder zuzulassen. Die deutschen Interessen werden durch die Aufnahme von Polen und den früheren habsburgischen Ländern befriedigt. Andere NATO-Staaten haben sogar noch weniger Interesse an einer östlichen Erweiterung.

Ein oft gehörtes Argument lautet, die Zulassung der baltischen Staaten würde eine provokative Herausforderung der russischen Sicherheitsinteressen bedeuten, womit impliziert wird, daß Moskau realen Anlaß zu der Befürchtung einer Invasion durch NATO-Truppen hätte. Ein weiteres Argument ist, daß die baltischen Staaten "unmöglich zu verteidigen" seien. Doch während des Kalten Kriegs waren Berlin wie auch Dänemark bestimmt unmöglich zu verteidigen, aber Moskau wußte, daß ein Angriff gegen eines von beiden den dritten Weltkrieg entfesseln würde. Wer behauptet, die baltischen Staaten seien unmöglich zu verteidigen, meint in Wirklichkeit, daß die NATO nicht bereit wäre, für sie einen Krieg zu riskieren.

An diesem Punkt vertauschen die beiden Sicherheitskonzepte ihre Rollen: Die NATO pausiert, und die EU tritt hervor. Die Idee ist, daß eine EU-Mitgliedschaft die baltischen Nationen beruhigen und die Region stabilisieren würde, ohne Rußland zu provozieren. Bislang jedenfalls hat die russische Regierung keine Einwände gegen die Erweiterung der EU an ihre Grenzen erhoben, die mit dem Beitritt Finnlands geschah.

Aber die baltischen Staaten in die EU zu holen ist leichter gesagt als getan. Die drei Länder sind keine identischen Drillinge. Die lettische und die litauische Sprache sind einander verwandt, während das Estnische eine dem Finnischen nahe finno-ugrische Sprache ist. In der Religion sind Estland und Lettland überwiegend lutheranisch; Litauen ist römisch-katholisch. Aus historischen Gründen betrachten sich Estland und Lettland als Teil der nordischen Kultursphäre, während Litauens Geschichte eng mit der Polens verbunden ist, und es lebt immer noch eine beträchtliche polnische Minderheit in Litauen. Es gibt auch Unterschiede in den strategischen Situationen der drei Länder. Litauen gestattet den Transit russischer bewaffneter Truppen zum und vom russischen Stützpunkt Kaliningrad, wozu Rußland auch in Lettland noch eine Radarstation unterhält. Nur Estland ist jetzt völlig frei von russischem militärischen Einfluß.

Da das Pro-Kopf-Einkommen der drei baltischen Staaten nach wie vor niedrig liegt - in Estland 22 Prozent des Durchschnitts der Europäischen Union, in Lettland 18 Prozent und in Litauen 24 Prozent - , ist es allen dreien nicht möglich, unter die fünf Beitrittskandidaten der ersten Runde aufgenommen zu werden. Aus diesem Grund hat die finnische Regierung nachdrücklich befürwortet, daß wenigstens ein baltischer Staat dabei sein sollte, weil die EU auf diese Weise demonstrieren würde, daß die baltischen Nationen nicht im Niemandsland zwischen Europa und Rußland blieben. Die offensichtliche Wahl als Vorreiter ist Estland, ein durch Geschichte, Sprache und Kultur eng Finnland verwandtes Land, das sich jetzt rapide in die finnische Wirtschaft integriert.

Die Europäische Union ist zu dem gleichen Schluß gelangt. Ihre Agenda für die EU-Erweiterung designiert Estland als eines der fünf Länder für die erste Erweiterungsrunde. Obwohl seine Quote des Bruttosozialprodukts noch niedrig ist, hat Estland auf anderen Gebieten Fortschritte gemacht. Dem Bericht der Europakommission zufolge ist Estland ein demokratischer Staat mit Institutionen, die die Herrschaft des Rechts und die Achtung der Menschenrechte schützen. Er hat auch eine funktionierende Marktwirtschaft.

Die Kommission weist effektiv russische Anschuldigungen zurück, daß die russische Minderheit in Lettland schlecht behandelt wird. Beinahe 35 Prozent der Bevölkerung sind Nicht-Esten, die meisten davon Russen. Sie haben Vertreter im Parlament, und selbst wer noch kein estnischer Staatsbürger ist, kann an Kommunalwahlen teilnehmen. Sie dürfen vor Gericht und im Umgang mit Behörden in Gebieten, wo sie die Mehrheit bilden, ihre eigene Sprache benutzen. Sie haben auch ihre eigenen Zeitungen und Radio- und Fernsehprogramme. Insgesamt werden dem Bericht zufolge die Minderheitsrechte respektiert, und die Beziehungen zwischen Russen und Esten sind friedlich.

Das Hauptproblem ist, daß relativ wenige Russen die estnische Staatsbürgerschaft angenommen haben. Nach estnischem Recht gehört zu den Bedingungen der Naturalisierung eine ausreichende Kenntnis der estnischen Sprache sowie der Geschichte des Landes und seiner Verfassung; diese Erfordernis scheint für manche der in Estland lebenden Russen ein Hindernis zu sein. Psychologische Faktoren sind vielleicht auf beiden Seiten wichtiger als legale Vorschriften. Noch vor sieben Jahren gehörten die in den baltischen Staaten lebenden Russen zu dem herrschenden Volk und sahen keine Notwendigkeit, die Landessprache zu lernen, während die Esten Opfer einer 50jährigen Oppression waren, die danach trachtete, ihre kulturelle und linguistische Identität auszulöschen. Begreiflicherweise beharren die Esten jetzt auf einem Sprachtest als einer Form der Verpflichtung auf seiten der Russen, die um die Staatsbürgerschaft nachsuchen. Meinungsumfragen zeigen, daß unter der jüngeren Generation der Russen viele bereit sind, sich in die estnische Gesellschaft zu integrieren. Doch die älteren Menschen leben in der Spannung zwischen Vergangenheit und Gegenwart und wollen Estland, wo es ihnen besser geht, als es in Rußland der Fall wäre, nicht verlassen; trotzdem lehnen sie es ab, sich ihrem veränderten Status zu fügen, wobei sie ermutigt werden durch die aus Moskau tönende scharfe Rhetorik, sie sollten hoffen, daß die guten alten Zeiten zurückkehren.

Die Europäische Kommission drängt die estnische Regierung, den Russen mehr Sprachkurse anzubieten und andere Maßnahmen zu ergreifen, um die Prozeduren der Naturalisierung zu beschleunigen. Die Aussicht auf den Beitritt zur EU hat bereits als Ansporn zu Reformen nicht nur auf diesem Gebiet gedient. Die Aufnahmeverhandlungen werden zweifellos lange dauern, vielleicht sechs oder sieben Jahre oder noch länger, aber der Prozeß selbst erhöht Estlands Status in zweierlei wichtiger Hinsicht: Er macht das Land verläßlicher für Investoren und Geschäftspartner und stellt sicher, daß jeder russische Versuch, Druck auf Estland auszuüben, sofort zu einem internationalen Problem wird.

Finnland und Schweden: draußen oder drinnen?

Für Finnland bedeutet Estlands Fortschreiten zur EU-Mitgliedschaft einen offensichtlichen Sicherheitsgewinn. Es bringt auch zusätzliche Verantwortung. Finnland wird seinen Anteil an der EU-Solidarität übernehmen, die sich auf Estland ausweiten wird. Fast unbemerkt hat sich die finnische Außenpolitik weit von der Neutralität der Tage des Kalten Kriegs fortentwickelt. Im Jahr 1990 zum Beispiel, als die Esten sich um ihre Freiheit abmühten, stellte Präsident Koivisto ganz klar fest, daß sie von Finnland keine Unterstützung zu erwarten hätten. Heute beraten aktive finnische Offiziere die estnischen Verteidigungstruppen, und estnische Offiziere werden in Finnland ausgebildet.

Wird Finnland hier haltmachen, oder wird es in naher Zukunft seine "NATO-Option" wahrnehmen? Ich kann behaupten, als einer der ersten eine ernsthafte Debatte dieser Frage eingeleitet zu haben.

In einer Rede im Mai 1996 bei der Konferenz einer Gesellschaft, die sich mit nationalen Sicherheitsfragen befaßt, deutete ich an, daß die NATO-Erweiterung und die Bildung einer Sicherheitskooperation zwischen der NATO und Rußland zuerst Österreich und dann Schweden und Finnland veranlassen würden, der NATO beizutreten - nicht aus Furcht vor einer russischen militärischen Aggression, sondern weil ein Draußenbleiben ihren Einfluß auf Entscheidungen, die ihre eigene Sicherheit beträfen, beschränken würde. Österreich, Finnland und Schweden, sagte ich, würden vor einer Wahl ähnlich der von 1989 stehen, als Jacques Delors wirtschaftliche Zusammenarbeit ohne Mitgliedschaft in der Europäischen Union vorschlug. Das Programm der Partnerschaft für den Frieden war ein vergleichbares Angebot: militärische Zusammenarbeit mit der NATO ohne Sicherheitsgarantien. Die drei Länder hätten keinen Sitz an dem Tisch, wo die Entscheidungen über die europäische Sicherheit fielen - um das Argument Präsident Koivistos zur Begründung von Finnlands Beschluß zu paraphrasieren, die Mitgliedschaft in der EU zu beantragen.

Die durch meine Rede ausgelöste Debatte dauert in allen drei Ländern noch an. Verständlicherweise ist sie am intensivsten in Österreich. Sobald die erste Stufe der NATO-Erweiterung durchgeführt ist, wird Österreich physisch innerhalb des NATO-Territoriums sein. Die in seiner Verfassung festgeschriebene "permanente Neutralität" wird dann zu einer leeren Phrase. Ein Zyniker könnte sagen, daß Österreich unter diesen Umständen der NATO gar nicht beizutreten braucht: Es wird den NATO-Schutz auch ohne Mitgliedschaft genießen. Aber ein Freifahrschein würde Österreich in Sicherheitsbegriffen zu einem Objekt der NATO-Politik degradieren. "Ein Sitz am Tisch" wird notwendig sein, um eine unabhängige Rolle zu bewahren.

Für Finnland hätte der österreichische Beschluß, die NATO-Mitgliedschaft zu beantragen, an sich keinen Domino-Effekt. Wie im Fall der EU-Mitgliedschaft wird die schwedische Politik entscheidend sein. Als ich in meiner Rede voraussagte, daß Schweden zuerst in die NATO gehen und Finnland mit sich ziehen würde, stieß ich in beiden Ländern auf Ungläubigkeit. Bestimmt, sagte man, würde Schweden als letztes Land einer militärischen Allianz beitreten. Gewiß, es hat sich seit 1815 aus Kriegen herausgehalten. Aber das populäre Image Schwedens als des ewig Neutralen stammt aus einer oberflächlichen Sicht der Natur der schwedischen Politik. Schweden war nicht neutral im Sinn eines Zaungastes wie die Schweiz. Schweden hat sich aus militärischen Allianzen herausgehalten, um seine Handlungsfreiheit in internationalen Affären zu wahren. Es war nie ein passiver Zuschauer.

Olof Palme hat den schwedischen Willen, die internationale Politik zu beeinflussen, auf dramatische Weise demonstriert. Zu seiner Zeit war die europäische Situation eingefroren und ließ keinen Raum für eine aktive Rolle Schwedens, doch Palme fand eine in der Dritten Welt. Heute spielt die Musik in Europa. Aber in unserem Zeitalter der Integration kann ein Land nur innerhalb der internationalen Institutionen Einfluß ausüben - in diesem Fall also in der Europäischen Union und der NATO. Wenn Polen Mitglied der NATO und einige Jahre später der Europäischen Union geworden ist, wird der relative Einfluß Schwedens und Finnlands in Fragen, die Rußland, die baltischen Staaten und die europäische Sicherheit generell betreffen, beträchtlich reduziert. Wird Schweden sich mit einer zweitrangigen Rolle begnügen?

Carl Bildt, Vorsitzender der führenden Oppositionspartei, der Gemäßigten Konservativen, hat bereits eine Antwort gegeben: Seine Partei hat erklärt, daß Schweden erwägen sollte, der Neuen NATO beizutreten. Die sozialdemokratische Regierung ist nicht bereit, so weit zu gehen. Die Partei ist gegenüber der WWU gespalten, sogar gegenüber der EU selbst, und die Regierung hängt im Parlament von der Unterstützung der Zentrumspartei ab, die gegen jede weitere Integration ist. Doch die Regierung ist Finnlands Beispiel gefolgt, indem sie der NATO mitteilte, daß ihre gegenwärtige Politik im Fall einer Änderung in der europäischen Situation überprüft werde. Was im Mai 1996 undenkbar war, wurde 1997 zu einer politischen Alternative.

Obwohl sich Finnland und Schweden jetzt in Sicherheitsfragen im Gleichschritt zu bewegen scheinen, ist die geopolitische Trennung nicht verschwunden. Anders als die Finnen betrachten die Schweden ihre Mitgliedschaft in der EU nicht als eine Versicherung gegen die Isolation in internationalen Krisen. Die Mehrheit der Schweden glaubt immer noch, daß Isolation - sprich Neutralität - nicht das Problem, sondern die Lösung ist. Sie können sich ein entspannteres Gefühl hinsichtlich der Beziehungen ihres Landes zur NATO leisten. Beitritt oder Nicht-Beitritt ist keine Frage auf Leben und Tod. So oder so wird Finnland immer noch zwischen Schweden und Rußland sein.

In Finnland basierte die Sicherheitspolitik bis vor kurzem eher auf einer Ideologie des Selbstverlasses als der Neutralität im akzeptierten Sinn des Begriffs: Selbstverlaß nicht bloß als etwas durch ein unfreundliches Schicksal Auferlegtes, sondern als Quelle nationalen Stolzes, die von der Nation selbst gewählte beste Alternative. Die Wehrpflicht bleibt ein unverzichtbares Element. Fast 90 Prozent aller Männer im Militärdienstalter treten in die Waffengattungen ein, und mehr als 80 Prozent schließen ihre Ausbildung ab. Die Zahl der Wehrdienstverweigerer aus Gewissensgründen ist die niedrigste in allen westlichen Demokratien. Das bestätigt den fortdauernden Willen des finnischen Volks, sich selbst zu verteidigen. Meinungsumfragen zeigen, daß die Menschen ihren Verteidigungstruppen mehr als jeder anderen öffentlichen Institution vertrauen. Die Wehrpflicht ermöglicht es Finnland, große Reserven zu unterhalten, und in Krisenzeiten können 430 000 Soldaten zur territorialen Verteidigung mobilisiert werden.

Nach einer finnischen Verteidigungsdoktrin wird ein möglicher Angreifer stets über stärkere Truppen verfügen. Man kann ihn nicht an der Grenze oder einer anderen fixierten Linie aufhalten. Man kann ihn nur durch Verzögerung besiegen, indem man ihn in der ganzen Tiefe des Landes ermüdet. Bodentruppen spielen eine zentrale Rolle. Ihre Waffen und ihre Ausrüstung können nicht den gleichen Standard haben wie in Berufsarmeen, aber sie sind auf das finnische Terrain und Klima zugeschnitten, auf die Konditionen, und sie eignen sich für die Benutzung durch Bürger in Uniform. Die Marine ist klein, aber modern, mit einem durchschnittlichen Schiffsalter von nur neun Jahren. Die Luftwaffe ist im Begriff, 64 F/A18 Hornets anzuschaffen. Und die finnische Regierung lehnt es ab, auf Landminen zu verzichten, die einen integralen Bestandteil des Verteidigungssystems des Landes bilden.

Fragt man einen finnischen General, wer der Feind ist, wird er ohne mit der Wimper zu zucken sagen, daß Finnland keine Feinde hat. Er wird erklären, daß es keinen Grund zu der Vermutung gebe, Finnland könne um seiner selbst willen in einer isolierten Aktion angegriffen werden. Aber das Land könnte in einen größeren europäischen Konflikt hineingezogen werden. Eindringlinge könnten versuchen, auf ihrem Weg irgendwo sonst hin durch finnisches Territorium zu marschieren, oder sie könnten planen, andere an der Benutzung von finnischem Territorium zu hindern. Namen werden nicht genannt.

Offiziell verfolgt Finnland weiterhin eine unabhängige nationale Verteidigung, doch de facto ist die Doktrin des Selbstverlasses wesentlich modifiziert worden. Finnland arbeitet jetzt an einer breiten Front mit der NATO zusammen. Es trat im Mai 1994 dem Programm der Partnerschaft für den Frieden bei, im Februar 1995 dem Planungs- und Prüfungsprozeß der NATO, und es hat an den bosnischen Operationen IFOR und SFOR von ihrem Beginn an teilgenommen. Es hat Offiziere zur Mitarbeit in den PfP-Stabselementen geschickt, die in NATO-Kommandos eingerichtet wurden, und zwar die ganze Reihe hindurch von SHAPE bis zu subregionalen Hauptquartieren. Seit Mai 1996 führt Finnland einen sogenannten intensivierten Dialog mit der NATO, und es wurde bei seiner Gründung Mitglied des Euro-Atlantischen Partnerschaftsrats. Es wurde eine finnische diplomatische Mission bei der NATO eingerichtet.

Auf einer mehr materiellen Ebene befürwortet das im März 1997 veröffentlichte Weißbuch der finnischen Regierung zu Verteidigungsfragen nachdrücklich die Entwicklung von "Interoperabilität" zur Unterstützung des internationalen Krisenmanagements. Im Klartext bedeutet das die Übernahme von Standards und Prozeduren der NATO durch die finnischen Verteidigungskräfte. In den voll mobilisierten Truppen werden 3 der 23 Brigaden als Schnelle Einsatzbrigaden ausgerüstet, und 1 der 3 wird speziell für Aufgaben des internationalen Krisenmanagements bestimmt und entsprechend ausgebildet und ausgerüstet. Sie soll im Jahr 2000 voll einsatzbereit sein. Interoperabilität verbessert dem Weißbuch zufolge indirekt Finnlands eigene Verteidigung, weil sie die Annahme auswärtiger Hilfe in einer Situation ermöglicht, in der sich die eigenen Ressourcen des Landes als ungenügend erweisen: Der Selbstverlaß hat schließlich seine Grenzen. (15)

Mit den Worten des früheren amerikanischen NATO-Botschafters Robert Hunter wird die NATO versuchen, das Programm der Partnerschaft für den Frieden zu verstärken, so daß "wir den Unterschied zwischen einem Partner und einem Verbündeten rasierklingendünn machen". Eine derartig enge Verbindung mit der NATO bedeutet, daß man in einer künftigen Krise den Vorteil der Neutralität oder Blockfreiheit einbüßt, ohne die Sicherheitsgarantie von Artikel 5 des Nordatlantikvertrags als Gegenleistung zu erhalten. Warum sollte man also diese Linie nicht überschreiten?

Eine Erklärung gab Präsident Martti Ahtisaari am 3. Juni 1997 in einer Rede vor der Versammlung der Westeuropäischen Union: "Indem wir voll in die Europäische Union integriert sind, aber militärisch nicht-alliiert bleiben, tragen wir zu einem kontrollierten Prozeß des Wandels mit maximaler Stabilität im nördlichen Teil unseres Kontinents bei." Mit dieser gestelzten Sprache soll gesagt werden, daß Finnland durch den Verzicht auf die NATO-Mitgliedschaft vermeidet, Rußland zu einer Politik zu provozieren, die es erschweren könnte, die baltischen Staaten in die EU, wenn nicht in die NATO zu holen. Diese Gedankenlinie erinnert an das Konzept des "nordischen Gleichgewichts" im Kalten Krieg, demzufolge die Neutralität Schwedens und die selbstauferlegten Beschränkungen der Rolle Norwegens innerhalb der NATO Finnland halfen, seine Unabhängigkeit zu bewahren. Heute, so argumentiert man, hilft eine ähnliche Zurückhaltung auf seiten Finnlands und Schwedens den baltischen Staaten. Diese Ansicht impliziert, daß die Alte NATO und das Alte Rußland einander immer noch in der baltischen Region konfrontieren und daß die finnische und schwedische Zurückhaltung einen mäßigenden Einfluß auf Rußland hat. Aber nachdem nun die NATO und Rußland ihre Kräfte zur Verteidigung der europäischen Stabilität vereint haben, stehen Finnland und Schweden vor einem komplexeren Problem. Sie müssen die möglichen Konsequenzen einer NATO-russischen Kooperation sowie die einer möglichen Konfrontation erwägen. Sicherheitsentscheidungen im baltischen Raum könnten vom NATO-Rußland-Rat über ihre Köpfe hinweg getroffen werden. Und weil die NATO der Sicherheitsarm der Europäischen Union geworden ist, werden Finnland und Schweden sich auch in Brüssel als zweitrangige Mitglieder wiederfinden. Da sowohl die NATO wie die EU sich erweitern, müssen die beiden Sicherheitskonzepte de facto verschmelzen und zu einer Kongruenz der Mitgliedschaft in den zwei Institutionen führen.

Aber die Politik bleibt in alten Furchen stecken. Das Fehlen einer äußeren Bedrohung oder Pression verleitet die Politiker, die Behandlung kontroverser Fragen aufzuschieben. Die öffentliche Meinung unterstützt die Position der Regierung. Umfragen deuten darauf hin, daß die Bevölkerung das Offenhalten der NATO-Option befürwortet, aber 60 Prozent sind gegen die Mitgliedschaft und nur 20 Prozent dafür. Man muß allerdings fragen, welche NATO die Interviewten im Sinn hatten - die Alte oder die Neue? In der öffentlichen Meinung sind die Neue NATO und das Neue Rußland Pappkameraden, keine Realität. Die finnische Einstellung zur nationalen Sicherheit wird wahrscheinlich weniger von komplizierten Argumenten über mögliche Einflüsse auf den Entscheidungsprozeß berührt als davon, was in Rußland passieren wird.

6 Rußland

Die Finnen betrachten Rußland durch ein Prisma, das Jahrhunderte der Interaktion zwischen den beiden Völkern spiegelt. Keines kann glaubhaft behaupten, von der Geschichte und in vielen Fällen von persönlichen Erfahrungen unberührt zu sein. Jede Generation hat ihre eigene Sicht des Nachbarn. Meine Eltern kannten und schätzten St. Petersburg als ein großes europäisches Kulturzentrum, bevor es von der bolschewikischen Revolution geschlossen wurde. Der Geschichtsunterricht in meiner Schule lehrte mich in den 1930ern, Rußland, ob zaristisch oder kommunistisch, als den permanenten Feind der finnischen Freiheit zu betrachten - eine Sicht, die durch die sowjetische Invasion 1939 brutal bestätigt wurde. Doch nach dem Krieg lernten wir, die gekämpft und überlebt hatten, daß es einem unabhängigen Finnland schließlich doch möglich war, mit der Ebbe und Flut der imperialen russischen Macht zu leben. Meine Kinder, die in den späten 1970ern erwachsen wurden, sahen das schon als selbstverständlich an; in ihren Augen blieb die Sowjetunion wegen ihrer militärischen Macht eine Bedrohung, aber als Gesellschaft war sie stagnierend und uninteressant.

Heute ist die Bedrohung im alten Sinn verblaßt. Der russische Staat ist so schwach, daß er nicht einmal die ihm geschuldeten Steuern einziehen kann, mit dem Ergebnis, daß er auch nicht pünktlich seine Beamten bezahlen oder seine Soldaten ernähren kann. Das Zentrum verliert die Kontrolle über verschiedene Einheiten des föderalen Systems. Von Moskau erlassene Gesetze und Verfügungen werden oft in Lokalbehörden verspottet. Das organisierte Verbrechen und die Korruption unterhöhlen weiter die Autorität der Regierung.

Gerade die Schwäche des russischen Staats erzeugt eine neue Reihe von Risiken für seine Nachbarn. Unsichere Atomkraftwerke sind knapp hinter Finnlands östlicher Grenze in Betrieb. Abwässer aus St. Petersburg verunreinigen den Golf von Finnland, und giftige Wolken driften aus veralteten industriellen Anlagen auf der Halbinsel Kola westwärts. Kriminelle russische Banden operieren über die Grenze hinweg und ziehen Drogen und Prostituierte nach sich.

Wenn man bei solchen Risiken verweilt, betritt man Rußland durch die Hintertür, wo der Abfall sich häuft. Ein ausgeglicheneres Bild ist nötig. Wenn man ihnen sagt, daß Rußland schwach ist, antworten viele Finnen mit warnenden Geschichten aus der Vergangenheit. Rußland war früher auch schwach, ist aber immer wieder zu Stärke emporgestiegen: Wir müssen doch darauf vorbereitet sein, daß es nicht noch einmal passiert.

Es gibt keinen Konsens über die Zukunft Rußlands unter den vielen Finnen, die als Gelehrte, Geschäftsleute oder Journalisten eine intime Kenntnis des Landes besitzen. Aber insgesamt neigen die Finnen dazu, die Kontinuität der russischen Entwicklungen zu betonen. Richard Pipes hat darauf verwiesen, daß selbst die bolschewikische Revolution keine komplette Umwandlung der tausendjährigen Geschichte eines riesigen und bevölkerungsreichen Landes hatte bewirken können: "Dieselben Menschen, die dasselbe Gebiet bewohnten, in derselben Sprache redeten, an einer gemeinsamen Vergangenheit festhielten, hätten kaum durch einen plötzlichen Regierungswechsel in unterschiedliche Wesen verwandelt werden können." (1) Das gleiche läßt sich über den abrupten Wechsel sagen, der am letzten Tag von 1991 stattfand. Gewiß, die Sowjetunion ist tot, aber sie ist nur gehirntot; die Organe des alten Systems funktionieren weiter. Die Revolution, die der Sowjetunion als Staat ein Ende setzte, war wie eine umgekehrte Neutronenbombe: Sie zerstörte die Strukturen, ohne die Machtinhaber zu entfernen. Die große Mehrheit der Männer - es gibt nur sehr wenige Frauen darunter - , die heute Rußland verwalten, gehörten zur ehemaligen sowjetischen *nomenklatura*. Der Umschwung von einem System zum anderen hat ihnen kaum schwere Gewissensbisse verursacht, weil die sowjetische Ideologie für die meisten von ihnen eine bloße Fassade zur Ausübung der Macht war: Die Demokratie dient dem gleichen Zweck.

Der Fall des ersten russischen Botschafters in Finnland, Juri Derjabin, ist enthüllend. In einem 1995 am Ende seiner Amtszeit veröffentlichten Memoirenband beschreibt er seine frühere Karriere als Beamter im Außenministerium, wo er sich auf Finnland und die anderen nordischen Länder spezialisiert hatte. Er war nach eigenem Bericht ein aktives Mitglied der Kommunistischen Partei - kein heimlicher Dissident. Im Jahr 1992 jedoch, nachdem er von Präsident Jelzin zum Botschafter in Finnland ernannt worden war, erblickte Derjabin das Licht. Bevor er nach Helsinki reiste, suchte er den Patriarchen Aleksei um Rat auf, und kurz danach wurde er von einem orthodoxen Priester in Helsinki getauft. Er wurde zu einem frommen Kirchgänger. Trotzdem erklärt Derjabin: "Ich war kein Wendehals." Das Statement ist nicht so absurd, wie es auf den ersten Blick scheinen mag. Vom Beginn seines Arbeitslebens an war Derjabin ein treuer Diener seines Staats. Bis Ende 1991 war es die Sowjetunion; jetzt ist es die Russische Föderation. Der Staat, nicht Derjabin, ist der Wendehals. Er bleibt Rußland treu, wie immer seine Regierungsform genannt wird. Und er bildet keine Ausnahme unter den Mitgliedern der riesigen früheren Sowjetbürokratie.

Die persönliche Einschätzung der Zukunft Rußlands hängt letztlich davon ab, ob man an die Aufklärungsidee eines universalen Modells der Entwicklung glaubt - an den unumkehrbaren Marsch zu Demokratie und Marktwirtschaft. Die Mehrheit der russischen Elite lehnt die Gültigkeit eines solchen Modells ab. Präsident Jelzin selbst hat gesagt, daß Rußland anders sei, daß der nationale Charakter des russischen Volks sich von dem anderer Europäer unterscheide - was für finnische Ohren wie die Feststellung einer Selbstverständlichkeit klingt. Die slawophile Sicht der Russen als eines gesonderten Volkes - eines Volkes mit überlegenen geistigen Werten und mit einer Weltmission - inspiriert immer noch viele Russen. Man könnte aber auch argumentieren, daß Rußland im Gegenteil gar nicht anders ist als andere Nationen. Kein Land hat je vermocht, ein System der parlamentarischen Demokratie und Marktwirtschaft von der Stange zu erwerben, wie wenn man einen Fertiganzug kauft. Überall hat das einen langen evolutionären Prozeß erfordert. In Rußland hat eine solche Evolution kaum begonnen.

Rußland hat einen Fuß im offenen Markt, doch der andere Fuß ist immer noch unter dem schweren Gewicht alter Strukturen eingeklemmt. Das Land steht in der Grätsche über zwei Welten, wobei es sein Gewicht von einem Fuß auf den anderen verlagert, um auf äußere und innere Druckkonflikte zu reagieren.

Wie man seinen gegenwärtigen Charakter definiern soll, ist eine Sache der endlosen Debatte unter den Russen selbst. Der Umstand allein, daß zum erstenmal in der Geschichte das Staatsoberhaupt sowie die Mitglieder der Legislative, der Staatsduma, in freien Wahlen gewählt worden sind, macht Rußland noch nicht zu einer Demokratie. Die politischen Parteien haben noch keine Wurzeln im Volk geschlagen; paradoxerweise sind die Kommunisten, die Feinde der Demokratie, die einzige Partei mit einer funktionierenden landesweiten Organisation. Der Präsident herrscht in autoritärer Manier, während die Duma im wesentlichen eine obstruktive Rolle spielt. Die Medien werden von einer Oligarchie von Finanzbaronen kontrolliert, die mit ihrem immensen Reichtum und ihrer extensiven Kontrolle der Medien eine Art Schattenregierung bilden. George Soros zufolge "ist Rußland heute die Parodie einer offenen Gesellschaft". (2)

Der Westen hat die Russen mit guten Ratschlägen für die Lösung ihrer wirtschaftlichen Probleme überschüttet, aber kein Außenstehender kann ihnen helfen, die Kernursache ihrer gegenwärtigen Misere anzupacken - den Kollaps der öffentlichen Moral. Makroökonomische Indikatoren mögen zwar nach oben zeigen, aber sie messen nicht das Ausmaß der kriminellen Aktivität und der Korruption, des Verfalls der sozialen Infrastruktur, die Konsequenzen der ökologischen Vernachlässigung oder die Tiefe der Verzweiflung und des Zynismus in der russischen Bevölkerung.

Für Finnland und andere Nachbarländer ist die entscheidende Frage, wie Rußland mit seiner postimperialen Identitätskrise fertig wird. Das Phänomen an sich ist natürlich Kennern des Aufstiegs und Niedergangs von Großmächten vertraut. Auch die Briten und die Franzosen fanden es schwierig, den Verlust ihres Imperiums zu verkraften. Doch in mancher Hinsicht ist der russische Fall einzigartig. Während die Briten und die Franzosen sich aus ihren von fremden Völkern bewohnten überseeischen Besitzungen zurückziehen mußten, ist das russische Reich selbst an Umfang geschrumpft, so daß 25 Millionen Russen außerhalb der Russischen Föderation wohnen, jenseits von Grenzen, die früher nur administrative Trennungslinien waren. Diese Kontraktion wird noch schmerzhafter dadurch, daß die Russen - wiederum anders als die Briten und die Franzosen - auf keine nationale oder geographische Identität zurückgreifen können. Was ist Rußland anderes als ein Imperium?

Eigentlich hat der russische Rückzug aus dem "inneren Imperium" mehr Anschein als Realität. Die ehemaligen Sowjetrepubliken, die zur Gemeinschaft der Unabhängigen Staaten (GUS) gehörenden, bleiben durch die Strukturen des früheren sowjetischen militärisch-industriellen Komplexes an Rußland gefesselt; die meisten ihrer Anführer sind Mitglieder der *nomenklatura*, und die russische Armee hat in Konflikte in Moldawien sowie am südlichen Rand der ehemaligen Sowjetunion eingegriffen, wo jetzt ein neues "Großes Spiel" um die Kontrolle der Öl- und Gasressourcen am Kaspischen Meer läuft.

Ist die russische Dominanz innerhalb der GUS eine Form des Imperialismus, der man widerstehen muß, bevor sie noch weiter voranschreitet, oder ist sie eine natürliche und unvermeidliche Folge der Interdependenz zwischen den Mitgliedern der GUS - ein Prozeß der "Reintegration", wie die Russen selbst es vorzugsweise nennen?

Die Frage präsentiert den westlichen Politikgestaltern ein Dilemma, vor dem sie lieber nicht stehen möchten. Es war nie ein Ziel der westlichen Politik, die Auflösung der Sowjetunion herbeizuführen. Jedoch, sobald die Sowjetunion zerfallen war, beeilte sich der Westen, die früheren Sowjetrepubliken als souveräne Staaten anzuerkennen und sie in internationale Organisationen aufzunehmen. Ironischerweise ist nun geschehen, was Stalin 1945 vorgeschlagen hatte: Allen 15 ehemaligen Sowjetrepubliken wurde eine Stimme in der UNO gewährt. Wie im Fall Jugoslawiens wurde das Prinzip der nationalen Selbstbestimmung unterschiedslos auf Verlangen angewandt, ohne Prüfung der Zeugnisse der einzelnen Antragsteller. Offensichtlich würden manche von ihnen nie eine Prüfung ihrer Lebensfähigkeit als Staat bestehen. Die Konsequenzen könnten so tragisch sein, wie es der Zusammenbruch der früheren afrikanischen Kolonien, war, die während der 1960er in "Schnellstaaten" verwandelt wurden.

Die Bemühungen der russischen Elite, die Länder der GUS zu "reintegrieren" - also die Sowjetunion (minus die baltischen Staaten) wieder zusammenzufügen - , werden zwangsläufig wirtschaftlichen Schwierigkeiten begegnen. Das Schicksal des Versuchs, eine "Union" zwischen Rußland und Belarus zu schaffen, ist ein Fallbeispiel. Belarus schien mit seiner Bevölkerung von 10 Millionen gut geeignet, als erstes GUS-Mitglied in die Herde zurückzukehren. Es hat keine starke eigene nationale oder linguistische Identität; seine Staatlichkeit ist de facto ein künstliches Konstrukt. Aber das im April 1997 von den beiden Präsidenten Jelzin und Lukaschenko unterzeichnete Unionsabkommen wurde von der russischen Regierung jeder Substanz beraubt, zum Teil, weil das diktatorische System in Belarus den Moskauer Reformern nicht gefiel, aber auch weil die Wirtschaft Belarus´ in noch schlechterer Verfassung ist als die Rußlands.

Das wird jedoch nicht das letzte Wort zum Thema "Reintegration" sein. Rußlands begrenzte Fähigkeiten werden Moskau nicht davon abschrecken, das Ziel einer Restaurierung seiner Rolle als Großmacht weiter zu verfolgen. Laut Außenminister Jewgeni Primakow wird die russische Politik nicht auf der Basis gegenwärtiger Schwäche, sondern auf der Basis von Rußlands "kolossalem Potenzial" durchgeführt. (3)

Die Form und der Charakter des Neuen Rußland, dessen Aufstieg man aus den Ruinen des sowjetischen Systems erwartet, bleiben verschwommen. Präsident Jelzin hat einen Rat von Weisen eingesetzt, die eine mögliche "russische Idee" für das einundzwanzigste Jahrhundert definieren sollen. Mittlerweise wissen wir, wie die Amerikaner sie möchten. Der stellvertretende Außenminister Strobe Talbott hat gesagt, das Ziel der USA "ist gleich dem vieler Russen, zu beobachten, wie aus Rußland ein normaler, moderner Staat wird - demokratisch in seiner Regierung, der eigenen Verfassung und den eigenen Gesetzen treu, marktorientiert und erfolgreich in seiner wirtschaftlichen Entwicklung, im Frieden mit sich selbst und der übrigen

Welt" (4) - mit anderen Worten, ein Land wie die Vereinigten Staaten. Hätte das Neue Rußland dann also auch seine eigene Monroe-Doktrin und die Kapazität, militärische Macht über seine Grenzen hinweg auszuüben, um seine weitreichenden Interessen zu schützen?

Die Ansichten über Rußlands Zukunft, wie sie in meinen Kolumnen für die *International Herald Tribune* (und jetzt in diesem Buch) zum Ausdruck kommen, haben kritische Reaktionen von einem amerikanischen Freund bewirkt, einer der größten Rußland-Autoritäten der Welt. Die Essenz von George Kennans Brief (datiert am 15. November 1996) ist in den folgenden Absätzen zusammengefaßt:

Ich bezweifle, daß es eine ernsthafte Neigung auf seiten des Volks oder der gegenwärtigen Regierung in Rußland gibt, irgendeine Form der imperialistischen Expansion entweder im Westen oder entlang der Grenzen anzustreben. Gewiß, es gibt Orte im Status quo nach dem Krieg, wo die Grenzen in der unmittelbaren Nachkriegsperiode oder zur Zeit des Hinscheidens der Sowjetunion so schlecht gezogen wurden, daß sie Probleme geradezu einladen. Das frühere Ostpreußen und die Krim sind Beispiele. Es wird ein hohes Maß an Geduld und konstruktiver Phantasie erfordern, um bessere Lösungen dieser speziellen Probleme zu finden. Aber ich habe keinerlei Anzeichen bei irgendjemandem in Moskau entdeckt, sie in absehbarer Zukunft durch militärische Aktion zu lösen.

Was mich an dem pessimistischen Mißtrauen gegenüber Rußland, wie es mir... in manchen Schriften... hier in diesem Land reflektiert scheint, überrascht und beunruhigt, ist der Umstand, daß sie anscheinend das gegenwärtige russische Regime mit dem sowjetischen identifizieren, das ihm voranging, als ob die Veränderungen der vergangenen acht Jahre in dieser Hinsicht keine Bedeutung hätten..., als ob das Verhalten Stalins und seiner Nachfolger nur wieder einmal den unveränderten Hunger nach territorialer Expansion auf der Seite (implizit) einer unheilbar blutrünstigen russischen Bevölkerung widergespiegelt habe.

Wie weit entfernt das von den Realitäten der Gegenwart ist! Dieses fin de siècle-Rußland ist, wie Sie bestimmt besser als viele andere wissen, ein furchtbar verwundetes Land... geistig, genetisch und politisch durch sieben Dekaden (drei Generationen) kommunistischer Macht und andere Wechselfälle dieses schrecklichen und grausamen Jahrhunderts verwundet, unter denen der Zweite Weltkrieg herausragt. Es ist ein Schatten seines früheren Selbst.

Das ist nicht die Schuld der Masse des russischen Volks... eher die der Disziplin, die ihnen von den sie umringenden Umständen ihres Lebens aufgezwungen wurde. Sie waren die ersten Opfer, nicht die Urheber der kommunistischen Oppression und Aggression, unter der so viele des Rests von Euch auch gelitten haben. Obwohl natürlich die Krise in ihrem Leben nicht vorbei ist, scheint mir die außerordentliche Unblutigkeit der großen Revolution, die während der letzten fünf bis sechs Jahre in ihrem Land stattgefunden hat, eher für ihre Humanität zu sprechen als für irgendwelche angeborenen aggressiven Inklinationen.

Das gegenwärtige russische Regime ist natürlich in vielen Beziehungen kläglich. Es ist erst fünf oder sechs Jahre alt. Was konnte man mehr von ihm erwarten?

Seine kommunistische Vergangenheit hat wenige menschliche Ressourcen hinterlassen, aus denen man eine neue und weise Führung rekrutieren könnte.

Aber ist all das ein angemessener Grund, diesem Regime und allem, was es repräsentiert, Erwartungen und Vermutungen aufzubürden, die nur die schlimmsten Erinnerungen der Vergangenheit reflektieren? Sollten wir ihm nicht mehr Zeit gönnen, um zu zeigen, welche Art von Kraft es in den kommenden Jahren in den Affären der Welt sein kann? Sollten wir ihm nicht mit anderen Worten eine Chance geben?

Ich schrieb in meiner Antwort, ich gehörte nicht zu den Leuten, die wegen ihres Glaubens kritisiert worden seien, daß Aggressivität irgendwie in den genetischen Code des russischen Volks eingepflanzt sei. Ich glaube, daß Rußland sich ändern kann und höchstwahrscheinlich auch wird. Ich habe in meinem Leben gesehen, wie Finnland sich geändert hat. Wichtiger noch glaube ich, daß Deutschland einen fundamentalen Wandel hinter sich hat. Es hat unwiderruflich dem Militarismus abgeschworen. Ich stimme nicht mit Hegel überein, der geschrieben hat: Erfahrung und Geschichte lehren uns dies - daß Völker und Regierungen nie etwas aus der Geschichte gelernt oder nach aus ihr abgeleiteten Prinzipien gehandelt haben. Hegels Philosophie hatte einen tiefen Einfluß auf Deutschland, doch jetzt haben die Deutschen durch ihr Handeln bewiesen, daß er irrte. Aber ihre Lehrzeit war hart. Das Land war besiegt, geteilt, besetzt und entnazifiziert. Seine früheren Anführer waren als Kriminelle gehenkt worden.

Rußland hingegen hat seine Rechnung mit der Vergangenheit noch nicht beglichen. Die Mehrheit der Leute, die heute das Land verwalten, gehörte zu der herrschenden sowjetischen Elite. Viele Russen scheinen echt zu glauben, daß sie von Gorbatschow unter Absprache mit dem Westen betrogen worden sind. Sie haben Stalin und seinem Regime nicht den Rücken gekehrt. Lenins Leichnam bleibt im Mausoleum am Roten Platz sichtbar. Das gegenwärtige Chaos gebiert Nostalgie nach der Vergangenheit, selbst unter Menschen, die entschieden gegen das sowjetische System sind. Ich schmälere nicht die Bedeutung des Wandels, der stattgefunden hat, und ich sage keine Rückkehr zu totalitärer Herrschaft voraus. Ja, in unserem Zeitalter der Information kann eine zentralisierte Diktatur kaum aufgezwungen werden. Ein noch größeres Chaos könnte zu einer größeren Gefahr werden.

Natürlich müssen wir den Russen eine Chance geben: Ist das nicht der Kern der westlichen Politik? Wollen wir hoffen, daß Rußland sich zu einer stabilen Gesellschaft mit einem starken wirtschaftlichen Interesse an der Unterhaltung friedlicher Beziehungen zu seinen Nachbarn entwickelt. Aber das mag noch eine Generation oder zwei erfordern.

Eine Landschaft ändert ihre Form und Farbe je nach dem Standpunkt, von dem man sie beobachtet. Meine amerikanischen Freunde können Rußland von der Höhe ihrer gesammelten Kenntnis und Erfahrung als ein riesiges Panorama sehen, das sich zu ihren Füßen erstreckt. Mein Blick auf Rußland kommt vom Fuß eines steilen und gewaltigen Bergs, der seinen Schatten über meinen Standort wirft. Auch die Zeit hat für unterschiedliche Völker eine unterschiedliche Bedeutung. Für einen Historiker sind eine oder zwei Generationen eine relativ kurze Zeitspanne. Für alle anderen, außer den ganz Jungen, bedeuten sie "nicht in unserem Leben".

Das finnische Volk wird sich nach besten Kräften mit jeglichem Regime arrangieren müssen, das in dem riesigen Land nebenan zur Macht gelangen mag. Selbst im schlimmsten Fall wird Finnlands Position weniger verwundbar sein als irgendwann vorher im zwanzigsten Jahrhundert. Für Rußland ist Finnland jetzt sowohl wirtschaftlich wie politisch ein nützlicherer Partner als in der Vergangenheit. Innerhalb der Europäischen Union wird Finnland aus eigenem Interesse immer für gute Beziehungen zu Rußland sorgen, und nachdem nun die Wolke der Finnlandisierung vertrieben ist, hört man in Brüssel auf Finnlands Ansichten über Rußland. Eine solch rationale Sicht der russischen Interessen gewinnt in Moskau an Boden. Nur die extremen Neoimperialisten betrachten Finnland immer noch als Teil ihres Erbes. Die heutigen Finnen ihrerseits sind in ihrer Haltung zu Rußland im allgemeinen bemerkenswert frei von Ressentiments oder Komplexen - selbstbewußt ohne Rachsucht.

Auf dem Boden sind jetzt die Grenzübergänge zwischen Finnland und Rußland vom Verkehr verstopft. Der Handel blüht wieder nach seinem Zusammenbruch zu Beginn der Dekade. In den Jahren 1996 und 1997 wuchsen die finnischen Exporte nach Rußland jeweils um 25 Prozent und stiegen auf 7 Prozent der Gesamtexporte Finnlands. Doch die Natur des finnisch- sowjetischen Handels hat sich radikal verändert. Statt der wenigen Großunternehmen, die früher die finnischen Exporte in die Sowjetunion beherrschten, machen jetzt hunderte kleine und mittelständische Betriebe Geschäfte mit Rußland. Auch die Zusammensetzung der Güter, die Finnland jetzt verkauft, unterscheidet sich von der früheren. Es gehören keine Investitionsgüter, Schiffe und andere Produkte dazu, die einer Exportgenehmigung bedürfen. Da Rußland das Risiko nicht abdecken kann, gilt jetzt im Handel Barzahlung bei Abholung, und mindestens die Hälfte der Güter wird im voraus bezahlt. Auf finnischen Pressen gedruckte russische Zeitschriften und Bücher sind der Exportartikel Nummer eins. Mobiltelefone, Farben, Schuhe, Nahrungsprodukte und andere Verbrauchswaren werden auf dem russischen Markt verkauft. Finnland hat sich auch als Transitzentrum für den russischen Handel mit der übrigen Welt etabliert und strebt an, zu einem Stützpunkt für ausländische Unternehmen zu werden, die mit Rußland Handel treiben.

Es gibt jedoch viele Barrieren gegen eine weitere Expansion des finnisch-russischen Handels. Finnische Geschäftsleute werden frustriert durch bürokratische Einmischung, lange Wartezeiten für Lastwagen an den Grenzübergängen, ständig geänderte Steuerregeln und zügellose Korruption auf seiten russischer Offizieller. Der Mangel an Exportfinanzierung ist das hauptsächliche Hindernis für eine Rückkehr zu umfangreichen Kapitalprojekten, wie Finnland sie der Sowjetunion einmal lieferte. Solange reiche Russen ihr Geld lieber ins Ausland schicken, kann man finnische Unternehmen nur schwer zu Investitionen in Rußland überreden.

Finnische Importe aus Rußland - 1997 rund 6 Prozent der Gesamtimporte - bestehen wie in den sowjetischen Zeiten überwiegend aus Öl und Gas, aber ein neues Element ist das von russischen Touristen ausgegebene Geld. Trotz der Visumerfordernis überschritten 1997 mehr als 700 000 Russen die Grenze zu Finnland. Die kleine finnische Grenzstadt Lappeenranta blüht dank dem stetigen Fluß wohlhabender Russen aus St. Petersburg, die regelmäßig die Strecke von 290 Kilometern fahren, um auf der finnischen Seite der Grenze einzukaufen.

Anders als erwartet ist das Großstadtgebiet von St. Petersburg nicht zum hauptsächlichen Markt für finnische Exporte geworden. In der sowjetischen Periode war seine Wirtschaft krass von der Militärindustrie dominiert, die jetzt wesentlich reduziert wird, und die Bemühungen, alternative Produktionen zu entwickeln, verliefen bisher enttäuschend. Doch St. Petersburg gewinnt langsam wieder seine Rolle als Kulturzentrum. Die geplante Schienen-Schnellverbindung zwischen Helsinki und St. Petersburg, die zum Teil mit Darlehen der Europäischen Union finanziert werden soll, wird den Erwartungen zufolge die Entwicklung der Stadt ankurbeln. Auch ihre Hafenanlagen müssen verbessert werden.

Darlehen, Anleihen und Investitionen aus verschiedenen EU-Programmen, von der Europäischen Investitionsbank, der Europäischen Bank für Wiederaufbau und Entwicklung, von der US-Regierung und anderen US-Institutionen sowie von Privatunternehmen fließen jetzt in die baltische Region, einschließlich des nordwestlichen Rußland, und ein Teil davon wird durch Finnland geleitet. Die Beträge sind nicht so spektakulär, daß sie die Aufmerksamkeit der Medien erregten, aber der Gesamteffekt ist trotzdem ein bedeutender Beitrag zur Modernisierung der Infrastruktur in Rußland und den baltischen Staaten, indem grenzüberschreitende Verbindungen zwischen ihnen geschaffen und marktorientierte wirtschaftliche Aktivitäten gefördert werden. Eine Reihe von Regierungs- und Nicht-Regierungsorganisationen arbeiten zusammen, um demokratische Institutionen und Unternehmen in den ehemaligen kommunistischen Ländern zu stärken. Die Verbesserung der nuklearen Sicherheit ist ein weiteres wichtiges Ziel der Zusammenarbeit. Unter den in der Region aktiven US-Organisationen konzentriert das Zentrum für Strategische und Internationale Studien (CSIS) sein Augenmerk auf Sicherheitsfragen. Auf der obersten Ebene nehmen die Ministerpräsidenten aller Ostseeländer an den Konferenzen des Rats der Ostseestaaten teil.

Diese Mischung von teilweise einander überschneidenden Organisationen, Programmen, Projekten und Plänen bildet eine Art Mini-Marshall-Plan mit dem Ziel, durch politische Zusammenarbeit und wirtschaftliche Integration Sicherheit und Stabilität in der baltischen Region zu schaffen. Wird diese "weiche" Aktivität ohne den Rückhalt des harten NATO-Schilds ausreichen? Pessimisten warnen, daß "das Zentrum nicht standhalten kann, wenn die Dinge auseinanderfallen". Aber junge Menschen in Rußland ergreifen die Gelegenheiten, die eine offene Gesellschaft ihnen bietet. Es ist ein Rennen gegen die Zeit.

Schlußfolgerung

In der zweiten Hälfte des Jahres 1999, vom 1. Juli bis zum 31. Dezember, ist Finnland in der rotierenden Präsidentschaft der Europäischen Union an der Reihe. Mehrere hundert Konferenzen verschiedener EU-Körperschaften werden während dieser Periode an verschiedenen Orten Finnlands stattfinden, einschließlich der nördlichsten Stadt am Polarkreis. Mitte Dezember werden die Konferenzen mit einer Versammlung der 15 Staats- oder Regierungsoberhäupter unter dem Vorsitz des finnischen Präsidenten in Helsinki ihren Höhepunkt erreichen - das letzte Gipfeltreffen des zwanzigsten Jahrhunderts. Insgesamt wird in diesen sechs Monaten der Besuch von rund 20 000 Menschen aus anderen europäischen Ländern erwartet - Politiker, Offizielle, Experten, Journalisten - , von denen viele wahrscheinlich zum erstenmal kommen. Finnland wird nicht mehr "eine Nation sein, die für sich allein lebt".

Für die Finnen wird die Präsidentschaft eine machtvolle symbolische Bedeutung haben. Es werden genau 100 Jahre vergangen sein, seit der russische Kaiser sein Edikt zur Beschränkung der finnischen Selbstverwaltung veröffentlichte - ein Akt, den man damals für den Anfang des Endes von Finnland als Nation hielt, der aber de facto den nationalen finnischen Kampf um eine unabhängige Existenz einleitete und der seitdem mit einer Vielfalt von Mitteln und auf verschiedenen Ebenen der Intensität fortgesetzt worden ist. Die Mitgliedschaft in der EU hat Finnland endlich einen sicheren Platz unter den unabhängigen Staaten Europas verschafft.

Die Schlußfolgerung mag paradox scheinen: Bestimmt beschränkt doch die Mitgliedschaft in der EU die finnische Souveränität. Doch die Souveränität kleiner Staaten wie Finnland war schon immer von den Realitäten der Macht gekennzeichnet. Die Mitgliedschaft in der EU garantiert ihnen einen Einfluß oder wenigstens das Recht auf Gehör, das sie vorher nicht hatten.

Die Präsidentschaft wird eine große Darstellung sein und das finnische Volk bestimmt begeistern. Aber die Vermutung wäre falsch, daß die Finnen voll Stolz auf die großen Erfolge, die ihr Land im zwanzigsten Jahrhundert erzielt hat, ihren täglichen Geschäften nachgingen. Die Behauptung, die ich in der Einleitung zu diesem Buch aufstelle - daß Finnland als Gewinner aus den Prüfungen der vergangenen 100 Jahre hervorgegangen ist - , mag von vielen meiner Landsleute als hohl zurückgewiesen werden. Sie argumentieren vielleicht, es sei keine so große Errungenschaft, eine Medaille in einem Rennen zu gewinnen, bei dem die meisten Mitbewerber entweder durch Verletzungen oder Disqualifizierung wegen Betrugs ausgeschieden sind. Statt rückwärts zu blicken, spähen sie besorgt nach vorn und fragen sich, was die Zukunft ihnen wohl im einundzwanzigsten Jahrhundert bereithält.

Vor gar nicht langer Zeit wäre die Antwort in Form von Szenarios präsentiert worden, die auf drei Säulen beruhten: Das erste zeichnete das Bild einer Zukunft, die zu schön war, um wahr zu sein, und das zweite ein Bild, das zu schrecklich war, um es zu betrachten; also entschieden wir uns für das dritte, das teilweise bewölktes Wetter mit gelegentlichen Schauern und wechselnden Winden vorhersagte. Aber kein Szenario sagte den Fall der Berliner Mauer voraus, und seit 1989 sind politische Szenarios nicht mehr in Mode. Statt dessen haben Zukunftsdeuter von der modernen Physik das Prinzip der Ungewißheit ausgeborgt: Weil zufälliger Wandel möglich ist, kann man die Zukunft einfach nicht vorhersagen. Die einzige Gewißheit ist, daß der Wandel fortdauert.

Da Europa sich in einem Zustand des Fließens befindet, wird die Zukunft Finnlands von seiner Fähigkeit abhängen, sich den wechselnden Bedingungen anzupassen. In dieser Hinsicht hat Finnland eine Reihe wichtiger Vorteile. Es ist eine homogene, gut funktionierende, geordnete Gesellschaft, mit einem Beamtendienst, der insgesamt kompetent und effizient ist. Korruption ist vereinzelt, nicht endemisch. Die Lücke zwischen den Einkommensgruppen ist schmaler als in den meisten anderen EU-Ländern, was Finnland zu einer egalitären Gesellschaft mit einem hohen Grad der Kohäsion macht. Volle 14 Prozent des Regierungsetats werden auf die öffentliche Erziehung verwendet: Auch das trägt zur sozialen Gleichheit bei. Das politische System ist stabil. Wie die Annalen belegen, sind die Finnen ein pragmatisches Volk, das nicht zum Fanatismus neigt. Traditionelle bürgerliche Tugenden werden immer noch respektiert, und das protestantische Arbeitsethos herrscht vor, abwohl es an den Ecken abbröckelt.

Industrie und Geschäft passen sich den wechselnden Bedingungen an. Zusammenschlüsse resultieren in Einheiten, die groß genug sind, um im Wettbewerb auf den globalen Märkten erfolgreich bestehen zu können. In der Forstindustrie zum Beispiel ist das frühere Feld von zwölf oder mehr Unternehmen auf drei Giganten reduziert worden, von denen einer (UPM-Kymmene) jetzt der größte Papier- und Pappeproduzent in Europa und der zweitgrößte in der Welt ist.

Das verweist auf ein Dilemma, vor dem kleine Nationen in diesem Zeitalter der Integration stehen. Ist eine Korporation, die auf dem globalen Markt groß genug ist, um erfolgreich zu sein, zu groß für Finnland? UPM-Kymmene bringt volle 13 Prozent aller Gewinne Finnlands aus Fremdwährungen ein. In einer derartigen Abhängigkeit von einem privaten Unternehmen besteht eine offensichtliche Gefahr.

Die durch die Globalisierung des Handels bewirkte Herausforderung der nationalen Unabhängigkeit wird ein empfindliches Problem bleiben. In Schweden ist das durch ein im Mai 1997 erfolgtes Statement von L.M. Ericsson illustriert worden, dem Hersteller von Geräten zur Telekommunikation. Der Geschäftsführer warnte die schwedische Regierung, man müsse vielleicht das Hauptquartier in ein anderes Land verlegen, weil die Steuerbelastung es unmöglich mache, ausländische Arbeitskräfte nach Schweden zu holen. Er wies darauf hin, daß Ericsson Schweden nicht brauche, daß aber Schweden die 7 Milliarden Dollar brauche, die das Unternehmen durch Exporte verdiene.

Der Chef von Nokia, dem finnischen Rivalen von Ericsson, war jedoch anderer Meinung. Jorma Ollila stellte fest, daß Finnland wichtig für Nokia bleibe: “Die Menschen, die Atmosphäre, die Erziehung und die Basis der Wirtschaftspolitik sind richtig. Nokias korporative Kultur, sein zugrundeliegendes Ethos und seine Produktentwicklung sind finnisch." (1) Obwohl Finnland nur 6 Prozent von Nokias Gesamtumsatz aufnimmt, werden mehr als 55 Prozent seiner Gesamtprodukte in Finnland hergestellt, und 78 Prozent seines Entwicklungspersonals leben in diesem Land. Da Nokias Anteil an Finnlands Gesamtexporten 1977 rund 15 Prozent betrug, hat das nationale Credo des Nokia-Management eine profunde politische Bedeutung.

Nokia rangiert heute an zweiter Stelle hinter Motorola beim Verkauf von Mobiltelefonen, aber es ist der Weltanführer bei digitalen Telefonen, die jetzt die erste Generation der analogen Telefone ablösen, während Ericsson beansprucht, der weltgrößte Lieferer von Telefongeräten zu sein. Wie kommt es, daß sich diese zwei in nordischen Wohlfahrtsstaaten mit hohen Gehältern angesiedelten Gesellschaften jetzt den Gipfel der globalen Mobil-Telefon-Industrie teilen? Das *Time*-Magazin offerierte in seiner Ausgabe vom 14. Juli 1997 eine Antwort. *Time* zufolge gewannen die nordischen Länder 1981 einen Vorsprung, als sie das Nordische Mobiltelefon-System (NMT) starteten, ein in der Welt erstmaliges internationales Zellular-Telefonnetz. Doch das ist eine oberflächliche Erklärung. Warum konnten sie einen Vorsprung gewinnen? Die Antwort liegt in der vom Nokia-Chef erwähnten Lebensqualität. Sie beweist, daß europäische soziale Wohlfahrtstaaten mit hohen Einkommen ihre Wettbewerbsfähigkeit auf einer hohen technologischen Ebene behaupten können. Nach einer OECD-Studie sind die Arbeitskosten pro Einheit in den Hightech-Industrien Finnlands tatsächlich gesunken, weil das sehr starke Wachstum der Produktivität die nominalen Lohnerhöhungen ausgeglichen hat. (2) Das erklärt zum Teil, warum die Arbeitslosenzahl hoch bleibt, obwohl die Wirtschaft um 4 Prozent im Jahr wächst. Es deutet auch eine Lösung dieses Problems an: Ausbildung - ein langsamer Prozeß.

Die Steuerfrage behält ihre entscheidende Wichtigkeit. Hohe Nebensteuern, die 60 Prozent übersteigen, treffen die Minderheit der Finnen, die aufgrund ihrer Erziehung und Sprachbeherrschung die vom Gemeinsamen Markt angebotenen Chancen in Anspruch nehmen können. Finnland kann sich keine entkräftende Abwanderung seiner besten Köpfe leisten. Aber die Forderung nach Steuererleichterungen für höhere Einkommensgruppen widerspricht der egalitären Ideologie hinter dem progressiven Steuersystem in den nordischen Ländern. Die Regierung ist entschlossen, bis zum Jahr 2000 ihr Budget auszugleichen und dann damit zu beginnen, die öffentlichen Schulden abzutragen. Substanzielle Steuererleichterungen können nur durch die Kürzung von Ausgaben erreicht werden. Auch das wird ein langsamer Prozeß sein.

Die Anpassung an Änderungen erfordert, daß man mehr wie andere Länder wird. Jede Drehung der Integrationsschraube reduziert die Unterschiede. Wie weit wird das gehen? In einem Artikel zum fünfzigsten Jahrestag des Marshall-Plans zitierte OECD-Generalsekretär Donald Johnston die Worte des kanadischen Dichters Frank Scott: "Die Welt ist mein Land, die menschliche Rasse die meine." Johnston fügte hinzu: "Wenn das zur Überzeugung der ganzen Menschheit wird, so ist die Vision Marshalls erfüllt." (3) Eine erschreckenden Vision - die homogenisierte Menschheit.

Wieder einmal sagte man also den Finnen, das Ende sei nahe. Diesmal ist es nicht die Vergewaltigung durch den russischen Imperialismus, die erwartungsgemäß das Ende von Finnlands Unabhängigkeit bedeutet: Der neue Feind heißt Globalisierung. In dieser Sicht wird die globale Technostruktur von Finanz und Industrie am Ende den Nationalstaat überflüssig machen. Die Besten und Klügsten werden in die großen finanziellen Zentren ziehen, vielleicht an irgendeinem See in Finnland eine Sommerhütte behalten, während es den Zurückgebliebenen an intellektuellen Ressourcen fehlt, um eine deutliche kulturelle Identität zu bewahren. Sie werden keine Nation mehr sein; sie werden zu einer Gruppe von Produzenten und Verbrauchern, die in einem Winkel des Gemeinsamen Markts leben.

Die Bedrohung der nationalen Identität durch wirtschaftliche Integration wird auch in Ländern wahrgenommen, die viel größer und mächtiger als Finnland sind. Das ist plastisch von einem französischen Politiker der Linken geschildert worden, von Jean-Pierre Chevènement, der 1980 schrieb, wenn die Dinge so weiter gingen wie bisher, wäre Frankreich im Jahr 2000 eine Art den Vereinigten Staaten angeschlossenes Algerien, wo die Mehrheit der Franzosen mit ihren Baskenmützen, einen Liter Rotwein und Camembert in ihren Beuteln, in irgendwelchen Bergdörfern weiter Französisch sprächen. Noch ein Szenario, das sich nicht erfüllt hat. (4)

Wirtschaftliche Integration schafft offensichtlich eine immer größere Interdependenz twischen den Staaten, und das reduziert zwangsläufig das Ausmaß unabhängiger Aktionen. Jede Nation leidet von Zeit zu Zeit unter den ihr auferlegten Beschränkungen, während man die durch wirtschaftliche Integration erzielten Vorteile als selbstverständlich hinnimmt. Doch gemessen an der Fähigkeit seiner Regierung, die Interessen ihrer Bürger zu sichern und zu fördern, ist Finnlands Unabhängigkeit jetzt gewiß weit größer als zu der Zeit, als das Land arm und rückständig war und völlig vom Export von Forstprodukten abhing. Als ein kleines Land hat Finnland wenig Einfluß auf die generellen Trends der Weltwirtschaft, aber innerhalb des von diesen Trends gesetzten Rahmens hängt Erfolg oder Scheitern von seiner eigenen Leistung ab - von seinem Vermögen, die Vorteile der Integration zu maximieren und ihre negativen Effekte zu minimieren. Die nationale Unabhängigkeit ist zu einer Funktion wirtschaftlicher Wetbewerbsfähigkeit geworden.

Diese Auffassung wird von den Grünen und anderen Suchern nach alternativen Lebensformen abgelehnt, weil sie glauben, die industrielle Welt gehe einem generellen Zusammenbruch entgegen. Warum sollte Finnland so angestrengt wetteifern, eine Passage Erster Klasse auf einem Schiff zu buchen, das zum baldigen Sinken verurteilt sei? Sie befürworten die Reduzierung der finnischen Abhängigkeit von der Weltwirtschaft durch die Rückkehr zu einer einfacheren Lebensform, die die natürliche Umwelt vor weiterer Zerstörung retten würde. Ein solcher Rückzug aus der bösen Welt in die Sicherheit einer inneren Zitadelle war durch die Zeitalter der Traum von Stoikern und Asketen, von religiösen Anführern und revolutionären Philosophen. Der Traum hat einen vagen Reiz für Menschen, die sich nach einer Erholung von den Belastungen des Konkurrenzlebens sehnen, aber seine Anhänger bleiben in Finnland und sonstwo in Europa eine Randgruppe.

Gewiß, die globale industrielle Technostruktur vernichtet nicht nur die Tier- und Pflanzenvielfalt unseres Planeten, sie gefährdet auch die menschliche Vielfalt. Die Zahl der Sprachen in der Welt schrumpft: Von den ungefähr 6500 jetzt gesprochenen Sprachen ist bereits fast die Hälfte gefährdet oder am Rand der Auslöschung. Linguisten schätzen, daß alle zwei Wochen irgendwo eine Sprache stirbt. Einem Experten zufolge droht die Welt im kommenden Jahrhundert bis zu 95 Prozent ihrer Sprachen zu verlieren. (5)

Der Tod einer Sprache ist fatal für die nationale Identität. Der britische Schriftsteller und Historiker Jan Morris hat einen herzzerreißenden Nachruf auf den Verlust der walisischen Sprache verfaßt - "ein Schatz Europas, mit seiner eigenen wunderbaren Struktur von Literatur, Tradition, Mythos und Legende, aber auch eine lebendige, flexible Zunge des Alltags". Der Druck der Integration, schrieb Morris, der die nationale Persönlichkeit von Wales bedrohe, sei über jeden Widerstand hinaus gewachsen. (6)

Wäre Finnland ein Teil Schwedens geblieben, hätte sich das Finnische vielleicht nie zu einer Kultursprache entwickelt. Doch unter russischer Herrschaft blühte die finnische Sprache, und allen Versuchen der Russifizierung wurde erfolgreich widerstanden. Als imperiale Macht konnte Rußland nicht die Art von kulturellem Einfluß ausüben, den Britannien und Frankreich auf die ihnen untergebenen Völker hatten. Das zeigt sich auch an dem Überleben der estnischen Sprache nach 50 Jahren sowjetischer Repression. Es gibt keine Regeln: Manche Sprachen und Nationen beugen sich dem Druck von Integration und Vereinigung, andere nicht.

Die finnische Sprache ist jetzt sicher geborgen als eine der 11 Amtssprachen der Europäischen Union. Den Repräsentanten aller Mitgliedsstaaten die Benutzung ihrer eigenen Sprache zu gestatten ist eine schwerfällige Form der Geschäftsführung: 33 Dolmetscher werden gebraucht, um bei einem einzigen Treffen 110 Sprachenkombinationen zu übersetzen. In der Praxis werden Englisch, Französisch und Deutsch als Arbeitssprachen benutzt. Aber die Sprache eines Mitgliedsstaats von der Liste der Amtssprachen zu streichen wäre ein Affront gegen die Unabhängigkeit dieses Staats: Die Sprache macht die Nation.

Hat Finnland jetzt den Punkt in der Geschichte erreicht, da das Fehlen einer äußeren Bedrohung den inneren Zusammenhang zu unterhöhlen und den Sinn nationalen Zielbewußtseins zu schwächen beginnt? Bisher gibt es noch keine Symptome dieser nach dem Kalten Krieg weit verbreiteten Infektion. Als Neuankömmlinge in der Europäischen Union meinen die Finnen, sie müßten sich als ernsthaften Partner erweisen. Sie bleiben bei ihrer Haltung des Wettbewerbs in internationalen Beziehungen. Und da ist immer der Große Nachbar. Anders als anderen kleinen Nationen, die in einer sichereren und bequemeren Umwelt leben, wird es dem finnischen Volk am Stimulus äußerer Herausforderungen nicht fehlen. Er wird den finnischen Nationalgeist lebendig erhalten.

Über den Autor

Max Jakobson ist ein ehemaliger finnischer Diplomat, der in der Gestaltung von Finnlands Außenpolitik während des Kalten Kriegs eine Schlüsselrolle spielte. Als finnischer Botschafter bei den Vereinten Nationen war er Amerikas Wunschkandidat für die Nachfolge U Thants als Generalsekretär, aber 1971 legten die Russen, die Kurt Waldheim vorzogen, ihr Veto ein. Nachdem er 1975 den Regierungsdienst verlassen hatte, schrieb Max Jakobson extensiv über internationale Affären. Zu seinen Büchern gehören *The Diplomacy of the Winter War* (Harvard University Press) und *The United Nations in the 1990s- A Second Chance?* (Twentieth Century Fund). Seine Kolumnen werden häufig in der *International Herald Tribune* veröffentlicht.

Anmerkungen

Einführung

1. Den Ausdruck prägte Harold Macmillan am 6. Juni 1979 während eines Besuchs in Helsinki in Erinnerung an seinen ersten Besuch Finnlands als Mitglied einer britischen Parlamentsdelegation während des Winterkriegs 1940. Damals bewunderte die ganze Welt den finnischen Widerstand gegen die sowjetische Invasion, wonach die Bewunderung in Bedauern für die kleine, von den Demokratien im Stich gelassene Nation umschlug. Macmillan sagte weiter voraus, Finnland könne durchaus ein Objekt des Neids werden, wenn sein Erfolg in der Bewahrung seiner eigenen Lebensweise sich herumgesprochen habe.

2. Eric Hobsbawm, *The Age of Extreme: The Short Twentieth Century, 1914-1991* (London: Michael Joseph, 1994), 111. Die anderen Länder, die auf Hobsbawms Liste gelangten, waren Britannien, der Freistaat Irland, Schweden und die Schweiz.

3. Das wurde im November 1990 in der vom Gipfeltreffen der Konferenz für Sicherheit und Zusammenarbeit in Europa veröffentlichten Charta von Paris verkündet.

4. Milan Kundera, "The Tragedy of Central Europe", *New York Review of Books,* 26. April 1994.

5. Isaac Deutscher, *Stalin: A Political Biography* (London, Oxford University Press, 1949), 124.

6. J.W. Snellman, *Näin Puhui Snellman (*Also sprach Snellman), Helsinki: WSOY, 1960.

7. Fernand Braudel, *A History of Civilizations* (New York: Penguin Books, 1995) 531.

Kapitel 1

1. Karin von Hippel, "The Resurgence of Nationalism and Its International Implications", *Washington Quarterly* 17, no. 4, (Herbst 1994), 185.

2. Daniel Patrick Moynihan, *Pandemonium: Ethnicity in International Politics* (New York: Oxford University Press, 1993).

3. Charles Krauthammer: “Sane, Reliable Canada Attempts Suicide - and Will Do So Again”, *International Herald Tribune,* 4. November 1995.

4. Solschenizyns Kommentar wurde in der finnischen Monatsschrift *Kanava*, no. 4 (1996), zitiert.

5. “Two Concepts of Nationalism: An Interview with Isaiah Berlin.” *New York Review of Books,* 21. November 1991.

6. Anthony Powell, *Venusberg* (London: Penguin Books, 1961), 65.

7. Siehe Max Jakobson, *Finnish Neutrality* (London: Hugh Evelyn, 1968), 7 - 10.

Kapitel 2

1. *Documents of British Foreign Policy, 1919 - 1939,* Serie III, Band V (London, HMSO, 1952), 228-229, 668-669.

2. Max Jakobson, *The Diplomacy of the Winter War* (Cambridge: Harvard University Press, 1961), 105 -154, enthält einen detaillierten Bericht über die finnisch-sowjetischen Gespräche im Oktober/November 1939.

3. Ibidem, 117

4. Jakobson, *Finnish Neutrality,* 16-17.

5. Fred Iklé, *Every War Must End* (New York: Columbia University Press, 1971)

6. Dimitri Wolkogonow, *Stalin: Triumph and Tragedy* (London: Weidenfeld and Nicolson, 1991), 359.

7. Aus einem Interview mit Präsident Meri, enthalten in einer finnischsprachigen Sammlung seiner Reden, *Tulen Maasta Jonka Nimi on Viro* (Ich komme aus einem Land namens Estland), Helsinki: Otava, 1995.

8. Timothy Garton Ash, “Hungary´s Revolution: Forty Years On”, *New York Review of Books,* 14. November 1996.

9. Siehe “Soviet-Finnish War” in *Bol´shaya Sovjetskaya Entsiklopediya* (Große

Sowjetische Enzyklopädie), hrsg. von A.M. Prokhorow, New York: Macmillan, 1973.

10. Siehe David L. Williams, "The Fate of the Frozen History of the Winter War", vorbereiteter Aufsatz für die 104. Jahreskonferenz der Amerikanischen Historischen Gesellschaft, 27. - 30. Dezember 1989.

11. Wolkogonow, *Stalin,* 365.

12. Winston S. Churchill, *The Second World War,* Bd. 7, *Triumph and Tragedy* (London: Cassell, 1954), 317-318.

13. Wolkogonow, *Stalin,* 365-366.

14. Charles E. Bohlen, *Witness to History, 1929 - 1969* (New York: Norton, 1973), 150-151.

15. Milovan Djilas, *Conversations with Stalin* (New York: Harcourt, Brace & World, 1962), 114.

Kapitel 3

1. Zbigniew Brzezinski, *Game Plan* (Boston: The Atlantic Monthly Press, 1986), 89.

2. Präsident Paasikivis Tagebücher der Jahre 1944 - 1956 wurden 1986-1987 in zwei vollen Bänden von der WSOY Publishing Company, Helsinki, veröffentlicht: *J.K. Paasikiven Paivakirjat 1944 - 1956* (Die Tagebücher von Präsident J.K. Paasikivi), Hrsg. Yrjo Blomstedt und Matti Klinge. Es erschien auch eine redigierte schwedische Fassung.

3. Alan Bullock, *Ernest Bevin, Foreign Secretary, 1945 - 1951* (New York, London: W.W. Norton & Company, 1983), 513 - 525.

4. Jakobson, *Finnish Neutrality,* 40 - 44.

5. Andrej Schdanows Tagebuch der Jahre, in denen er als Leiter der Alliierten Kontrollkommission in Helsinki diente, ist finnischen Wissenschaftlern in den Archiven der sowjetischen Kommunistischen Partei zugänglich gemacht worden.

6. Feliks I. Chuev, *Molotov Remembers: Inside Kremlin Politics; Conversations*

with Feliks Chuev, mit einer Einleitung und Anmerkungen herausgegeben von Albert Resis (Chikago: Ivan R. Dee, 1993), 10.

7. Margaret Thatcher, *The Downing Street Years* (New York: Harper Collins, 1993), 10. (Der 1. Earl of Chatham William Pitt war ein britischer Staatsmann des achtzehnten Jahrhunderts und von 1766 bis 1768 Premierminister.)

8. Niccolò Machiavelli, *Der Fürst,* Kap. 21 (zahlr. Ausgaben).

9. Brian Urquhart, *Hammarskjöld* (New York: Alfred A. Knopf, 1972), 458 - 469.

10. Henry Kissinger, *Diplomacy* (New York: Simon & Schuster, 1994), 443-444.

11. Alain Minc, *Le Syndrome Finlandais* (Paris: Editions du Seuil, 1986).

12. Henry Kissinger, *A World Restored: The Politics of Conservatism in a Revolutionary Age* (New York: Grosset & Dunlap, 1964), 20-21.

13. Tony Judt, *A Grand Illusion?* (New York: Hill and Wang, 1996), 26.

Kapitel 4

1. Helmut Schmidt, *Die Deutschen und ihre Nachbarn* (Berlin: Siedler Verlag, 1990), 394-395.

2. Lennart Meris Interview wie oben (siehe Anmerkung 7, Kapitel 2).

3. *International Herald Tribune,* 13. Dezember 1988.

4. Jack Matlock, Jr., *Autopsy of an Empire* (New York: Random House, 1995), 245-246.

5. Liah Greenfeld, *Nationalism: Five Roads to Modernity* (Cambridge: Harvard University Press, 1992), 473.

6. Laut Bericht in der finnischen Zeitung *Helsingin Sanomat,* 16. April 1997.

7. Youssef M. Ibrahim, “Finland Is Zooming into Cyberspace”, *International Herald Tribune,* 3. März 1997.

8. François Duchêne, *Jean Monnet: The First Statesman of Interdependence* (New York: W.W. Norton & Company, 1994), 387.

Kapitel 5

1. Kissinger, *Diplomacy,* 824.

2. Internationale Kommission zur Erforschung der Ursachen und Führung der Balkan-Kriege, *The Other Balkan Wars: A 1913 Carnegie Endowment Inquiry in Retrospect,* mit einer neuen Einleitung und Gedanken zum gegenwärtigen Konflikt von George F. Kennan (Washington, D.C.: Carnegie Endowment for International Peace, 1993). Siehe Kennans Einleitung, "The Balkan Crisis: 1913 and 1993."

3. A.J.P. Taylor, *Bismarck: The Man and the Statesman* (London: Random House, Arrow Books, 1961), 167.

4. *International Herald Tribune,* 20. Oktober 1994.

5. Taylor, *Bismarck,* 167.

6. Edward N. Luttwak, "Where Are the Great Powers? At Home with the Kids", *Foreign Affairs* 73 (Juli/August 1994), 23 - 28.

7. Zitiert von Henry Kissinger in *Diplomacy,* 417.

8. *International Herald Tribune,* 13. Januar 1994.

9. Zitiert im *Time*-Magazin, Golden Anniversary Issue, Winter 1996.

10. Zitiert von Martin Walker in seinem Artikel mit der Überschrift "Present at the Solution", *World Policy Journal,* Frühjahr 1997.

11. Ibidem.

12. Außenminister Charettes Rede vor dem Institut des Hautes Etudes de la Defense Nationale, 2. April 1996.

13. Rede von Strobe Talbott an der Stanford-Universität, 19. September 1997.

14. Mikhail Gorbatschow, *Erinnerungen* (Berlin: Siedler Verlag, 1995), 1010 - 1027.

15. *European Security and Finnish Defence,* Bericht des Staatsrats an das Parlament, 17. März 1997.

Kapitel 6

1. Richard Pipes, *A Concise History of the Russian Revolution* (New York: Vintage Books, 1996), 396.

2. Zitiert in *Helsingin Sanomat,* 18. Oktober 1997.

3. Zitiert von Sherman Garnett, "Russia´s Illusory Ambitions", *Foreign Affairs* (März/April 1997).

4. Rede von Strobe Talbott an der Stanford-Universität am 19. September 1997.

Schlußfolgerung

1. Bericht in *Helsingin Sanomat,* 16. Mai 1997.

2. Organisation für wirtschaftliche Zusammenarbeit und Entwicklung, *Technology and Industrial Performance,* 1996.

3. *International Herald Tribune,* 5. Mai 1997.

4. *Politique Etrangère,* Juni 1980, 463.

5. *Time*-Magazin, 7. Juli 1997.

6. *Independent,* 7. Juli 1997.

Ausgewählte Bibliographie

Blomstedt, Yrjo, und Matti Klinge, Hrsg., *J.K. Paasikiven Paivakirjat 1944 - 1956* (Die Tagebücher von J.K. Paasikivi 1944 - 1956). 2 Bände. Helsinki: WSOY, 1985-1986.

Bullock, Alan. *Ernest Bevin, Foreign Secretary, 1945 - 1951.* New York, London: W.W. Norton & Company, 1983.

Deutscher, Isaac. *Stalin: A Political Biography.* London: Oxford University Press, 1949.

Engman, Max, und David Kirby, Hrsg. *Finland: People, Nation, State.* London: C. Hurst & Co., 1989.

Hobsbawm. Eric. *The Age of Extreme: The Short Twentieth Century, 1914 - 1991.* London: Michael Joseph, 1994.

Jakobson, Max. *The Diplomacy of the Winter War.* Cambridge, Mass.: Harvard University Press, 1961.

Jakobson, Max. *Finnish Neutrality.* London: Hugh Evelyn, 1968.

Judt, Tony. *A Grand Illusion?* New York: Hill and Wang, 1996.

Jutikkala, Eino, und Kauko Pirinen. *A History of Finland.* Porvoo, Finnland: WSOY, 1996.

Kennan, George F., "The Balkan Crisis: 1913 and 1993." In *The Other Balkan Wars: A 1913 Carnegie Endowment Inquiry in Retrospect,* International Commission to Inquire into the Causes and Conduct of the Balkan Wars. Washington, D.C.: Carnegie Endowment for International Peace, 1993.

Killham, Edward L. *The Nordic Way.* Washington, D.C.: Compass Press, 1993.

Kissinger, Henry. *Diplomacy.* New York: Simon & Schuster, 1994.

Klinge, Matti. *A Brief History of Finland.* Helsinki: Otava, 1997.

Koivisto, Mauno. *Witness to History: Memoirs of Mauno Koivisto, President of Finland 1982 - 1994.* London: C. Hurst & Co., 1997.

Lappalainen, Matti. *C.G.E. Mannerheim: The Marshal of Finland.* Helsinki: Recallmed, 1989.

Mead, W.R. *An Experience of Finland.* London: C. Hurst & Co., 1993.

Polvinen, Tuomo. *Between East and West: Finland in International Politics, 1944 - 1947.* Minneapolis: University of Minnesota Press, 1986.

Ries, Tomas. *Cold Will: The Defence of Finland.* London: Brassey´s Defence Publishers, 1988.

Snellman, J.W. *Näin Puhui Snellman* (Also sprach Snellman). Helsinki: WSOY, 1960.

Tiitta, Allan, Hrsg. *Find Out about Finland.* Helsinki: Otava, 1996.

Tillotson, H.M. *Finland at Peace and War.* Wilby, Norwich: Michael Russell, 1996.

Urquhart, Brian. *Hammarskjöld.* New York: Alfred A. Knopf, 1972.

Wolkogonow, Dimitri. *Stalin: Triumph and Tragedy.* London: Weidenfeld and Nicolson, 1991.

Zetterberg, Seppo. *Finland after 1917.* Helsinki: Otava, 1991.